MARITIME HISTORY SERIES

Series Editor

John B. Hattendorf, *Naval War College*

Volumes Published in this Series

Pietro Martire d'Anghiera, et al.
The history of travayle in the West and East Indies (1577)
Introduction by Thomas R. Adams,
John Carter Brown Library

Alvise Cà da Mosto
Questa e una opera necessaria a tutti li naviga[n]ti (1490)
bound with:
Pietro Martire d'Anghiera
Libretto de tutta la navigatione de Re de Spagna (1504)
Introduction by Felipe Fernández-Armesto,
Oxford University

Martín Cortés
The arte of navigation (1561)
Introduction by D. W. Waters,
National Maritime Museum, Greenwich

John Davis
The seamans secrets (1633)
Introduction by A. N. Ryan, University of Liverpool

Francisco Faleiro
Tratado del esphera y del arte del marear (1535)
Introduction by Onesimo Almeida, Brown University

Gemma, Frisius
De principiis astronomiae & cosmographiae (1553)
Introduction by C. A. Davids, University of Leiden

Tobias Gentleman
Englands way to win wealth, and to employ ships and marriners
(1614)
bound with:
Robert Kayll
The trades increase (1615)
Dudley Digges
The defence of trade (1615)
and
Edward Sharpe
Britaines busse (1615)
Introduction by John B. Hattendorf, Naval War College

Pedro de Medina
L'art de naviguer (1554)
Introduction by Carla Rahn Phillips, University of Minnesota

Jean Taisnier
A very necessarie and profitable booke concerning navigation (1585?)
Introduction by Uwe Schnall,
Deutsches Schiffahrtsmuseum, Bremerhaven

Lodovico de Varthema
Die ritterlich un[d] lobwirdig Rayss (1515)
Introduction by George Winius, University of Leiden

Gerrit de Veer
The true and perfect description of three voyages (1609)
Introduction by Stuart M. Frank, Kendall Whaling Museum

Questa e una opera necessaria a tutti li naviga[n]ti

(1490)

Alvise Cà da Mosto

Together With

Libretto de tutta la navigatione de Re de Spagna

(1504)

Pietro Martire d'Anghiera

Facsimile Reproductions
With an Introduction by

FELIPE FERNÁNDEZ-ARMESTO

Published for
THE JOHN CARTER BROWN LIBRARY
by
SCHOLARS' FACSIMILES & REPRINTS
DELMAR, NEW YORK
1992

SCHOLARS' FACSIMILES & REPRINTS
ISSN 0161-7729
SERIES ESTABLISHED 1936
VOLUME 472

Published by Scholars' Facsimiles & Reprints
Delmar, New York 12054-0344, U.S.A.

First printing 1992

New matter in this edition
© 1992 Academic Resources Corporation
All rights reserved

Printed and made in the United States of America

The publication of this work
was assisted by a grant from the
National Endowment for the Humanities,
an agency of the Federal government

Reproduced from a copy in,
and with the permission of,
The John Carter Brown Library
at Brown University

Library of Congress Cataloging-in-Publication Data

Cà da Mosto, Alvise, 1432-1488.

[Questa e una opera necessaria a tutti li naviganti]
Questa e una opera necessaria a tutti li naviga[n]ti (1490) /
Alvise Cà da Mosto. Together with
Libretto de tutta la navigatione de Re de Spagna (1504) /
Pietro Martire d'Anghiera ; facsimile reproductions
with an introduction by Felipe Fernández-Armesto
p. cm. —
(Scholars' Facsimiles & Reprints, ISSN 0161-7729 ; v. 472)
(Maritime history series)
First work originally published:
Venice : Bernardino Rizo, 1490 ;
2nd work originally published:
Venice : Albertino Vercelle, 1504.
Includes bibliographical references (p. 17-20).
ISBN 0-8201-1472-3
1. Pilot guides—Mediterranean Sea—Early works to 1800.
2. Pilot guides—Europe—Atlantic Coast—Early works to
1800.
3. America—Early accounts to 1600.
I. Anghiera, Pietro Martire d', 1457-1526.
Libretto de tutta la navigatione de Re de Spagna. 1992.
II. John Carter Brown Library.
III. Title. IV. Title:
Libretto de tutta la navigatione de Re de Spagna (1504).
V. Series: Maritime history series (Delmar, N.Y.)
VK853.C3   1992
623.89'2238—dc20   92-16473
CIP

Introduction

The sailing directions and so-called 'pilot books' of the ancient Mediterranean seem to have been addressed as much to the traveller as to the mariner. *The Periplus Of the Erythraean Sea*, which gives sailing directions for the Indian Ocean in the third century C.E., is directed to the needs of merchants;[1] the Marsiliot periploi of the western Mediterranean and parts of the Atlantic coast of Europe and Africa, which may date from several centuries before Christ and are preserved fragmentarily in a much-modified later versification, may have been intended as an introduction to the ports of unfamiliar coasts; but they are likely to have made, at best, a very approximate tool for navigators.[2] Modern attempts to reconstruct Ulysses' presumed route from Troy to Ithaca illustrate the limitations of such directions, especially when transmuted by literary artifice.[3] Real sailors could probably rely on experience or word of mouth, not book-learning.

In the late middle ages, when so many antique traditions were revived in the early stages of the European cultural movement now known as the Renaissance, these classical models were exceeded and a new type of practical literature was born: the *portolan,* or written sailing directions, designed to guide the seafarer in unfamiliar waters, to get him from place to place and help him elude navigational hazards in little-known harbours. The emergence of this form of mariner's manual can be seen in relief against the background of early medieval *periploi*, which are essentially travelogues for the information of landlubbers back home. King Alfred, for instance, was presented with a 'periplus' of voyages from

INTRODUCTION

England to the White Sea, the mouth of the Baltic and the estuary of the Vistula, while in the 1060s, a bishop of Bremen made a record of his route from his homeland in northern Germany to Acre on his way to the Holy Land.[4] These sources limited themselves to vague directions, using a compass of only eight 'winds', without terms for intermediate courses. Distances were expressed only in terms of the duration of the voyage—so many days and nights of sail, on the basis of the experience of a single voyage. Pilotage instructions were, at best, selective and perfunctory.

By contrast, from the thirteenth century onwards, compilers of navigational manuals distilled the vicarious experience of many practical seafarers into sailing directions which could be expected to have general utility and applicability.[5] The earliest surviving example is the portolan of a course between Acre and Venice of the early thirteenth century; of about the middle of the same century, the *Compasso di navegare* provided the earliest surviving compendium of sailing directions for the Mediterranean as a whole, linking the coasts, port by port, from Cape St. Vincent clockwise to Safi. Neither the origin nor function of works of this type is known for certain. Their combination of pilotage information and sailing directions between ports implies their practical application to the real problems of getting around the Mediterranean. They seem far less precise, however, than the 'portolan charts' which began to present similar information in graphic form at about the same period, and which would have been more accessible, perhaps, to men of a trade like the mariner's, not celebrated for literacy.[6] It is often assumed that the portolan chart evolved from written sailing directions; but the process may have occurred the other way round, in response to demand from literate sea-goers, who wished to be kept informed of routes and hazards, but who found sea-charts hard to interpret.[7] By this reasoning, the

INTRODUCTION

written portolan could have fulfilled the same role at sea as the travel guide or pilgrim guide performed for the wanderer by land. A merchant or trader's agent on board ship, for instance, with a big financial stake in the cargo, would be glad of a means of checking on the expertise of captain and pilots. But however they came into being, and whatever their purpose, the proliferation of portolans, as of portolan charts, in the late Middle Ages attests the vigour of commerce and the need to place accumulated experience, in the hands of growing numbers of newcomers to the sea.

The *Opera necessaria a tutti li naviganti,* reproduced below, belongs to this tradition. Published in Venice in 1490, it was the earliest surviving printed portolan and—at least in Venice—it became one of the most commercially successful. It reappeared in 1544, in quarto, printed by Comin da Trino, under the title *Portolano nuovo del levante e ponente.* The third edition, by Zanetti in 1576, was bound, like all subsequent printings, with the *Consolato del Mare.* This suggests a clue to the normal readership of the work; the *Consolato* was addressed to merchants and agents travelling with their wares rather than to professional sailors, to whom a chart might have been a more useful and accessible tool. Further editions followed: two more before the end of the century (1584, by the *eredi* Rampazzetto, and 1599 by Lucio Spineda) and three more in the next (1637, 1658 and 1668). All mutilated the earlier text by cutting out one of its most memorable features: the coverage of the Atlantic; but it is a remarkable paradox that in the so-called 'age of discovery' Venetian portolans and sea-charts generally withdrew into a narrow Mediterranean world—the 'home waters' of the Serenissima—as if leaving the rest of the globe to rivals in the west. Antiquarian editions, published rather for their historical than their practical interest, appeared with authorship ascribed to Alvise Da Mosto in 1737 and 1802.[8] A modern

INTRODUCTION

edition by Tullia Gasparrini Leporace, reprinted from the version of 1490, appeared jointly with a better-attested work by the same author in 1966.[9]

Comparisons between the portolan and the *Compasso di navegare* illuminate both the nature of the work and the progress of the genre between the mid-thirteenth and late fifteenth centuries. The portolan is not only more detailed in most (though not all) of its Mediterranean coverage, but also includes a great swathe of Atlantic and north European coast from Cadiz to Sluys, with selective coverage of the British Isles. The writer was particularly interested in and well informed about currents in northern waters and—as befits a guide to Atlantic ports—devoted much attention to tides, which the *Compasso* had largely ignored. Here one could learn, for instance, that at Cadiz, when the moon was between east and south-east, the tide would be low, while at Boulogne, the moon in the southern quarter signified high tide. Tempting anchorages, rendered unfit by racing currents, are noted. Soundings are given at some length between Ushant and Sluys but, in England and Ireland, only on the West coasts. Ireland generally is covered sketchily in long hauls but England was well known to the author, at least between Land's End and the mouth of the Thames.

In the Mediterranean, which is also covered in the *Compasso*, the portolan follows earlier traditions exactly in coverage and presentation alike, though the portolan uses a shorter mile, very close to a true nautical mile, and has a distinctive voice. Some examples will bring this out:

Compasso: From the said Cadiz as far as Trafalgar is 30 miles by the south-east wind. Opposite the said Trafalgar in the sea, 7 miles south-west, is a rock. And you must go between the rock and the land, at a distance of 1½ miles from the land.[10]

INTRODUCTION

Opera necessaria: From Cadiz to Cape Trafalgar, from south-east to north-west: thirty-five miles; and beyond Cape Trafalgar, by another 6 miles and more, is a very dangerous rock; and between the rock and the dry land there is clear water.[11]

Compasso: From the said island [Isacaldera] to the Rock of Gibraltar are 8 miles by the south-east wind and a little east. And on the said Rock is a castle, and under the castle is a good port with a depth of about 8 fathoms.[12]

Opera necessaria: From the shoals of Escaldera to the promontory of Gibraltar, south and a quarter east: 8 miles. The Rock of Gibraltar is a great city and all up the slope is fortified and on the northern side of the promontory is the city and a good port and a depth of 7 to 8 fathoms.[13]

Compasso: If you wish to enter the river [of Seville], beware of the bank called Zizar to the west. And likewise of another bank to the east called Cantara, which is near the cape called Sirocca. In entering the said river by ship you must first take soundings and note the buoys and when the water comes in and the tide rises go by the course marked by the buoys.[14]

Opera necessaria: If you wish to enter in Barrameda, beware of the rocks of Salmedina, which stand 3 miles out, from north-east to south-west from the mouth of the river and when the tide is low or going out leave them on the east side. Also, closer to the mouth is another bank which has the name of Cichar, which is towards the west and another towards the east called Canthera.[15]

Compasso: Marseilles is a good port and has an entry from the west, a depth of 4 fathoms outside the chain. In the entry it is about 14 palms.[16]

INTRODUCTION

Opera necessaria: Marseilles is a city and has a good port with a chain. Its entry is from towards the west. And outside the port, half a mile away, is a good channel of 3 to 6 fathoms deep and at the entry to the said port are 14 fathoms of water.[17]

The obviously traditional form of the work makes it hard to believe that it is 'the fruit'—as a previous study concluded—'of a single individual's observations'.[18] Rather, like most such documents it should be seen as a compendium of information variously acquired—from experience, from pilot's confidences, from other portolans and perhaps from charts.

The attribution of the *Opera necessaria* to Alvise Da Mosto rests on a flimsy tradition. Da Mosto was born, probably in the late 1420s, as one of six children, to a Venetian merchant of solid antecedents but raffish habits named Giovanni Da Mosto. If we can trust the formulaic declaration that he had attained the legal age at the time of his admission to the rank of gentleman, the date was 1426, two years before his parents' marriage. The tradition that he was born in 1432, though still widely accepted, is incredible, since, by 1442, he was in the service of the tentacular merchant, Andrea Barbarigo, for whom he acted as an agent in Barbary and Candia, until 1448.[19] Even in the Venice of his day, this would have been a case of puzzling precocity. His first experience of the sea was therefore gained as a trader's factor, not a seaman. This in itself does not mean that he could not subsequently have gained the expertise necessary to compile the *Opera necessaria*: Columbus, after all, began his nautical career in a similar fashion. Still, Alvise's roles in all his subsequent voyages remained those of a displaced landsman—as observer, trader or gentleman-adventurer. In July, 1451, for instance, he was appointed *nobile balestiere*—effectively, an officer of the marine corps—aboard the state galleys

INTRODUCTION

bound for Alexandria; the following year he sailed for Flanders in the same capacity.

When he returned to Venice he found that his father had been driven into exile on a charge which amounted to defrauding the customs. Sea-borne derring-do promised a route of escape from poverty and embarrassment. 'My one thought,' he later recalled, 'was so to employ my youth by striving in every possible way to gain qualifications, that I might attain honourable distinction.'[20] He joined the Flanders galley fleet in August of the following year but by his own account was forced into Cape St. Vincent in Portugal by bad weather. Like the similar episode in the life of Columbus, this encounter with a nation on the frontier of Atlantic exploration changed Da Mosto's life. At the time, Prince Henry the Navigator was interested in recruiting Italian technicians to boost his efforts to round west Africa's bulge. It may be premature to see Da Mosto, at this stage of his life, as belonging in any sense to the class of maritime experts in whom the prince was interested. The Venetian was, however, disposed to take advantage of the opportunity. As his own account makes clear, he was personally interested in exploration and inquisitive about the geography and ethnography of Africa— 'very curious to see the world', as Diogo Goes remembered him. On the voyages he made to the Gambia region and some of the Cape Verde Islands, in Prince Henry's services in 1455 and 1456, he displayed a remarkable flair for reportage. Though the veracity of his narratives has sometimes been doubted, the many authentic observations of the homeland of the Wolof people, of which he made the first known written record, are convincing proof of authenticity.[21]

Da Mosto was back in Venice by early in 1464. A fortune, enhanced by a judicious marriage in 1466 to Elisabetta di Giorgio Venier, was gradually accumulated by trading in Atlantic products, especially in the dyestuffs of the Ca-

INTRODUCTION

nary Islands, which had been included in his itinerary of 1454. Business took his wares to Spain, Syria, and Alexandria; state appointments took him, as *proveditor,* to Cattaro and Corone and, in 1474, as ambassador to the Duke of Hercegovina. He seems, however, to have taken after his father in his taste for dealings of marginal honesty, selling adulterated dyes and misrepresenting cheap silk as the quality product from Málaga. He died at an uncertain date, before June, 1483, yet after November, 1482, apparently without taking up his last appointment as *proveditor* of Biave, with his reputation damaged but evidently undestroyed.[22]

His career did not, at first sight, particularly qualify him to be the author of a portolan. At the time of writing his narrative of his Atlantic voyages, he was frankly uncertain about navigational matters and expressed tentatively his views on the ship's direction from time to time. Sailing directions are sparse in the sections which directly describe his own experience, whereas they are prolific in the chapters which describe, probably from a Portuguese ruttier, or even, perhaps, a captain's log, journeys in which he took no part.[23] On the other hand, he was consistently interested in anchorages; his inchoate curiosity about navigation might have matured later into expertise; he was later reputed to be 'most diligent in matters of the sea'; his work, or perhaps his person, was consulted by the cartographer who made the Benincasa sea-chart of 1468;[24] and his election by the Venetian state to command of the Alexandria galleys in 1481 suggests—though the job required no special marine vocation—at least some contemporary respect for his competence at sea.

Nonetheless, the case against his authorship is persuasive, if not decisive. The case in favour is weak. The earliest attribution was by Francesco Sansovino the younger, in a work which appeared in 1581:[25] even here the assurance that Da Mosto was the author of a portolan is too vague to sup-

INTRODUCTION

port identification with the work in question. The original colophon of the portolan proclaims it the work 'of a Venetian gentleman, who had seen all this region'. Though the portolan remained popular in Venice, the language in which it is written features at least one curious usage which does not appear consistent with Venetian authorship. The term for the south-west wind is 'garbin', a name common in documents of south Italian origin, rather than 'africin' as favoured in Venice, though the former term also appears in the Venetian portolan of Pietro de Versi. The portolan could be an originally southern Italian work 'translated' into Venetian dialect by the modification of endings. Although one ought not to expect sailing directions to be crafted with literary flair, or to contain individual observations, the style and selection of material in the portolan gives no clue to Da Mosto's participation in its composition. The richly informed, vividly perceptive, idiosyncratic and self-revealing writer of the Atlantic travel narratives is not apparent in the austere pages of the portolan. It is disappointing, moreover, to find that the new discoveries made and the new waters sailed on Da Mosto's journeys in Portuguese service are ignored in the text: in a practical guide, directed at fellow-Venetians, Da Mosto did not need—it might be objected—to include sailing directions for such unfrequented spots as the Gambia or Cape Verde. Yet he was an engaging braggart, with a touch of a Vespucci about him, and it is impossible to imagine him convincingly as a textbook-hack, suppressing himself in his work.

Bound with the John Carter Brown Library's copy of the *Opera necessaria* is a bibliographical curiosity of some importance in the history of the Columbus story. *Libretto di tutta la navigatione de Re de Spagna* appeared in Venice in 1504, pirated from the official Italian translation of the first 'Decade of the New World' completed three years earlier in Latin by Pietro Martire d'Anghiera. This was an important work both

INTRODUCTION

in projecting a favourable image of Columbus's discoveries and in staking Columbus's claim to the credit. The discoverer and his family were involved in the diffusion of the humanist's account, recommending and circulating it and sponsoring at least one future translation.[26] The Italian translation was confided to the Venetian ambassador's secretary, with whom Columbus exchanged letters. Whoever was responsible for the act of literary piracy that led to the publication of the *Libretto*, it was Columbus and his heirs who benefited. The next edition of the *Libretto*, in expanded form, was in the first great collection of travel literature of the age of discovery, the *Paesi novamente retrovati* of 1508. By coincidence, Alvise Da Mosto's name appeared on the title-page in connexion with another work in the same collection. Pietro Martire leaped to the conclusion that the long-dead Venetian was the plagiarist.[27] The appearance of the *Libretto* alongside the *Opera necessaria* on the shelves of the John Carter Brown Library is therefore the result of a double confusion and of the rash judgements of sixteenth-century scholarship.

Felipe Fernández-Armesto
University of Oxford

NOTES

1. *The Periplus of the Erythraean Sea,* ed. G. W. B. Huntingford (London, 1980).

2. Avienus, *Ora Maritima,* ed. J. P. Murphy (Chicago, 1977). Other periploi are in A. E. Nordenskiold, *Periplus: an essay on the early history of charts and sailing directions* (Stockholm, 1897), pp. 6-14; K. Kretschmer, *Die Italienischen Portolane des Mittelalters* (Berlin, 1909), pp. 149-65. On periploi generally see O. A. W. Dilke, *Greek and Roman Maps* (London, 1985), pp. 130-44.

3. See J. O. Thomson, *History of Ancient Geography* (Cambridge, 1948), pp. 202-3; W. B. Stanford and J. V. Luce, *The Quest for Ulysses* (London, 1974).

4. E. G. R. Taylor, *The Haven-Finding Art* (London, 1956). p. 102; Kretschmer, op. cit., pp. 195, 235.

5. Taylor, op. cit., pp. 103-7; Kretschmer, op. cit., pp. 95-420.

6. On these charts, see T. Campbell, 'Portolan Charts from the Late XIIIth century to 1500', in J. B. Harley and D. Woodward, eds, *The History of Cartography, I: Cartography in Prehistoric, Ancient and Medieval Europe and the Mediterranean* (Chicago, 1987), pp. 371-463.

7. J.E. Kelley, 'The Oldest Portolan Chart in the New World', *Terrae Incognitae,* ix (1977), 22-489, p. 47.

8. A. Da Mosto, 'Il potolano attributo ad Alvise da Cà da Mosto', *Bollettino dell Reale Società Geografica Italiana,* 3rd s., vi (1893), 540-67, pp. 544-46.

9. *Le Navegazione atlantiche di Alvise Da Mosto (Il nuovo Ramusio,* v), ed. T. Gasparrini Leporace (Rome, 1966), pp. 127-262. A version of the text also appears in Kretschmer, op. cit., pp. 420-552.

10. *Il Compasso di navegare: opera italiana del metà di secolo XIII,* ed. B. R. Motzo (Cagliari, 1947), p. 4. The translations are adopted or modified from Taylor, op. cit., pp. 105-7.

11. *Le navegazione,* p. 157.
12. *Il compasso,* p. 4.
13. *Le navegazione,* p. 157.
14. *Il compasso,* p. 3.
15. *Le navegazione,* p. 156.
16. *Il compasso,* p. 12.
17. *Le navegazione,* p. 188.
18. Da Mosto, op. cit., n.8, p. 547.
19. A. Da Mosto, 'Il navigatore Alvise Da Mosto e la sua famiglia', *Archivio veneto,* 5th ser., vol. ii (1927), 168-259, p. 207; T. Gasparrini Leporace in *Le navegazione,* p. ix; *The Voyages of Cadamosto,* ed. G. R. Crone (London, 1937), p. xxi; F. C. Lane, *Andrea Barbarigo, Merchant of Venice* (Baltimore, 1944), pp. 30-32.
20. *Le navegazione,* p. 6.
21. F. Fernández-Armesto, *Before Columbus* (London and Philadelphia, 1987), p. 193.
22. U. Tucci in *Dizzionario biografico degli italiani,* xxxii (Rome, 1986), s.v. Da Mosto, pp. 371-72.
23. Crone, op. cit., p. xxvii.
24. M. Emiliani, 'Le carte nautiche dei Benincasa', *Bollettino della Reale Società Geografica Italiana,* 7th ser., vol. i (1936), 485-510; Crone, op. cit., p. 84.
25. F. Sansovino, *Venezia: città nobilissima et singolare.* (Vencie, J. Sansovino, 1581), f. 249v, (Venice, 1663), p. 585.
26. J. Gil and C. Varela, eds, *Cartas de particulares a Colón y relaciones coetáneas* (Madrid, 1984), p. 24.
27. P. Mártir de Anglería, *Décadas,* ed. E. O'Gorman, 2 vols. (Mexico City, 1964), II, 7.

FURTHER READING

Il Compasso di navegare: opera italiana del metà di secolo XIII, ed. B. R. Motzo. Cagliair, 1947.

G. R. Crone, ed. *The Voyages of Cadamosto*. London, 1937.

A. Da Mosto. 'Il portolano attributo ad Alvise da Cà da Mosto', *Bolettino della Reale Società Geografica Italiana*, 3rd ser., Vol. VI (1893), pp. 540-67.

A. Da Mosto. 'Il navegatore Alvise Da Mosto e la sua famiglia', *Archivio Veneto*, 5th Ser., Vol. II (1927), pp. 168-259.

J. B. Harley and D. Woodward, eds. *The History of Cartography; I: Cartography in Prehistoric, Ancient and Medieval Europe and the Mediterranean*. Chicago, 1987.

G. H. T. Kimble. *Geography in the Middle Ages*. London, 1938.

K. Kretschmer, *Die Italienischen Portolane des Mittelalters*. Berlin, 1909.

Le Navegazione atlantiche di Alvise Da Mosto, ed. T. Gasparrini Leporace. Rome, 1966.

J. H. Parry, *The Discovery of the Sea*. Berkeley and Los Angeles, 1981.

E. G. R., Taylor. *The Haven-Finding Art*. London, 1956.

Questa e vna opera necessaria a tutti li nauiga[nlti chi vano in diuerse parte del mondo. ...

Impresso cum diligentia in la citade de Venexia per Bernardino Rizo da nouaria stampador 1490 adi 6 nouembrio.

Collation: 22 cm. (4to): a-e^8 f^6 A-D^8 E^4 (a1, A1, E4 verso blank). [164] p.

Notes: Earliest printed book of sailing directions. Attributed to Alvise Cà da Mosto; for discussion of authorship, see Melzi, G. *Dizionario di opere anonime e pseudonime di scrittori italiani*, 2:362; Società Geografica Italiana. *Bolletino*, v. 30, p. 540-567. Title from beginning of text. Publication statement from colophon on verso of leaf E3.

References: JCB Lib. cat., pre-1675, I, p. 15; Goff, P-945; JCB Lib. *Maritime history*, 240.

JCB Library copy: Acq: 899. Acquired in 1904. This copy is bound with: Anghiera, Pietro Martire d'. Libretto de tutta la navigatione de Re de Spagna. Venice, 1504. Call number: H490 P853q [R].

Tracings: 1. Pilot guides—Mediterranean Sea. 2. Pilot guides—Europe. 3. Pilot guides—Great Britain. I. Cà da Mosto, Alvise, 1432-1488.

ANGHIERA, PIETRO MARTIRE D', 1457-1526.

Libretto de tutta la nauigatione de Re de Spagna de le isole et terreni nouamente trouati.

Stampado in Venesia per Albertino Vercelle se da Lisona a di. x. de aprile M.ccccc.iiii. [1504]

Collation: 22 cm. (4to): A-D^4 (D4 verso blank). [32] p.

Notes: The "Libretto" is the first collection of voyages ever printed. Written by Peter Martyr and translated by Angelo Trevisan, its contents include the first three voyages of Columbus. Publication statement from colophon. Possibly an unauthorized pirated edition; cf. Harrisse.

References: Harrisse, H. *Americana*, 32; add. 16; Alden, J.E. *European Americana*, 504/1.

JCB Library copy: Acq: 900. Acquired in 1904. This copy is bound with: Questa e una opera necessaria a tutti li naviganti chi vano in diverse parte del mondo. [Portolano Rizo] Venice, 1490. Call number: H490 P853q [R].

Tracings: 1. Columbus, Christopher. 2. America—Discovery and exploration—Spanish. I. Title. II. Trevisan, Angelo, d. 1508.

Questa e vna opera necessaria a tutti li nauigãti chi vano in di
uerse parte del mondo per la qual tutti se amaistrano a cognoscere
starie fundi colfi vale porti corsi oacque e maree comiciando da la
cita de cader in spagna oreramente fina nel porto de le scluise pas
sando p i canali fra la irola de ingelterra e la terra ferma scorendo le
bache de fiãdra fina ala irola de irlanda mostrando tutti corsi e tra
uersi dal ponente fino al leuante doue exercitano nauegãti chi va
no per mar e per ogni parte del mondo, cũ il oro nautili nauegãdo.

Prima

A cita de cader quando la luna e tra leuan/
te e siroco alora e bassa mar salines la luna
quarta de sirocho ver leuante bassa mar sil
ues quarta de siroco ver leuante bassa mar
saltes quarta d siroco ver leuãte bassa mar
Sarnnes quarta de sir. ver le. bassa mar
Lis bona quarta de siroco ver leuante bas
sa mar E daqui auanti per tutta la costa d
portogalo e de galicia volgendo el cauo finis terre e p tutta la costa
decastiglia e biscaglia fina ala ponta de baiona e ale seche de cha
berton la luna per siroco bassa mar E sopra la secha de cha berton
zoe vala parte de tramontana fina al fiume archaron luna quarta
de siroco ver leuante bassa mar Et in le aque de bordeos in gasco/
gna zoe in la bocha de la zoia va la irola de cordam chie per mezo
la bocha del fiume de la gironda la luna per ostr. bassa mar e da
qui auanti volgendo el cossto d lorizella e la bertagna p tutti questi
luoghi starie irole e porti fina alo raix de fontanco la luna per siro
co bassa mar:

Sain zoe fra una claltra irola storzando el canal la luna quarta de
siroco ver leuante bassa mar Jsmael la luna per siroco bassa mar lo
forno la quarta de siroco ver ostro bassa mar barbarat la luna tra
ostro e siroco bassa mar Salnain luna quarta de ostro ver siroco
bassa mar E cosie in lo trauerso de le irole de fora:

Vaser: la luna per ostro bassa mar e dentro la irola de vaser la luna
fra ost. e sir. piena mar 7 i lo trauerso de fora de vsenti mia. 5. i 8. in
mar luna p. o. ba. mar e q̃sta marea chore i q̃sto mõ p la irola d vas;

℘el porto de ysenti luna fra.o.e sir. bassa mar e fuora de lixola de vas mia 30 i 35 i mar luna fra.o.e ga..bassa mar le sette irole luna fra o.e gar.bassa mare vale sette irole da mia 12 i 15 i mar luna.q o ga. ver oit. ba.mar e p lo trauerso fora in mar la luna fra ost.e garbin bassa mar in lo trauerso de lo rais d briac luna fra ost.e gar. bassa mar de lixola de vies fina ala cita de samalo per riuera luna per ostro bassa mar e per tuti i luoghi e porti de rocha toua luna quarta de garbin ver lostro bassa mar e in roca toua e samalo e rinach la e cefei luna quarta de ostro ver garbin bassa mar e ostro e d por to garnesoi luna per ostro bassa mar e quādo e el corso de le aque piu stancho che non a poder la luna si vuol passar el garbin e sapi chel sono passa 22 de spre o lo rais de garnesoi luna per siroco bassa mar e p questa chosta core fina ala isola de caschete e d garnesoi e da 20 fina 25 mia in mar la luna quarta de siroco ver leuante piena mare in lo rais de blanzart luna quarta de siroco ver leuante piena mar e sapi che ventro de cefoi e remei sono li doi frari.e de bon fun di e neto remei la luna per siroco piena mar e de fora e ventro d re mei e piu la marea luna fra.o.e sir.piena mar da remei abar after e fū di de passa 30 in 32 daqua e per la costa de constantina luna per siro co piena mar da baraflet fina alo rais luna fra ostro e siroco piena mar e vuol piu tosto tocar de lostro e tra ponete e garbin bassa ma saman luna per siroco piena mar da baraflet fina ali xola d san mar co che sono ala costa de colanuilla luna per siroco piena mar que sta medesima ma...a sono per i porti de fora de le irole

De abors fina a c...st or la luna fra ostro e siroco piena mar e da v flor fina a orepa luna quarta de siroco ver ostro piena mar in la marea de orepa luna per ostro piena mar e questo corso dura per fin che tu passi bologna

Bologna fora in mar luna per ostro piena mar e der questa costa luna per garbin piena mar de corrente in mar e in bologna ci glāt e cales e grauilenga per la costa de fiandra e sopra le banche luna per ostro piena mar de corrente fina a le boche de noruega e p fina a ostenda luna quarta de ga. ver po.piena mar de corrēte

Da ostenda fina ala bacha negra luna quarta de garbin ver ponē te piena mar de corrent blancha verga luna per garbin piena mar

fina a sancta chatarina e sono q̃sto fora de le boche toraí de la ma
rea q̃rta ō ga.ver.o.piéa mar e dētro del porto ō le schiuse ō corēte

q̃ Uesti sono ichorsi cōmuni ʒoc de la ʒorēte de lo rais de sa
 in de bertagna fina ala schiusa e prima

Ba lirola de vsenti tra grego e tramōtana mia io o e vno
locho ꝉ he sono passa 5 5 de aqua e qui nō poria star naue a ferro p̃
lo gran chorso ō laqua e dentro lo chorso chi vien da grego e leuāt
deʒtro del forno e lisola de lombar vien la montāt tra.o.e gar.e va
aquesto modo fina alirola de nauer e li vien la ʒorent de leuāt e to
cha de sirocho alcūa cossa e va fina a vn locho chi se chiama merō
ʒa e le 7 iro le vien la ʒorent da leuāt e sir. de ventro e desora de li
rola Jrabriacho vien la ʒorent per canal p̃ leuāt fina a guais de va
lada e dranena fina la vien la ʒorent de leuant entro cauo de gre
nui vien la marea intra ostro e garbin e da meʒa marea auantia sin
trar de garnesuic vien sopra marea de ponente e maistro fina ala
caschera e remui entro da questa irola sono la marea trauersa
che vien de oredō ōl cirole e perho sono graui da contrastar per
che fano ilor chorsi rouersi e sapi che alcuis de blaʒard vien la ma
rea da grego e perho te varda de non sorʒer anchora chel chorso
e si grando che le anchore non tegneria niente da remoi a baraflet
vien la ʒorent de leuant per ʒo passa de fundi e perho varda non
te acostar tropo a blaʒardo che la chorent te portera al siroco de li
rola de san marcho fina alirola de colam li vien la ʒorent da siroco
e leuant e oltra 7 passa daqua de sabion per que, a chosta non an
dar da i 2 passa daqua in ʒoro per le dugare de baraflet antiser ven
la ʒorent da g̃ e tramontana e questo chorso volʒe redondo dētro
de ansflor e chenor e se tu ariui dentro p̃ regnir verso terra verso
a rois pocho auaʒera se nō te alargi essi certo de questo che dans
flor vien la ʒorent da grego e tocha alchuna cosa de la tramōtana

Ba chelaples fina a bologna vien la ʒorent da grego e tramonta
de chadernes fina ala tamisa vien la ʒorent de tramontana e va al
chuna cosa al grego

Jgnisec fina a grauilenga vien la ʒorent da gre.e tramōtana ō ver
pichardia in meʒo de gunt'e dobla vien la ʒorent nel streto da g̃
e tramontana da calles.fina a duncherc vien la ʒorent da grego

a iij

è tocha de tramontana de charchasm del bancho negro vien la zo
rente da grego dalo monacho fina a ostenda vien la zorente da g
e tocha de leuante da ostēda fina a blancha verga vien la zorente da
grego e leuante da blancha verga fina ala bocha de le schiuse vien
la zorente da grego e leuante.

  Ueste sono le maree de irlanda e dalemagna e de guales
q zoe fra irlanda e ingelterra luna fra grego e leuante alcūa
  chosa verso leuante piena mar cin la sacha de guales una
quarta de leuante e grego piena mar lixola de roma rei in mira
forda luna quarta de grego ver leuante piena mar londci luna per
leuante piena mar per questa marea per fina al cauo de holiues fi
na a icherchi e baiona luna quarta de leuante ver siroco piena mar
patustol luna quarta de leuante ver grego piena mar de londci fi
na a lixola de forlenga luna quarta de leuante ver gre. piena mar
in la rota quarta de leuante ver gr. piena mar musafolla luna quar
ta de leuante ver grego piena mar e ala marea per questo modo e
de fora luna per siroco piēa mar Premua luna quarta d siroco pie
na mar de fora per siroco piena mar dal cauo lutert fina dentro in
torno passa 25 da qua in chanal per siroco piena mar burlam luna
quarta de siroco ver ostro piena mar e per lo trauerso de burlam in
mezo el chanal la luna fra ostro e siroco piena mar.

A nesta marea chorx fina a lixola de vic In ingelterra lo rais de
burlam quarta de grego ver leuante piena mar in el chanal de bur
lam luna tra leuāte e siroco piena mar le aguie de vic luna quarta
de siroco ver ostro piena mar per mezo lixola de vic luna tra leuan
te e siroco piena mar hora in el chanal mia 12 in i 5 luna quarta de le
uante ver siroco piena mar nel chauo de toxes luna quarta de ostro
ver siroco piena mar.

Sācta lena tra ostro e siroco piena mar porto sinua e ambra e dal
xedona e antona e vamachando ziuita quarta de ostro ver siroco
piēa mar storau luna quarta de ostro ver siroco piena mar beociep
luna per.o. piena mar dentro del canal de beociep luna quarta de
ostro ver garbin piena mar e per ho come passa verso garbin appe

rechia de forzer per lo gran chorso o ver da largo luna tra ostro e garbin piena mar z in chanal luna tra ostro e garbin piena mar vi cilirco e rio e porto cha: mera luna per ostro piena mar romaneo a forzadore tra ostro e garbin piena mar e p lo trauerso in chanal lu na per garbin piena mar e in questo chanal e el bancho del mone go in chanal luna quarta de garbin ver ponente piena mar del ban cho del monego fina a hostenda luna quarta de garbin ver ponen te piena mar.

Da hostenda fina a bianza verga luna quarta de garbin ver pone te piena mar e de chorente alto luna per ostro piena mar fora le ban che per tutta la costa de alter cala guduina e sanduci luna tra ostro e garbin piena mar ziracha la luna per ostro e garbin piena mar d corente longaneo e el chauo de ponente de ingelterra fina alondra vien la montante del garbin e tocha del ponente e ilo chanal de bri sto vien la montant del garbin. e tocha del ponente e nel ditto cha nal vien anchor la montant da ponente e garbin da londci E a mi raforda vien la zorente tra leuante e siroco e la montante tra pone te e maistro.

La ponta de miraforda cum el cauo del monego da la banda de cha les chore la montate fina lirole de roma sei zoe in mezo lo monego chorre la montante fra grego e tramontana de rosci fina lixo la dardomei enela rota e i chanali montante grego e tramontana de rosci fina al chauo de lo chlarazmontante o leuante z alcuna cosa del grego dal chauo de chlaram fina a lirola de saltes vien la mon tante da ponente e garbin e piu v so garbin da lirola de sorlenga fi na a longanco vien la zorente da grec e leuante da chauo romaneo fina a liser per riuera vien la zorente da leuante de li fina a godiman vien la zorente da garbin e tocha de leuate e datona e fina agottister chom dauati E da gottister fina a burla vie la zorete d leuate e tocha del grego in la rota de li a burla vien la zorete da siroco et porta nela sacha de burlam e se tu fosti nela dita sacha d burlam in colfado et auesti marea chite tegnisse a terrado chala le to vele securame te sopra de mi e meti la barca i mar e la marca te portera cu remur

a iiij

chio fora per grego e questo e sta pronado da burlam a vic vien la zorente de leuante rocha del grego e se tu fosti in passa 12 daqua a presso aisita teniene la zorente da grego e leuante de bcocie p a ro manco come de sopra de la ponta de romanco a dobla chome e du ro de sopra in lo stretto per mezo dobla e chales vien la zorente per grego e rocha de leuante

Sancta margarita vien la zorente per tramontana de la tamisa e vien la vitta per ponente garbin de la ponta raxada fina ala pon ta de lunier vin la zorente da siroco

Questi sono li segnali de le sonde se troua cum el scandaglio comen zado da la secha otariana e tra grego e tramontana largo de berta gna mia 100 in 130 30 de lirola de vsenti in passa 96 troui ch a pe me nude o y pezeti de picra menuda biancha da la a 30 o ver 40 mia fa rai vnaltra sonda trouerai tutta sabion bianco e alcuni bonoleti bian chi e certi grani de sabion vermeglio lauado e neto Una naue che parta de lirola de cererta e voglia trouar vsenti troua da 70 in 80 passa daqua vsenti e va per tramontana per paura de la montante el signal de la sonda trouerai certe capete de pelegrin o ver capete a modo de vermolini e sara largo da vsenti da 40 fin i 60 mia i 60 passa trouerai ch a pete de sabion qui cognoscerai che tu sarai dro mo de vsenti va tra meistro e tramontana e piu ver lo maistro e da poi fa vnaltra sonda tu trouerai per segni tu sei intra in chanal e sa pi che tue dala parte de bertagna i dromo de lirola de vacra ncho ra indromo de lirola de vacre da longaneo e chauo lixert troue rai passa 60 daqua e sabion grosseto vermeglio e sarai largo da tra 40 i 50 mia Una naue che parta da forlenga e vada per ostro in mezo chanal trouerai passa 70 daqua ala vista de vsenti entro for lenga el forno andando da siroco ver ostro non el luoco ma ben se troua passa 75 d aqua sapi che al pie de la secha de charane troui sabion menudo meschiado bianco e vermeglio in questa sonda te sta vsenti per grego e se tu troui la sonda tutta vermeglia vsen ti te sta per leuante e se tu trouassi la sonda roseta meschiada cum sabion va per tramontana e trouerai mazor fondi e tu sarai al mar

de lo rais de vsenti se tu fossi fra sain e vsenti in passa 70 daqua var
date da vsenti per la montante e va per tramontana la sonda de la
golla de zes sie sabion vermeglio meschiado cum pocho sabion ne
gro la sonda de sain sie sabion e de vn pocho de sabion roseto la son
da de roxe e sabion piu roso de laltro mescolato cum poche cape
te rosete da sain sono passa 55 daqua quando tu trouerai 45 passa
tu sarai presso a vsenti largate bem in mar per che lare falsa sonda
e abi amēt e saluerai tutte le sōde p scōtrarte lūa cū laltra al parāgō
cū el mio dit toe nō falirai tra vsēti e corseo. p ql mezo sono pa. 60 e
poi fa parer falsa sōda sapi che doue che e chornouaia e pianura
nō te acostar ad essa tropo arente terra se nō sei da 25 in 30 passa da
qua e in questo fondo te stara la costa leuante e ponēte se tu fossi do
ue e bertagna in 60 passa daqua de vsenti zoe in la chosta de lion
fina a lixola de vacx tu saresti tropo aterrazado e sopra varuared
a mia 4 in mar sono passa 55 daqua a 8 mia sono passa 60 e se tu fo
sti danāti le 7 isole mia 30 in mare lixole per siroco i passa 52 daqua
e se tu fosti fora el forno e varuared trouerai da 35 in 40 mia passa
40 daqua tu sarai apresso terra e sapi che dentro a varuarad da 4
a 5 mia e vna secha quasi chouerta la qual nō par se nō cū basa mar
e de tutta rocha vardate ben oa essa sbo tu vadi streto i terra sbo lar
go in mar anchora da galuan fina a lixola de vacx va per passa 25
daqua nō auer pensier e sopra lixola di dragoni non te achostar
amen de passa 60 daqua e specialmente de notte che tu saresti tro
po in terra e sapi che le confine de romei e falsa sonda in passa 40
daqua se tu andasti da la chaschera per garbin e fosi tanto auanr
chome e rocha toua per mezō le sette irole in la dicta rocha toua.
sonda la banda de garbin da passa 37 fina 40 daqua e nō piu
Anchora per mezo la caschetta sono passa 37 daqua stando la ca
scheta per grego e leuante anchora da 60 mia archa de romei so
no passa 100 e questo e da la parte de ingelterra in chanal
Entro burlam e romei sono passa 40 daqua ala vista de burlam e
in chanal sono da 30 in 32 passa daqua lo chaño e tra ponente e mai
stro de garnesot.

Sapi che da baraflet a mezo chanal tuto e rochado el fondi Et de ver ingelterra e qui poi cognoser da qual parte tu sei ouerso ingel terra ouerso la bertagna p raçon de la fonda e per mezo lirola de vic in chanal da mia. 12. in. 15. i mar sono fondi arenil crochado da passa 38. in. 40. intra vincleteo e pichardia sono passa. 25. daqua anchora vna naue che fosse da leuante e siroco de gottister mia. 30. in mar s' no passa. 25. daqua entro artamua e le sette irole in x par seo in chanal sono passa. 55. daqua E sapi che a pie de la bassa de pre mua sono passa 30. daqua el chauo de la petra tra ostro e siroc ba voler sorzer ala golla de premua sono passa 50. daqua e menode 12 passa daqua perche a pe de la secha de premua sono passa 30 da qua e sarai dentro di chauie sopra schorenti:

Da gottister fina a lutert non te achostar in terra e specialmente e note amen de 40 passa per la secha de premua e la pietra benedeta Da gottister fina a lirola de vic non te achostar tropo a terra e spe cialmente amen de passa 40 daqua per la secha de premua da pie tra entro sauie el irola de vace e salbes in chanal sono passa 58 da qua Lauo litert in 45 passa lo ditto sa do canie, ado valle tedma 30 r fondi chie in chornuuaglia el chauo longan e o apresso terra no 50 passa e da sorlenga a lo dei e rocha sono passa 38 daqua e da sorlenga a miraforda e rocha sono passa 44 da miraforda a lirola de scales e rocha sono passa 40 da lirola de scales fina al chauo chiaram de irlanda largo da 12 in 15 mia sono da 40 in 46 pas sa daqua per mezo e vn lago se chiama lo real sono in chanal passa 25 daqua.

E sapi che al trauerso de le dones sono vn lago che sono 37 pas sa daqua et in questo modo sa no falsa sonda et in questo pi de go te guarda.

Vi scriueremo tutte le starie del mondo per raton del na
uigar chomo le chore zoe le riue del mar et irole chai chol
fi piclegbi porti vale starie comenzando del ponente li lo-
gbi e porti del mar drezando fuori del stretto erchuleo che vulgar
mente chiamando streto de zibeltar doue per erchules foreno
poste le cholone per reguardo de nauegauti chi vano per lo mon
do cum lor naue nauilij nauigādo azo che le naue che sono nel mar
non se mettano a passar cuz periculo.
Anchora scriueremo del mar mediterano e per tutte le riue dintor
no et irole e piclegbi colfi vale che sono atorno fina che tornere-
mo al monte de scuta per chiarar el monte de zibeltar fina el brazo
de saphi in barbaria

E Prima

Irlanda e irola chi abitada da molte citta e logbi e volze intorno
da 1280 mia in suso cal chauo de leuante e vna tore del belloc per cō
tra de miraforda de ingelterra questi doi chaui e la manega de gua
les e da tramontana e da la tore de beloc si e lo fiume de rora che va
fina ala citta de gate for lo ditto fiume e grande per la grā marea
che ogni naue pol intrar e va suso fina ala cita che sono mia 100
Da la tore de belo fina al irola de sales ponente e leuante mia 16
Sales sono do irole nel mezo molte starie et chanali e de bon sor-
zador metti el dito sales cum chauo vechio tra ponente e garbin
mia 130
E da leuante del chauo vechio fina citta de corchora chie bona cit
ta grossa e marchadantescha doue se troua molti manit ouer ber-
nuli che vrano a portar portogalesi ouer castigliani al tempo deli
uernada per vardarsi dal fredo.
Dal chauo vechio al chauo de chlara quarta de ponente ver gar. cū
lo chamin trouerai lirola de freus che sono mia 70
Dal chauo de claram al chauo de loser zoe lirola quarta d ponente
ŋ maistro mia 60

[marginalia: jngulterra co Schoria guano assettuy miglia 2470]

L irola de loser e larga da terra zoe dal cano losert e de bon forza
dor et e largo mia 8
Da la ditta irola fin al cauo dardomi zoe alirola ditta tra maistro
e tramontana mia 200
Lo cauo dordomi e lo cauo de tramontana del colfo de contedar
che volze intorno circa mia 280
El ditto colfo e secho et a molti paludi e chanali e quado la marea
e bassa la piu de 300 irole e per questo chamin da lirola de loser
alirola dardomi troui molte irole e bom porte et la manega de san
brandam e de tramontana del monte de la cita del mirich
Da lirola del drom a lisola del tricon el quarta de grego ver tra-
montana mia 100
Dal cauo trichon el al cauo torremil per grego mia 140
Dal cauo torremil al cauo lubech tra leuante e siroco mia 60
Lo cauo d bon sobri e lo piu streto luocho che sia cu el cauo basso d
scocia vardase e luno cum laltro leuante e ponente mia 18
Dal cauo bon sobrin fin al cauo de latore del belloc per staria quar-
ta de ostro ver garbin mia 250
E per lo chamin e la cita de scanforda mia 30 lonzi de stansorda
al cauo de lostro al cano del colfo de diorda mia 8 lo ditto colfo ra
dentro mia 50
Del cauo de diorda al cauo de donuelim sono mia 60
Da donuelim a dragodal sono mia 8
De dragodal a borlac per mezo lirola de roscham mia 40
Da lirola de roscham al cauo dombal a la bocha de rora mia 30
da uumbal a la tore de beloc mia 10 per questo camino redi molte
seche

i &gelterra e irola grandissima e de coz ota cu lirola de scho-
cia e de fra una e laltra pichol freo che qn la marea bassa no
e saluo uno pe e mezo daqua e volze queste 2 irole consonte in sieme
mia 2440 e per se sola ingelterra e bonissima e irola nena gram mo-
tagna volze mia 1500
Lo cauo de guales da la parte de tramontana per mezo lirola de
ama d foza e nel chanal e la cita de nort amptum e qui e largo chi-
nal i ma 10 z riman secho quando la marea e bassa

De nort amptum a loser per ponente mia. 30
De losert a torrentand tra ponente garbin. mia. 20
De torentand a lirola de aman per maistro mia. 90
De torentand per riuera de lirola dingelterra per fina al cauo de
quales per penabrot tra ostro e galbin mia. 90
De penabrot a saluer fra ostro e siroco mia. 15
De saluer al cauo de pulcebais e al cauo calcher chie el cauo de mi-
ra forda tra ostro e siroco. mia 30
E declaraın fina ala cita de miraforda per canal mia. 75
De cauo calcher ala cita de bristo chie in cauo del colfo e vase per
molti scogli e molte seche fra grego e leuant mia 90
De la cita de bristo a lirola de londei tra ponente e garbin e toca
pui del garbin mia 90
De londei a patustol vardase a grego e garbin mia 45
De patustol al cauo longaneo tra ostro e garbin mia 45
De longaneo al cauo lisert fra leuante e siroco mia 30
De lisert al cauo gottister tra grego e leuante e toca piu de leuante
e sono mia 90
De gottister al cauo burlam come disopra appare mia 85
E de burlam auic leuante e ponente mia 30
L irola de vic tien per staria mia 30
De cauo taif de lirola de vic cum lo cauo de b ociep quarta de leuā
te ver grego sono mia 50
E de beociep a romanco tra grego e leuante e qualche cosa piu tien
te verso el grego e sono mia 50
E de romanco a cauo dobla se varda a gre. e galbin e sono mia 30
Dubla cum tenet se varda a ostro e tramontana e sono mia 32
De tenet al cauo de rois chie laltro cauo de tramontana del colfo
de la tamisa per tramontana e sono mia 60
Del cauo rois al cauo blomber chie lultimo cauo de la granda iro-
la de ingelterra da tramontana da la parte de leuante fra maistro e
tramontana e sono mia. 200
Dal cauo blumber al eisoter per terra o ver per canal de pocha aq̄
che sono fra le doe irole zoe ingelterra e scocia vasse ala quarta de
ponente verso el garbin e sono mia 180

¶ I sotto diremo aponto come iace tuti i porti e starie e forzadori de la magna niuna i sola de ingelterra E prima.

Da cauo longaneo a musa folla quarta de le. ꝟ sir mia 10
E ifra longaneo e musa folla ala quarta de leuāt ver siroco se chiama on godor li c mal forzador e dentro de una secha chi a nome la uandera non te acostar tropo in terra perche molte persone sene sono inganati e de musa fola al cauo lusert tra leuante e siroco mia 30
De lusert a godiman quarta de grego ver leuante mia 25 e romāte in colfado da tramontana e molti altri luoghi e da ponēte de sa la mua e uno porto de marea che a nome aliberd la sua leuada e va uer leuante e de neto e sia 5 monasteri suso la montagna e luno e laltro l bomo vede sotto el porto de libert e chiamase guinbir e si sono apresso el cauo lusert

Fa la mua e cita e a porto de marea lo ditto porto e de menço godimā el cauo guid el cauo godiman val cuāte el cauo guid da ponēte e nel dito porto per mezo lo canal e una secha chi se varda cum lo somo de bertagna a ostro e tramontana e sono mia 140
Dentro del cauo de lirert e fa la mus e uno bono lueho e chiamase alibereh e se tu voi trouar qllo alibereh nō e bisogno aspetar marea piena ma quādo tu sarai a cauo lirert fal i bonor per le sech et quando sei ala spiaza de leuant per la secha chi e a la intrada de fora e sapi che sancta elena cum el campanil de sancta maria de porto mua se varda tra maistro e tramontana

Da le aguie al cauo dor diuel dō vic fra leuant e ponēte mia 30
Lo cauo de chāsor cū el cauo de beociep. q. de. le. ver lo g̃ mia 50
Chi fosse sopra sancta lena et auesse montāt vada per garbin fin a passa 8 da qua non auer pēsier de le seche de ciuita e poi torna fra grego e leuant caderai a beociep da cauo beociep cū la predetta de romanco tra grego e leuant e tocha del grego mia 50
Se tu voi forzer in beocip forzi in sette passa de aqua e chouert da ponente e garbin
Se tu voi itrar in vinalisco aspeta la terza parte de mōtant e vardate de la ponta de banda seneltra e de la secha che de fora cus rinclisco zoe cum el campanil tra leuante e siroco e va apresso li oletas fa bonor a la ponta de banda destra e va per chanal de vinalisco

che a riua a vicilifco e zittate in molti canali li quali vano fra terra a vinciliſco azonze a vinciliſco e da vinciliteo aport'chamera mia 8
Una naue chi voia intrar in port chamera lieui lo campaniel de ſancto andrea e portalo cum el cauo de beociep la longeza d'vna galia ma biſogna che tu monti la ponta de zanbre e forzi che la e bon porto da inuernar·

Se tu voi ſorzer in romaneo la ei io paſſa d'aqua et abi riſguardo da ponente e garbin e ſapi che a vna ſecha dentro e détro la ſecha ſono paſſa ſette daqua e ſoza la ſecha quādo e baſſa mar e vno paſſo e mezo daqua.

Da la pōta de romaneo a cauo dobla p ſtaria mia 30
Dobla e citta e da port per nauilii pizoli ſe tu voi ſorzer in ſancta margarita forzi in paſſa 16 daqua e ſtara aſai ben

Se voi ſorzer a ledunes forzi in paſſa 5 daqua tra leuāt e ſiroco

La ponta de ſancta margarita cum tenet zoe cum li zola vardaſe a oſtro e trmontana per canal de la guduina mia 30

Tenet cū el bacho del monego in fiādra fra leuāte e ponēte mia 60

Una naue che parta da ſancta margarita e vada tra grego e tramontana per queſta via paſſa tra le ſeche de le done e le ſeche de ſanduci vada per paſſa 7 ver la guduina et andera per mezo chanal fina a tenet

Se tu voi intrar dentro de tenet vardate da ſiroco e de oſtro e de garbin e vada preſto dentro de le bandhe

Una naue che parte da ſancta margarita per andar i fiādra vada tra leuante e ſiroco fina paſſa 18 daqua e poi torna tra grego e leuante ſe le de zorno vada p queſta via ſe le de notte vada a quarta de grego ver leuante

Una naue che parta da beociep e vada tra grego e leuante vada tanto auanti fin a romaneo e da poi cum la zorente per grego e tocha de la tramontana fina paſſa 18 daqua e poi torna tra grego e leuante per che tra dobla e vinciliteo vien la zorent da tramontana e la montante da loſtro la zorente te portera i terra da la parte d picbardia

Da romaneo ala bocha de ſancta margarita ſe tu ai zorent va per garbin e ſe tu ai montante va per grego e tramontana

Corsi de la isola d'ingelterra. .E.p.
Cauo dobla cū lo cauo d'rois seuarda a ost.e tramōtana e toca del maistro mia. 90
E in mezo cauo dobla e vinciuise cum lisola de san marco.a greg. e garbin mia 176
Romanco cum ansiscer tra grego e tramontana.mia. 90
Vinalisee cum orepa se varda ala .q.de sir.ver lo.ost.mia. 80
Beociep cuza stamples se varda a ponente e leuante.mia. 80
Beociep cum saman tra leuante e siroco.mia. 70
Beociep cum anciser se varda a ostro tramontana.mia. 90
Beociep cum baraflet se varda a grego e garbin.mia 120
Sopra la secha de ciuita oue e lo colso de soueren cum gordlaga quarta de garbin ver lostro.mia. 130
Sancta elena chie fora de portosmua cum cauri a g̃.e gar.mia. 90
Sancta elena cum baraflet se varda a ostro.e tra.mia. 70
La isola d'Uic cū cerobor se varda a ostro e siroco mia. 80
Cauo burlam cum saman se varda.le.e.po.mia. 210
Burlam cum baraflet a sir.e ma.e tocha de lostro.mia. 100
Burlam cum lisola de remui a ostro e tra.mia. 60
Burlam cum la icruana tra ost.e gar.mia. 30
Burlam cum vsentise varda a gre.e gar:e toca de lostro.mia. 206
Sancta catarina cū le seche d'godlaga.q.de.ost.ver sir.mia 90
Lisola de vic cū la seca de barbarat tra ostre e gar.mia. 180
Sancta catarina cum lisola de vsent.q.de gar.ver o.mia. 230
La tore d'artamua cum baraflet tra.le.e siro.mia. 150
Cauo gottister cum orepa se varda a.le.e po.mia. 300
Gottister cum la caschera tra.le.e siroco.mia. 90
Gottister cum le sette isole tra ostro e siroco.mia. 110
Gottister cum el forno de bertagna tra ostro e.gar.mia. 160
Premua cum la caschera quarta de.le.ver siroco.mia. 125
Faute cum lisola de var tra ostro e garbin.mia. 170
Godiman cum lisola de garneroi tra leuante e siroco mia. 160
Godiman cum el forno de bertagna se uarda a ostro e tramōtana mia. 120
Lixert cum lisola de la caschera se uarda a le e po.mia. 200

Lixert cum el chauo de leguie de lixola vic.q.de.le.xv gr. mia 180
Lixert cum vsenti se varda a ostro e tramontana mia 120
Chauo longanco cum rocha toua tra leuante e sirocho mia 188
La chaschcta cum saman de pichardia de la staria quarta de leuā
te ver lo grego mia 220
Sorlenga cum el chauo de clara tra leuante e siroco mia 200
Sorlenga cum gatford quarta de maistro ver el ponēte mia 160
Sorlenga cum el chauo de toriam quarta de ostro ver gar. e piū
verso el garbin mia 600
Sorlenga cum ismael tra grego e tramontana mia 150
Sorlenga cum el chauo longanco se varda a grego e gar. mia 30
E nota che appresso a sorlenga e vno scoio chi se chiama petralusia
e sic da la banda. de tramontana de sorlenga le 7 piere a mia 10
Sorlenga cum el chauo lixert se varda a ponete e.le.mia 60
Sorlenga cum rocha quarta de leuante ver siroco mia 210
Sorlenga cum le 7 irole tra leuante e siroco mia 190
Sorlenga cum lixola de vacs quarta de leuante ver siro. mia 170
Sorlenga cum fontaneo quarta de siroco ver lostro mia 150
Sorlenga cum lixola de vsenti tra ostro e sir. e pi xv sir. mia 128
De lixola de londei ali xola de miraforda et ismael e astronal quar
ta de ponente ver lo maistro : mia 50
Lixola de romasci cum ginsal tra grego e leuante mia 25
Londei cum chauo chaldei ostro e tramontana mia 30
Londei cum el chauo vechio de irlanda se varda .le.e po. mia 200
Londei cum lixola de saltes e le seche che sono fra elle doe cole me
ismael estronal e ginsal tra ponente e maistro mia 110
Londei cum miraforda quarta de tramōtana ver lo grego e quā
do tu sarai al e do parte del camin rocha de la tramontana per in
tra in la rota de miraforda e si sono de camin mia 150
Londei cum lixola de man se varda a ostro e tramontana mia 200
Londei cum patustol se varda a grego e garbin mia 45
Londei cum le didete tra grego e leuante e rocha piu verso el
grego e sono de camin mia 60
Londei cū sancta catarina de bristo chomo di sopra e sono mia 90
Londei cum la sorlenga gre. e gar. e tocha de tramōtana mia 100

b

Se tu te parti da lixola de vacre cabi montante va per grego e tra
montana per montar garnesoie e la chascheta quarta de grego ver
lenante auerai vista de beociep

Lixola de vsenti cum lixola de la chascheta quarta de grego ver le
uante mia

Una naue che parta da sancta margarita e metasse la lobera e to
re da popa e vada fra grego e tramontana andera neto dale seche
de sanduci e de tenet

Una nane che parta da tenet per andar in fiandra et abia montan
te vada per leuante e sirocho e tocha piu de leuante tu anderai ne
to a hostenda

Una naue che sia su la chosta de fiandra e el vento fosse da ostro e
sirocho e non podesse star a ferro vada a suo chamino tra grego e
tramontana vno di e vna note e si auera da campixar 30 mi 15

A voler intrar nel porto de le schiuse de fiandra bisogna che metti
el campaniel de la vazola per mezo la terra ouer piu entro cum el ca
paniel ver lostro ta longeza de vna barcha la ponta grossa va quar
ta de leuante ver grego et anderai senza paura fina che tu meterai
sancta chatarina cum stampla in vno et anderai bene per quel cha
nal e va dentro cum la sonda de la terra verso ponente e sono zerti
molini dauento alti e vna chara su la terra ferma

Se tu volesti andar p lo chanal de blaza zuga metila terra p lo segu
ral zoe el segnal del portolňo p mezo laltro e qn tu sarai appsso ter
ra e voles andar per lo chanal a la terra mettite largo quanto e do
galie ver leuante e va tanto in terra che metti el campaniel de sancta
chatarina cum el sego zal de nos fin che tu metti tutti questi segni
vno e po va de longo cu la meza marea da 4 passa daqua in 4 e mzo
cum el scandaio zuoga trouerai vara

Se tu voi andar per lo chanal de chocha metti sancta chatarina p
leuante e sirocho e vederai vno altro campaniel mettilo per questi
primi va per questa via fina che tu intri nel chanal de la tore e poi
va de longo e chusi tu enterai nel chanal predito

Se tu voi andar per lo chanal de hostenda fra lido campanid per
leuāte e sirocho toi lo scandaio de la terra de passa 5 i 3 e mezo va
per questa via fina che tu sei a la ponta de sancta chatarina

Vi scriueremo lo partir de fiandra choſtizando lo terrē
q fermo ele irole e feche e porti ſono per riuera E. P.
Quando tu ſarai fuora de la ponta de le ſchiuſe zoe p me
zo la cata de bertibero va per ponente in 15 paſſa daqua e dala in
inſu va per ponente e garbin e ſe aueſti montante tocha piu del gar
bin per amor de la montate che porta a tener e ingelterra e a choſtā
dote al garbin anderai a mezo chanal intra dobla e challes.
Da ſancta chatarina a blanca verga tra ponente e garbin mia 12
Da blanca verga a boſtenda ſono mia 15
Da boſtenda ala guardia ſono mia 8
Da la guardia a topont de bardra mia 4
Da topont a doncherc al bancho del monego mia 24
Lo bancho del monego e el piu periculoſo bancho che ſia in quelle
parte che vade logo fina ale ſeche de holanda e fina al monego che
ſono per longeza mia 1200
Da doncherc a granilenga ſono mia 8
Da doncherc ala cita de challes ſe fauo mia 12
Challes ſie cita e ſono del Re d'ingelterra el qualle e luogo e mol
to marchadanteſcho e maxime de lane per eſſer iui la ſtapola de le
lane de ingelterra e quello e porto p legni pizoli et da challes fina
al chauo de vinzan ſono mia 4
Tutta la choſta de fiandra zoe dal ponente ola ſchiuſa fina al cha
uo de vinzan tra ponente e garbin mia 90
Da chauo vinzan a chadernes quarta de oſtro ver ſirocho mia 8
Se voi intrar nel porto de chadernes mettite per mezo vna villa
che a nome adritela a 10 o 12 paſſa daqua e auerai vn bō logo e
va ben a tramontana fin che tu ſarai al chauo e non ſorzer in ma
zor fondi de queſto per che le mal fondi e de molto arochado pero
te guarda da quello
Da chadernes ala cita de bologna ſono mia 6
Da bologna a ſellepens tra boſtro e tramontana mia 25
Da ſelepens ala oſſa de charam per oſtro e toca del ſirocho mia 30
Da loſſa d'charam ala cita de drepa quarta d'gar.ꝓ oſtro mia 40
E ſe tu voi ſorzer in drepa e ſtar per mezo la cita anerai de pit'a mar
b ii

passa ti daqua e cum bassa mar rimanerai in passe 6 almancho da
drepa a frestan quarta de garbin ver ponente mia
Frestan cum el chauo de ansiser se varda a ponente e leuate mia 20 44
Ansifer cum el chauo de chaorisse varda a ost. e tramotana mia 16
De chaursal chauo de lopia ostro e tramontana mia 10
De chaursalossa detta villa grego e garbin mia 50
Dal chauo de lopia ala cita de ziraflor ponente eleuate mia 10
La cita de zira flor E a vno di chaui de le boche del fiume cenne
da la parte de tramontana e questo fiume passa da roam e per me
zo de la cita de paris e da laltro chauo de ver lostro e la cita de an
flor de lip fino abaraflor tra ostro e tramontana sono mia 10
Da baraflor a gosar tra ponente e garbin e sono mia 15
Da gosar a rocha e la cita canet doue sono le gran seche che sora
rocha e cham e vardase tra ponente e garbin e sono mia 15
E per questo chamin troui lirola de sau marcho e si te roma da ba
da destra andando per el chanal
    pieleghi oner chorsi del chauo d baraflet
    che tra grego e.le. sono mia centootanta
Da baraflet a drepa quarta de leuate verso el grego e sono mia 130
Da baraflet posisfrec se varda ponente e leuante mia 80
Da baraflet ala bocha de sinct leuante e siroco mia 18
Nota che da ponente de baraflet per mezo la spiaza e grade aspre
do e rochado el fondi
Da baraflet a lirola de remoi ponente e leuate mia 40
Da baraflet a la chascheta tra ponente e maistro mia 60
Da baraflet ala cita de zeriborg ponente e leuante mia 15
Ziraborg e cita et a vn bon porto de marea et a vna sechs dauanti
che quando la marea e bassa la e descoperta e cum piena mar e suso
pa.4 daqua va detro de la secha e sorzi in chanal et banerai cum
bassa mar passa 6 daqua e cum piena mar sarai da passa 10 in suso
daqua e da la cita fina al chauo de gordlaga.pon.e.leuante.mia 15
Da gordlaga a lirola de remoi e ala chascheta tra ponente mai
stro e tra leuante e siroco mia 30
Se tu fosti intorno a lirola de la cascheta mia 15 in mar tra ponen
te e maistro fin a romaneo montante e zorente de qui auati cum la

montante grego e leuante fina che paffi lo ftreto e piu fe tu ti leui
cum gran marea
Lo chorfo de remui e lazoram tra oftro e garbin mia 30
Dentro de remoi e zorā e vn bancho de fablōin fra qllo sono paffa
9 daqua e fcore el ditto bancho maiftro e firoco e vien el chorfo de
meza marea zorente fin laltra marea del firocho e la marea variuer
fando al contrario
Cafcheta cum el chauo de la guia de garnefoie mia 30
Garnefoi cum rochatoua quarta de oftro ꝓ garbin mia 50
Dal chauo de guia cū fangindar tra.o.e garbin mia 60
dal chauo de guia cum vgas grego e garbin mia 100
Rochatoua cum lirola de orena dentro del colfo d̄ famalo oftro
e tramontana mia 30
Horena cum el chauo de febra de 7 irole.le.e.po.mia 30
Horena cum el chauo declete leuante e firocho mia 40
dal chauo de febra alirola de zefni tra.gre.e.le.mia 40
E fetu fo fti in mar de le 7 irole io ox 12 mia va tra leuante e firoco
e nō auerai panra de rochatoua ne de lirola d̄ orena e interai i el col
fo d̄ famalo e fono mia 75
Da le fette irole al monte de fan michel leuante ponente e fe voi an
dar fuora de falbon va quarta de leuante ver grego mia 80
Da le fette irole a fan gindas maiftro e firocho e fan gindas e bon
porto cle feche fono nel mezo del porto
Da le fette irole alirola de vacr tra ponente e garbin mia 40
Lirola de vacr o nome lauandera e fe tu voi intrar in la dita piglia
fegnal per la rocha de la crore cum vno altro apozo andando da
miliano de ver tramontana de lirola de balaron la lōgheza d̄ vna
barcha e da leuante torai anchora per fegnal de lauandera cū ido
cāpaniel de fanpaulo e mettili tuti tre in vno e quādo che tu farai in
dromo de la fcam eche lo campaniel te ftaga da ponente da la ban-
da de lauandera e quando lauerai p quefti fegni come todicto alo-
ra farai entrado dentro e poi anderai piu auāti alo ftatio ingbelife
per la uia che confuetano andar tutte le altre naue che entrano li
Lirola de vacr e galifi fe varda.le.epo.e rocha del firo.mia 10
Lirola de vacr e la rocha de varuas elo forno de bertagna.e firo
b iij

la de vienti tra ponente e garbin mia

Se tu voi intrar in varnarat lassa tute le roche a banda senestra e vardate da laltra ponta de banda destra che vien fuora e dentro del porto e una secha lassela da qual parte che tu voi τ va dentro che li e bon porto e inuernador

La restinga de persai cum el forno grego e garbin mia zenton cum i porzi a lostro e siroco mia

La chara bruzada de paot cum lauandera per ponente

Lo forno cum anar cum samuel quarta de ostro ver siroche per questo chamin lascrai li porzi da banda destra

Brandon cum le penetra ostro e tramontana e tocha del garbin

Irlangat cum el chauo de fontanco ostro e tramontana terra cũ terra e se tu volesti andar a fontanco de sain senza marca auerzi lo rais e tocha un pocho de garbin e volendo andar de rais de fontanco a samael vien cum la marca del maistro

E se tu volesti intrar in borenzil la secha e nel mezo del chanal per mezo la sabionera de san maio e de sain al forno e porta san maio descoperto in la ponta de nantes tanto quanto e la longheza de una barcha per paura de li porzi

Se tu volesti intrar in bertagna porta berlengel descoperto de san maio zoe la terra per paura de la secha che e galina chiamada

Sapi che al chauo de tramontana de lirola o vacr mia uno i mar e una ouer do seche che quelli de usentile chiamano lo rais venne glio e qui suso sono passa 50 daqua τ in quello rais fa lo chorso chru del de le aque altro modo nõ e nesun che intrasse i questo rais nõ poria sorzer per lo gran chorso rouerso che regna in allo loco

Da usentia a sain sono passa 50 daqua e sapi che i passa 45 daqua serai appresso vacr e da la parte ben in mar mia 30 sono passa 43

Da chauo fontanco a lirola de sain grego e garbin mia 12

E se da fontanco a voler andar de fuora da sain va per garbi quando laurrai parizada va quarta de garbin ver lo ponente che lirola de sain e la secha largo sopra sain sono passa 55 daqua fuora de le ponte e le ditte ponte vieneno molto fora i mar e dentro e de le ponte sono passa 40 daque piu

Una naue che fosse per ostro de fontanco in mar mia 20 si troua

ra paſſa 54 daqua e da ſain al chauo de pormarc tra leuante e ſir.
Una naue che parta da pormarc in ís paſſa daqua e vada tra ponente e maiſtro per mezo ſain e li ſono paſſa 55 daqua per raxon ð le pōte che vien fuora in mar e dētro dle pōte ſono paſſa 55 daqua
La ſecha de gloram cum li porzi ponente e leuante e tocha del grego e per queſto chamino le ſeche te roman de ver garbin
Una naue che voleſſe vſir e paſſar gloram vada bē apreſſo el monte per paura de queſte ſeche choperte e poi vada quarta de garbin verloſtro fin che tu ſei a luogo de gloraz e poi ſcorer fin al locho d pormarc
Se tu voi andar a champeo interai ben dentro fin al zeram tanto che tu metti el chauo de ſangindas per ſirocho e poi torna per maiſtro e laſerai quelle ſeche choperte da banda ſeneſtra
Anchora ſapi che dentro ſangindas el chauo de gloram ſono algune ſeche choperte perho guardate da eſſe e va la terza parte de gloram e laſa le do parte de ſangindas e poi ſarai per mezo lo pormarc
Dal chauo de ſangindas e champeo maiſtro e ſiroco mia 16 ma guardate de alcune brutte ſeche che ſono in queſto chamino porta lo chauo de ſangindas e laſalo deſcoperto da liſola quanto e lōga vna galia zanderai a lo rais dreto alo rais de champeo ſenza penſier de le ſeche
Pormarc cum el chauo de ponente de bella illa tra leuante e ſirocho mia   80
Chi foſe dentro de bella illa e voleſe andar dētro de gloram vada quarta de maiſtro ver lo ponente e andera fora ſangindas per tema de la ſecha che tra groia e gloram vale do parte p chanal piu a preſſo de galeram e queſta ſecha e per cognoſenza de lirola de porta mettila cum el campaniel de latera de lirola ð porta e chome tu ſiegui la ſecha te roman tra leuante e ſirocho e la rocha che da leuāte de claram che ſtara tra oſtro e tramontana
Lo chauo de ſangidas ð glorā e belaila ſchore ſir.ema.ma ādādo p ſirocho anderai fuora de bella illa da mia 5 i 6 e 8 e. ſono mia   52
Lo chauo de ſan gindaſ glorā e groia leua. e po. e per q̃ſto camio e vna ſecha i mezo de le do irole z arente la ſecha ſono pa. 12 daqua

b iiij

Groia cum el chauo del porto de belaiſla maiſtro e ſiro. mia 25
Groia cum el chauo de leuante va chonach ſir. e maiſtro mia 40
Babelaiſla cum le irole o vacī maiſtro e ſirocho mia 75
Dentro de bellaiſla e vias ſono paſſa 30 daqua e dentro de la ro-
cha de fuora in mar ſono paſſa 35 e dentro de la rocha ⁊ la terra
ſono paſſa 25 daqua
Anchora ſono in nella viſta del campaniel de vias paſſa 48 arro-
uandote miglia 60 largo in mar trouerai paſſa 60 daqua
Lo ſorzodador de vias cum la porcha delena tra. le. e. ſir. mia 35
Lirola de vias cum el campaniel de por mar quarta de maiſtro ⁊
lo ponente mia 150
Lo ſorzador de vias cum bercha quarta d' ſir. ⁊. le. mia 30
Lo campaniel de vias cum ſangil leuante e ponente mia 40
Lo chauo de ponente de ſangil ſia nome coparixon e qſto e chauo
grande ſe varda a oſtro e tramontana e ſono mia 70
E per queſto chamino vardate dale ſeche che ſono cum el chauo
de vias ala quarta de tramontana ver lo maiſtro
Se voi andar per le piglete de lirola de baia a nantes zoe ala bo-
cha de gloran va per paſſa 12 daqua tra grego e tramontana mia 16
Nantes e gran citade e vaſſe ſu per la fiumera de claram ala cua
cum la marea cum ogni gran naue ſeguramente
Le piglete cum lirola de vias quarta de oſtro ver ſiroco mia 20
Se tu voi andar ala pileta alamponchrea ſapi che le vna ſecha a
leuante e ponente e rocha del garbin
Lamponchrea cum el parauego de zera a oſtro e tramontana e to
cha del garbin
La piglete cū lo manſer e el chauo de la lumeria
La lumeria cum garande leuante e ponente mia 30
Lo ſorzador de gloram cum la porcheta quarta de ponente ver lo
garbin e lo ditto ſorzador vol eſſer in paſſa 6 e ſono mia 50
Una naue che foſſe ſu la lumaria de bella illa in paſſa 72 e largo va
le irole mia 100 e ſe tu foſſi da garbin de bella illa del chauo de po-
nente in paſſa 70 alora ſarai apreſſo lirola da 30 in 40 mia largo
e ſe foſti in 26 paſſa tu vedereſti lirola
Una naue che partida lirola o vias e vada al aquarta de ponente ⁊

lo meistro quando tu sarai tanto auanti che sia per mezo garande trouerai 57 passa daqua e sapi che a pie de la secha de garande o uer la terra sono passa 40 daqua e uerso el mar e questo instesso

Una naue che parta da vias e voia andar de xù la baia vada da ponente de vicho e poi vada quarta de tramontana ver lo maistro p le seche de dongert che sono al chauo e nõ andar piu in terra de passa 12 daqua et sarai a chamino dretamente

Quando tu sarai per mezo la ponta de vias e vadi terrazado nõ te achostar piu a terra alizola de limuster a passa 8 daqua

La porzea d olona e le balene de ares cum el mõte grando d la terra per mezo la porzea a sirocho e maistro mia 50

Se tu voi sauer la intrada de la baia de la zera meti la baia tra leuante e sirocho e vederai locha stel de colet e poi vederai in zima el mõte ynfarion cum vn campaniel de ver lostro del chaitello tanto quãto e la longheza de vna barcha e va dentro fina a cholet senza alcuno penser

Se tu voi intrar in la baia da la banda de la zera va tanto auãti che bel porto te stia descouerto e si farai dentro e in bon e seguro luogo

El peloro de antiocia cum el boscho de lorizela tra grego e leuante fin che tu sei a la ponta de sancta Maria blanca e poi torai piu ò lo leuante per guardarte ben da le roche zoe dale seche de sancta catarina e da le seche de scosto da olona a maistro e siroco

Olona sie cita e vna naue che fosse in li mari de olona i mar mia 60 e che tu te trouasti nel perturo òbertagna in passa 16 daqua p ponente maistro va ardidamente e non auer paura de le seche de olona

Una naue che fosse fora in mar in la contra de pitui in passa 62 saria largo mia 62 e a passa 42 saria mia 48 e como te mancha el fondi fin passa 28 va vnpoco piu auanti e vederai la contrada de pitui ma babi amente e sta ben artento perche iterrẽni sono molto bassi e cum scurita ouer cum tempi nubolosi mal si possano discernere se nõ sei ben apresso terra e perho vedi d andar cum tempo chiaro

Lorizella sie cita e gran carigador de naue che vano in ponente

E dal perturo de bertagna tra ponente e maistro tu anderai fora de lizola de mas circha mia 5 e piu e qui trouerai passa 12 daqua

Vias cum lo aimas de bordeo. quarta de siroco ver lostro mia 120

Lo pertur de antiocia cum lo aimas de bordeos tra.o.e sir.mia 50
Se tu volesti andar dal perturo de antiocia al achienoso de bordeos de laimas de lorizella va per passa 14 fina 18 daqua e mancho marime de note

Se voi intrar in lo aimas de bordeos zoe in la bocha de la zirōda per lo chanal zoe tra lirola de la gironda el chauo de sancta maria de sonlac cum mal tempo metti la tore de le done cum el chauo de ver lirola de ver lo rais e per mezo la tore e vna secha de ver leuāte e trouerai de 2 passa in 2 e mezo fina 3 daqua e non piu

Se tu voi intrar in la gironda valadi de sopra zoe per la bocha de tramontana fra la intrada e gironda fina ala cita de bordeos per chanal e sono mia   72

Bordeos sie vna bellissima e grandissima cita e vna naue che fosse fuora de lo aimas de bordeos in passa 63 tra ostro e garbin andando per grego per raxon del scandalo vigneta in passa 37 daqua e anderai ala cita de bordini

Vna naue che sose fora de lo aimas de bordeos in pasa 15 daqua fra ostro e garbin vederai la spiaza de liost

De laimas de bordeos a archaron a ostro e tramontana mia 80
Baiona e gran citade e ala bocha del fiume mia 5 lo ditto fiume se chiama cha beuā e a vna periculosa intrada per la secha e la gran chorente le naue si stano dentro ala cita cum ponti leuadori

Da la ditta cita de baiona a lo rais de san zanō in bertagna quarta de maistro ver la tramontana e sono mia   450
Da baiona a bella illa tra maistro e tramontana mia   320
La ponta de baiona cum fighera a grego e garbin e sono mia 30
Se tu voi sorzer in fighera sorzi in pasa 12 nel chāp a niel de la terra de la parte de ver baiona cum el groso da leuante e mesorno per mezo laltro e la chon sorzador

Fighera cū el perturo de antbiocia a ost. e tramontana mia 210 e p̄ questo chamin sono le seche archaron che mia   90
Da fighera a san sabastian quarta de gar. ver lo po. e sono mia 16
San sabastian e vna bona cita e a bon porto Et a vn scoglo dauanti e da san sabastian cum chataria penente e leuante mia   16
Chataria e cita e sia porto e vn scoio dauanti del chauo e da cha

aria ala cita de mōtacho tra ponente e garbin mia 10
De montacho a liquero tra ponente e garbin mia 8
Liquero e el chauo de la lumeria.q. de tra. ver lo maistro mia 340
Liqro cū la citta de bermeo quarta ō ponēte v̊ lo maistro mia 15
Liquero cū el chauo de olona se varda a ost. e. tra. mia 260
Bermeo e bona cita e sia bon porto de marea per vn chanal ed ala bocha del rio a vna secha e vn scoieto
E da la cita de bermeo cū el chauo de masisacho a sir. e ma. mia 4
Da masisacho cū lirola de vias bostro e tramontana mia 260
Da masisacho ala contrada de pitoa tra g̃ e tramontana mia 320
Masisacho cū la cita de bilbao se varda a grego e garbin mia 20
Da bilbao ō galeto al cao ō darā d'irlāda.q.ō.tra. v̊ lo ma. mia 720
Da bilibao al chauo galeto sirocho e maistro mia 6
Dal chauo galeto ala cita de castro grego e garbin mia 6
Da la cita de chastro zoe de sancto antonio de castro cum el puro de ar... cia tra grego e tramontana e sono mia 260
Da la cita de chastro aloredo tra grego e garbin mia 8
Da loredo ala cita de sancto ander grego e garbin mia 24
E p lo chami troui sanctogna e galirone e chrisinea e sancta quia sie bon porto e carigador de ferro
Se voi intrar in bocharzim va per la mezaria per la parte de leuā te e ala intrada e vna rocha vardate da ela e va per chanal fin a pr̄ so terra
Santogna cū por mare quarta de tramontana ver lo ma. mia 375
Santogna cum bella illa ostro e tramontana mia 550
Santogna cum le balene dares tra grego e tramontana mia 260
Santogna e cita e volendo tu intrar nel porto de sancto ander
La sa la manega da qual parte tu voi e paserai vn lago e sarai sal uo e sapi che de uer ponēte de sancto ander e vno lago da sorzer E questo e sancto ander
Da la cita d'scō āder ala zita d'corcha d'irlāda tra. mᵉ e tra. mia 700
Scō ander cum fontaneo quarta de tramōtana v̊ lo ma. mia 400
Sancto ander cum lirola de groia se varda ostro e tra. mia 340
Sancto ander cū el chao de sancta maria deriana cum la seduzia tra grego e tramontana volzādo itorno lo colfo sono mia 24

Gardinera cum la parcea de olona tra gre e tra mia 240
Sancta darena cum san vicento dala barcbra ta quarta de ponen
te ver maiſtro mia 20
Se voi ſorzer in ſan vincento ſorzi in 12 ouer 13 paſſa e poi la aſpe
terai la marea per intrar al ſtatio
Da ſan vincento a blaus quarta de ponente ver maiſtro mia 10
Da blaus a riba deſela come de ſora e ditto mia 16
Se voi ſorzer ariba deſela lo ſo porto ſic ô in area e de fuora ſierna
ſecba e perbo mettite dala bande da leuante
Da riba deſela alaſtes quarta de ponente ver lo maiſtro mia 12
Da riba deſela ali ſola de vias tra grego e tramontana e per queſto
cbamino anderai aſpitaleto de la muſter e ſi ſono mia 320
Da riba deſela a por maroſtro e tramontana mia 360
Da riba deſela cum viac cum lirola de rei quarta de grego ver la
tramontana mia 300
Laſteſe bô loco e bô vaſtar cû vêto a valle daſtes a vila vizora mia 12
Da vila vizora ſe va per riuer a eda aſtaſone
Villa vizoſa e bon luogo per vento auale
Da aſtaſone a tores quarta de ponente ver maiſtro mia 20
Lo ſorzador de tores ſic da paſſa 5 in 6 daqua per vento a valle
Da tores al cbauo de penes de guzon ſirocho e maiſtro mia 8
Se tu voi ſorzer ale pene de guzû dala parte de leuante ſorzi in 24
paſſa ouer 25 e piu arête terra cbe tu poi cbe la e vn bô luogo e neto
E ſe ale ditte pene voleſti ſorzer dala parte de ponente ſorzi in 12 o
uer 13 paſſa daqua eli ſarai cbouerto da leuante fina al grego e de
bon luogo e neto da ſorzer

Queſti ſono i picleci de le pene de guzû E.p.

Le pene de guzû cu z el cbauo de clarâ virlâda ſe var
da tra maiſtro e tramontana e ſono mia 60
Le pene cû cbao lôganco e muſa ſola ſe varda a oſt.
e tramonta mia 530
Le pe p por marc.q. de tra. v lo gre. mia 350
Le pene cû bela illa tra g̃ e. tra. e ſono mia 330
Le pene cu el picbal de maiſtro o v̂ nâtes .q. de g̃. v la tra. mia 360
Le pene cû le balene de res a grego e garbin mia 340
Le pene cû el cbauo de maſiſacho p riuera leuâte e ponête mia 200

E per questo chamino anderai fino a figlxera e che sono mia 17 0
E dale pene a ribadeo per riuera a grego e garbin mia 75
Da le pene ala cita de bilbao mia 180
Da le pene a parnia mia 24
E da burgos a parnia e adicerdo sono mia 4
Se voi sorzer adizerdo li e bō luodo da star e sei chouert dal mai
stro fino al grego et ini e bon fondi neto da passa 7 in 8 daqua
Dalcerdo aluarcha sono mia 10
Tarcha e vna iroleta e detro di quella e bon sorzador e neto e dal
uarca al chauo papia e vno scoieto i nel camino e fasse mia 16
Ribadeo e citade z a vn bon porto grande e a voler intrar in quel
lo descopri la sabionera e va per la so via e fa onor ala ponta da po
nēte che vie fuora ala via de leuāte e quādo sarai dētro p mezo vno
eremita sorzi le tue anchore doue tu voi che per tutto e bon luogo e
securo sorzador da star cum ogni nauilio
Ribadeo cū lirola de sain. q. de tramon. ver lo grego mia 400
E da ribadeo al porto de basima mia 12 lo ditto e porto dē marea
dentro del qual e pocho fondi
Da ribadeo a san ciprian zoe ali rola tra ponēte e maistro mia 30
San ciprian e bon luogo per vento aualle doue tu voi dētro lirola
Viuero e cita e dētro e vno colfo de mio vno e canal de marea che
quando la marea e bassa roman secho lo dito colfo ado chaui quel
da leuante a nome monte negro e quel da ponente a nome varies e
da luno chauo fin alaltro sono mia 8
E per tutto questo colfo e bon sorzador e dentro le 3 irole e quelle
che sono dentro luna se chiama sangon laltra a nome chauas e lal
tra se chiama la coniera de viuero e per questo colfo e irole e molti
porti e luogi per naue
Da viuerō al chauo de varies sono mia 8
E dentro del chauo de varies e vno porto chea nome biradeo e de
grā luogo z e aorto inuernador e sotto el chauo de varies e bō sor
zador e neto e da gran spacio e pol se sorzer seguro da 14 in 16 pas
sa daqua
Lo chauo de varies e vno mōte erto e da grego e leuante del cha
uo son 3 scoieti pizoli e da varies a scā marta tra po. e. gar. mia 8

Lo chauo de varies cum musa folla .q. de tra. ver lo grego mia 520
Pielegi zor chorsi de varies
Varies cum fontaneo tra grego e tramontana mia 400
Varies cum lirola de gloram quarta de tramontana ver grego mia 400
Varies cum la baia a grego e garbin mia 400
E per questo chamino apichala del maistro mia 20
Varies cum sancta margarita de solaz grego e garbin mia 410
Varies cum le pene de griza leuante e ponente mia 120
Varies cum por marc lasando lo cholfo de viueron va banda de stra tra sir. e leuante e tocha del sirocho mia 30
Varies cum el chauo de bortigera ponente e leuante mia 16
Sancta maria de solaz cu el chauo de bortigera .o. e tra. mia 8
Sancta maria e vn chanal de marca per legni pizoli lo chauo d bortegera e vno monte erto e da grego e tramontana sono 3 schoieti pizoli e chiamase per nome letuse de bortigera
Da bortigera a lirola de vsenti grego e leuante mia 400
La bortigera cum el perturo de antiocia .q. de gre. x. le mia 400
Bortigera cum el porto de zedra tra ponente e garbin mia 16
Se volesti intrar nel porto de zedra la sua itrada e da maistro e va tanto auanti che metti lo chauo dentro de ponente cum el chauo d lenante per mezo la spiaza e se volesi star nel chauo de ponente var date da le sech che sono fra do chaui
Dal porto de zedra cum lirola d el prior tra grego e garbin mia 16
Lo prior siano 2 scoieti sotto el chauo circa mezo mio e mancho
Lo prior ch el chauo vechio de irlanda seuarda a. o. e tra. mia 620
Lo prior cum lirola de vsenti fra grego e tramontana mia 470
Lo prior cum el monte de gloram quarta de grego x. tra. mia 450
Lo prior cum lirola de zesercha tra ponente e garbin mia 32
Lo prior cum la cita de le chrugne tra ostro e garbin mia 10
Lischoi del prior quasi ala bocha del porto de serol e de porto inuernador per ogni vento e de molto longo e in quello p tutto bon star e sorzer e va dentro se in voi piu de vno mio e va ferola be tazo per terra mia 12
Da betazo ala cittade le chrugne per terra mia 12

Dal porto de ferol p ponẽte mãtegnerai lixola d̃ zixarcha d̃ pocl)
Crugne sie cittade e quasi ixolada e debõ porto e a grãde la sua itra
da e da tramonta auãti la cita e vn schoieto τ algũe seche p nucra e
da la citta al chauo de la toxe de la guardia se sano mia 2 e men
Dala cita de le chrugne a lixola de zixarcha sono mia   20
Da lixola de zixarcha ala manega d̃ gualef. q. d̃ tra. x̃ gre. mia 6 80
e per questo chamino passerai de fuora lixola de sorlẽga da mia 12
i i 5 laql sorlẽga romã da bãda destra e lixola d̃ sales abãda senestra
zixarcha cum el monte de gloram per z̃ e garbin mia   460
zixarcha cum chao d̃ gotnil ter tra gre. e tramõtana e p̃ q̃sto camino
tu passerai largo da lixola de vsenti mia 12 in is sono mia   600
zixarcha cum chauo turiano a gre. e gar. e tocha del ponẽte mia 50
Da zixarcha a tormors mia   12
Se tu volesi sorzer dentro de tormors guardate da'le seche che
sono pmezo la bocha e vardate da la ponta de leuante che e secha
porta la chiesa de sca maria d̃ mõzia descoperta da le seche che sono
leuante e ponente psancta Maria del monte
Se tu volesti intrar in monzia e venisti de toriana zoe daponente
vardate da la secha che e pmezo scã maria passa le seche cunettire p
mezo el chanal e sel vento fosse da lostro p paura de le seche mettite
tãto piu dẽtro che schoprirai toriana quãto e lõga vna golia e non
hauer paura che anderai seguramente
Nota che sopra el chauo e vna mala secha a mia vn emezo in mar
τ a la terra serma e grã fondi e de bõ e neto p tutto
Dal chauo de vrlãdo al chauo finisterre sono mia   20
Dal chauo turiano al chauo finisterre. o. e. tra. mia 8 e tra mezo lido
cham e bõ sorzador per mezo la spiaza
Finisterre turiana e el chao clarã d̃ irlãda se varda. o. e. tra. mia. 680
Finisterre turiana cũ la toxe de belloc zoe la bocha de gatforc de ir
lãda quarta de tramontana verso grego e sono mia   720
Tra. o. e. ga. a mio. i. vl'archa dal cao finisterre. e. i. scoietto e soto del
chauo e bõ sorzador da star cum vento da bixa
Finisterre cũ el cao d̃ chorone d̃. da la pte d̃ po. se var. si. e. m° mia 16
E nel mezo del chamin troui el porto de zia e volẽdo i quello itrar
da la pte de. le. e una rocha cũ vn sorchado p che tu sapi itrar in zia

uatante auanti che scopri la bocha de zia e fa onor ala pōta de bā
da destra e va a la terza parte del chanal de banda destra e va entro
e sorzi che per tuto e bon luoco in la bocha del porto sono 2 scoieti.
Se volesti andar da finisterre a choro vedro metti la zingola de fi
nistere p maistro ver la tore e va per sirocho che anderai seguro e
per modo ise varda zoe sirocho e maistro
Muros e bon porto e cum el chauo se varda ostro e tramontana
et al intrar fa onor al chauo per che atorno quello e secho
Dal chauo de muros al chauo de choro vedro tra ostro e sirocho
mia 16 e infra questi do chaui e el colfo de noia e vasse suso per cha
nale dentro fin ala zitta e sono mia 12 e piu e per esser porto de ma
rea vasse cū piena mar fina che tu sei ala citta de noia e fasse da cho
ro vedro a lirola de saluara mia   30
Se tu volessi intrar a lirola de saluara va su dal chauo de garbin p
la ditta irola tanto auanti fina a vno luoco se dire ba la iim che ti sco
prirai la spiaza el chabante e sorzerai in passa 16 e sapi che fra liro
la e la terra ferma e tutto secho e mal luoco
Tra lirola de saluara e l altro chauo da lo ostro e per mezo questi
do chaui el colfo de ponta vedra e quello va dentro circha mia 15
E in ponta vedra e bon porto inuernador e bon stazio p tuti ireṅ
Da choro vedro a lirola de baiona mia 25 e fina ala citta de baio
na mia 32 lirola de baiona cum el chauo finisterre quarta de mai
stro ver la tramō. e per questo chamino te guarda d la secha de la lo
bera che e mala secha
Lirola de baiona e bon porto e dentro di quello volēdo andar va
tanto auanti che deschoprirai la sabionera biancha per mezo san ste
phano et ivi e bon sorzador e sondi netto per tutto e per mezo la di
ta irola dala parte de leuante li e lo colfo de rōdela che va dentro
mia 25 e piu et nelo ditto cholfo mai non vi va naue per che le fuo
ra de chamino
Baiona e bon porto e larga intrada e vna bona terra e dale parte
de tramontana sono molti scoieti pizoli e seche sotto aqua el te bi
sogna intrar per luoghi saputi achostate alaterra ferma da la bā
da de leuante e quando tu sarai dētro per mezo la citta e vna secha
sotto aqua vardate da essa lassela da la bāda destra e sorzi dōde roi

Portogallo e cipta de grande e ha bon porto

che per tuto e bon luogo e dentro de baiona da la banda de siroco
e vn porto a mia 3 lonzi e chiamase porto taiente e fiume e logo p
naue da star liuuernada e da ponète de baiona a mia 3 sopra el cha
uo apreso terra a mezo mio sono molti scoglieti e seche sotto aqua e
chiamase le seche de la stela e sono molto piculose pero vardate bē
Da baiona ala guardia del mignon per ponete e vno fiume e qui e
vno scoieto a mia 16 e da la guardia al chao de viana sono do scoie
tie si sono mia   16
Da viana lo fiume de villa de conte e si sono mia   20
E da villa de conte ala cita de portogalo sono mia   16

Portogallo e citade e grande e sia bon porto dentro
e entrasse cũ la marea e sia mala intrada che ala bo
cha del fiume sono molti scoieti e seche sotto aqua
che non pare perho a perigiloso intrar et da la bo
cha del mar fino ala cita sono mia   8

Lo ditto fiume de portogalo se chiama adauero e dal porto ave
ro al fiume sono mia   40
E quãdo sarai ala bocha da vero sorzi innel mezo del chanal p me
zo la villa in passa 8 daqua e da la banda destra tra grego tramon
tana non sorzer per che iferri non te poria tegnir per la corente
De mandego cum le berlenghe se varda a gr. e gar. e sono mia   65
De madego al chauo charboner e vno logo a nome per darema z
vno altro luogo a nome el fiume alfisaron che e porto de marea e
qui se fano de molte naue e nauili per esser di boschi asai
Del chauo carboner ali sola de le berlenghe leuante e po. mia   8
Le berlenghe e vno scoio e da la banda destra sono tre scoieti e chia
mase i farioni se voi sorzer ale berlenghe in pasa.12 daqua fa cosi co
me te dico descoprirai la chiesa che e per mezo li sola e darali prode
zi in terra ouer starai a ferro come ati parera
Le berlenghe cuz porto portogalo adritura tra grego e tramonta
na e si sono mia   130
Da le berlenghe al chauo finisterre ostro e tramõtana mia   270
Le berlenghe cum rocha de citis ostro e tramontana mia   50
E da rocha de citis al chauo cascha de lisbona mia   24
Lisbona e gran citade et a porto de fium tra se voi intrar in lisbona

c

lo chanal tē coze le carzope e sono passa 14 daqua e dala parte de
londar sono passa 7 lo chanal se varda a grego e garbin la cogno-
senza del qual e questa. Scopzi lo castel de mandone e va al monte
grosso de caschales cum la spiaza a vatene per la mezaria che quar-
ta de grego ver levante che cusi schoze lo chanal e per nō aver pau-
ra de le carzope metti la rocha de la cita cum vno monte sollo che e
sopza matta palōba a nome lō mōte de chaschal es metili tuti i vno
fin che scopzi la spiaza che vederai cum la ponta de san iuliam e va-
tene dentro per grego senza paura
  Dentro san iuliam dal charam che e ale carzope de lisbona cum el
chauo pices tra ostro e tramontana e sono mia 24 ma mioz entra-
da e fra le carzope e san iuliam acostandote ala ponta de san ziam e
qñdo sarai passado caschales vardate dala ponta de chantola-
rana che la se semeia ala pōta d san zia e qlla fa restiazo asai davanti
  Dentro el chauo pices e bon sorzadoz e sotto lo chauo e vno scoie-
to da levante del chauo mia 6 7 e vno chastello al monte che a no-
me zesunbza e da chauo pices a situbuol p le. e toca del gre. mia 14
  Situbuol e citade e vasse su per la fiumera volendo tu saper la sua
intrada meti chauo pices auerto dala parte de ruuida la lōgheza
de vna barcha e tanto va per questa via fin che tu averzi vna toze e
va fra la toze per mezo del chanal e sorzi per mezo vna ponta do-
ue sono molti alboz j e averai passa io daqua ma nel itrarte bisogna
bōa marea et ala ditta cita d setubuol sono molte salie e fasse sal asai
  Dal chauo pices a chauo san vincento ostro e tremōtana mia 140
e p lo chamj son molte vale d pescadoz j ma nō pozti nesta zij p naue
  Chauo san vincento e vno d i chauj del mondo zoe del ponente in
spagna e da levante del chauo mia 2 e bon sorzadoz da 10 in 15 pas-
. sa daqua e la le naue che vano a ponente sta i levada e se regnisti xp le-
uante sorzi da ponente del chauo e suro quello e la chiesa de san
vincento 7 sotto el chauo sono 3 scoieti pizoli a modo de sarioni e
da levante del chauo a mio vno e piu e vno scoglio a nome lom cq
sorze quelli che vano al c. ede choperto da la pōta che vrē foza da
levante e questo chauo el sorzadoz de le naue che e verso tramonta-
na e per mezo lo sorzadoz cum la tera ferma sono 3 scoieti e dētro li
scoieti e la terra sono passa 12 daqua
  Dal chauo san vicēto cū la bocba del rio d sibilia. le. e. po. mia 70

Da san vincento al chauo de riuera sono mia 20
Se voi sorzer a lachus da 6 fin i 3 passa mettila tera per tramon∕
tana che li e neto
Silues sie porto de marea se tu voi intrar al porto va al chauo de
ver siroco e fa che habi piu de meza marea e va per quel chamino
tanto auanti che ti troui la spiaza e le capane e quiui sorzi in passa 6
daqua e de fondi neto E da lachus a silues vi sono mia 18
Da silues a sancta Maria de faro e quini e vno scoieto mia 36
Da sancta maria de faro alitola de chades a dretura quarta de le
uante ver siroco mia 100
E de faro a tauilla vi si fano mia 20
Tauila e cita e i spiaza el suo sorzador e da tauila a agodiana mia 16
E se tu voi intrar i almonte sorzi i passa 7 o\~ i 8 daqua e nõ meno
per la secha z aspeta che l sgionph a la marca e poi intrerai cũ quella
De a godiana ala intrada de lepe vi si fano per riuera mia 16
Leppe e villa e de bon porto de marea e qui entreno le naue gran∕
de cum la marea e quella si chiama la intrada de palos e de grande
carigador de fructe per chi vano in ponente
De agodiana fina ala intrada de barameda vi sono mia 70
Se tu volesti itrar i baraeda vardate da le seche o salmedina che se
varda cũ la bocha del rio a gre. e gar. a mia 3 e quando la marea e
bassa le par sora aq\~ lassa le. Da le anchore piu apresso la bocha e vna
altra secha che a nome cichar la qual sie da x. po. z valtra secha dv̄
le. che a nome chatera e sie oriedo lo chauo de sinca e q si volesti in∕
trar dentro honora la ponta de medina a mio vno p la secha e qui
ui sono la cita de medina che profondada in mala dita fiumera
a nome aguodalchebir che a nostro mõ e dito el rio de sibilia e nel
dito rio e la cita d sanluchar d baraeda e o la ala cita d sibilia mia 60
Sibilia e grã citade e da sã luchar ala cita d chades sir. e ma. mia 20
Chades e citade e de irola e sie longa mia 30 e da tra. de la cita a mia
8 e lo porto d sca maria e de vna bõa vila e grãde e o la se va suro p
aq\~ fin ala cita d zeres e p la marea grãda e trã le naue nel dito porto
L itola d chades volze itorno mia 60 e de longa e streta e i tal logo
nõ e. i. mio e po lo canal e tra la terra ferma e l itola e de bõ sorzador
e a la bocha de luãte. e streto e secho e pietre che foza vn ponte roto

c ij

che antigamente se andaua dala terra ferma alirola per mezo la ci
ta e alo porto vsado doue vano le naue sic bon fondi de passa 6 i 8
daqua edriedo la cita de ver ponente sic vn scoieto periculoso e fa
no da ponente e maistro vna secha a nome i porzi e da maistro e tra
montana apresso terra ferma e vna altra secha a nome sancta cro
xe de chades Edela abarameda per riuera p tutto e forzador da
passa 8 fina 10 daqua ma non piu
Da chades al chauo trafeger siroco e maistro mia 35 e sopra el
chauo trafeger per ostro mia 6 e piu e vna secha molto periculosa
e tra la secha e la terra ferma e gran fondi e sora el dito chauo ame
30 mio e vna e laltra secha e da trafegher a chauo spartel quarta d
ostro ver siroco pero va largo in mar o streto in terra mia   31
Da chauo spartel a chauo san vinceto tra ponete e maistro mia 220
E da chauo san vincento al chauo de zafil quarta de ostro y logar
bin mia   300
Trafegher cum ponta de marzamura per siro. e ma. mia   40
Trafegher cum lirola de tarifa quarta de siroco ver leuante mia
25 e per questo chamino e vno colfo a nome val de valterra e vna
fiumera a nome varuates e vna villa a nome vger e in questo col
fo sono do seche per mezo la fiumera
Tarifa e citade e a vna irola largo dala citaa mia 2 e da ponete de
lirola e vn scoieto per mezo la dita biancho e largo mezo mio e vna
secha aprouo lirola e da la parte de leuante e vna altra secha e ta la
ditta irola e bon forzador e bon statio
Dala cita de tarifa al chauo ixacalder zoe ala ponta de charnero si
rocho e maistro mia   15
E sopra la ponta de charnera e vna secha che par fora aqua
Da la ponta de charnera fin al monte de cepta vien chiamado
lo streto de marocho e vulgarmente se chiama lo streto de zibeltar
o ver erculeo
La marea montante vien da leuante e la zorente vien da ponente
Da la ponta de charnera a lirola de salchadera sono mia 5 e da le
uante de questa irola e vn scoio periculoso la longheza desso a gr.
e gar. se varda e fa porto a questa irola e de lirola de salchadera ala
cica tra grego e leuante mia   8

Zicera fo citade grande e de deffatta e sopra la cita da mia 2 in 3 vl'
circha e bon forzador e neto 7 afondi da passa 8 in suro
Da lixola de salchadar al monte de zibeltar quarta de siroco ver le
uante mia 8
Monte de zibeltar e gran citade e per tutto lo monte e in forteza e
da la parte d tramontana del monte e la cita e de bon porto e fondi
da passa 7 in 8 e se voi andar ben al porto non far la via del monte
ma fa la via de la pianura e li trouerai fondi arenil da passa 5 in 6
7 in quel fondi e per tuti i venti e bon parauego in lo colfo e bon for
zador e farai mia 5 largo da lixola
La cognosenza del chauo zibeltar e tal che da qual parte tu vegne
rai lo vederai forchado e quasi irolado e da tramontana basso e
par ixola
Da zibeltar a cepta quarta de ostro ꝟ lo sirocho e sono mia 18
Da la cita de cepta zoe dal monte che a nome limone al chauo d ga
ta grego e leuante mia 260
Dal monte de zibeltar a chauo spartel grego e garbin mia 60
Dal monte zibeltar a lixola del borā leuante e ponente mia 480
Da zibeltar a stopona quarta de grego ver lo leuante mia 20 e da
stopōa p sirocho mia 5 in mar e vna mala secha e da stopōa a mar
ueglia se varda a grego e garbin e sono mia 12
Da marueglia a fornaiola tra grego e garbin mia 15
E da garbin de la dita sie bon parauego largo dal chauo a mio vn
e mezo vl' circha
Da fornaiola a'imolini grego e garbin se varda e sono mia 15
Da imolini a malicha a grego e garbin se varda e sono mia 15
Malicha e gran citade 7 a bon porto e bon fondi de passa 10 met
tite ala citade e vardate che in la via e vna secha che e fora la cita a
mia 4 ouer 5 per garbin
La cognoscenza de malica sie questa che la cita ano do monti i fra
terra i quali se chiamano i do fari e mostra forchadi choe do fari
Da malicha a melecha cum el chauo da leuante del colfo de malica
fin a laltro chauo da ponente mia 30
Da melecha a uergabaus se varda lun cum laltro e sono mia 40
Da malecha al chauo bil p staria mia 5 e i quel chamino e lo statio

c iij

Da melecha per ogni vento e in chauo de la spiaza e bon forzador da anchora e prodere cq e bona valle e sia fōdi da passa 5 i 6 e neto.
Da melecha a lixola de sarauigna mia 5 la dita ixola e circha mio .i in mar 7 a aqua dolce e inel chanal e bon forzador da passa i2 in i5
Sarauigna e cita e da la cita al chao de trafilcalif tra q̄ cle. mia 20
Da trafilchalis a chomū grego e garbin mia   is
Da chomū ala loua tra grego e leuante mia 30 el qual chomū e bō forzador e neto e sia da passa 10 fin in 12 daqua
Almeria e cita e da leuante de la cita e vn bon porto e sopra la cita e bon fondi e piam e neto da passa 5 in 6
Da la cita dalmeria a chauo gata mia   i8
Chauo gatta e vn chauo erto in mar e da lonzi par vna gatta per ho se dice chauo gatta
Da chao gatta a lixola derbona grego e garbin mia 100 e p questo chamino trouerai arbona da la banda senestra da mia 6 in 8
Da chauo gata a iesarini. q. de o. p̄ lo gar. mia 150 e piu p̄ lost.
Da chauo gata a la cita de borā sir. e mai. e tocha de le. mia 160
Da chauo gatta a chauo de iurici barbaria per le. e. po. mia 200
Da chauo gatta a chauo di pali per staria grego e garbin mia 140
Da chauo gatta a porto zenouere grego e garbin mia i5 e per q̄ sto chamin a mia 2 in mar e vna secha soto aqua como e vna galia
Da porto zenouere a ido frari grego e garbi e p tuta questa staria e bon forzador per vento
Labriola e bon luogo per ogni vento ma non da garbin e da terra ferma e lonzi circha mio vno e se voi andar asorzer la sa lixola da la cita da tramontana e sarai a la cita de bera
Bera sie cita e fina a laquilla quarta de grego p̄ lo leuāte mia 40
Laquilla las melli sono 3 irole e quella de mezo sie la mazor e la e bon stario e marime de ver la terra ferma
Da laquila al chauo de chropo quarta de q̄ p̄ leuante mia   20
Da chauo de chropo a charmāzar de sora mia   i5
Dal charmāzar in chartagenia mia   i5
Cartagenia e bon porto e soura el porto e la cita e soura la cita evna secha granda in mezo lo colfo e se tu vai dentro bonora la ponta chec secha e va apresso terra de ver grego a mio vn e mezo e sora la

cita a mio vn e fondi da passa 4 e fora la cita in chao el colfo e vna
irola a nome la sconbrera e de bon stario e per mezo lirola poi star
e sorzer in fondi de passa 12 e dentro lirola da ponente e vna secha
e tu poi ben andar fra la irola e la secha
Da cartagenia a porto viazo sono mia						12
Soto lo chao di palli e sorzador e sie 2 chai suo da sir. laltro da ga.
Dal chauo de sirocho e vna secha honora la ponta do puerti e da
porto magno fina al chauo di pali sono mia					15
  Parizi ouer chorsi de chauo di pali			E. P.
Da chauo di pali a boran quarta de ostro v sirocho mia		170
Da chauo di pali a bone tra ostro e garbin e tocha del ost.mia 225
Da chauo di pali a lirola di colombi siroco e maistro mia		150
Da chauo di pali a malfolazo tra leuante e sirocho sono mia	220
Da chao di pali al chauo de titelif quarta de leuante v sir.mia 300
Da chauo di pali al ger leuante e ponente se varda e sono mia 400
Dal chauo di pali al galata quarta de leuante v lo grego mia	600
Dal chao di pali a lirola d sanpiero tra gre.e le.e piv lo le.mia 600
Da chauo di pali a la formentara de icuiza grego e garbi mia	170
Da chauo di pali a chauo martin per staria g tramotana.mia	140
Dal porto di pali a lirola di pali tra grego e tra.mia 3 vel circha
L irola di pali e bon statio per tutti i venti e se voi star in bon logo
va tra ponente e garbin per mezo la valle de lirola in fondi de pas
sa 6 de ver grego e de spor cho fondi d pa. 2 fin 3 e de gra rochado
Da lirola di pali a l albufera tra meistro e tramontana mia		150
Da l albufera a tschagni e mio vno vel circha
Da chauo di pali al chauo ceruer se varda ostro e tra.mia		25
Dal chauo ceruer a loriola ostro e tramontana mia			6
Dal chauo ceruer a lirola de brisca grego e tramontana mia	180
Da chauo ceruer al porto vedres d balzuch tra ma.c.tra.mia	18
E fora el chauo de balzuch sono 3 scoieti e de bo sorzador atorno
Da chauo ceruer a guarda mar tra maistro e tramontana mia	5
Da porto vedres al chauo de balzuch a coline ouer al chao de iup
alguni lo nomina a vn modo e alguni a laltro e sono mia		8
Dal sopra nominado porto zoe chauo e cholina fino a la cita de la
chautera tra maistro e tramontana per staria e sono mia		12
            c iiij

Cantara sie cita e de bon luogo poi sorzer e dar i prodexi in terra e starai ben asai
Da la chantera al chauo martin per staria sono mia 65
Da la chantara a dar chadia al chauo mia 7
Da rchadia a villa zoiosa per staria sono mia 10
Da benedormi a boza per staria sono mia 10
Sopra el chauo del albir a mia 2 i mar sie vna iroleta e dal chauo del albir a charpi sono mia 10 e qui e bon statio e fondi da passa 10 daqua e piu
E da charpi a mozaira per staria mia 10
Da mozaira al chauo martin per staria mia 15
Parizi ouer chorsi da chauo martin
Da chauo martin a lixola d colombi quarta de ost. v̊ sir. mia 240
Da chauo martin a malsolazo quarta o siroco in v̊ lo ost. mia 250
Da chauo martin a ciccrus tra lenante e sirocho mia 400
Da chauo martin ala petra de larabo chauo del colfo o stora e per lo chamino passi largo da siberamen da mia 6 i 8 e rasse ala quarta de leuante verso el sirocho e sono mia 480
Da chauo martin ala bocha del porto de icuiza le. e. po. mia 70
Da chauo martin ala bo ba de lanzen in prouenza a marseia quarta de grego ver la tramontana e per questo chamio passerai apreso de aqua freda largo mi a 10 e sono mia 550
Da chauo martin al chauo salon e passi in la lengua de tortosa. q. de tramontana ver lo grego e sono mia 200
Da chauo martin a vegnir per riuera de terra ferma per in fino al chauo daqua freda e a nudo e sono mia 340
Da chauo martin al grao de valenza. q. de ma. ver la. tra. mia 60
Da chauo martin da la parte de tramotana ado proderi largo sono do scieieti dauanti del chauo predito
Da chauo martin adenia sirocho. e maistro mia 30
Da denia a gandia per staria e sono mia 8
Da gandia al fiume culiera mia 15
Da culiera al albufera per staria se fa mia 15
Da l albufera al grao de valenza per staria mia 10
Valenza e gran citade e de fra terra mia 2 e sia vna mala spiaza e lo

forzador e largo da terra a mia 2 e forzesse in passa 15 ouer 20 daqua
ma mettite el grao per ponente e qualche cosa verso el maistro
Da valenza a moncolomber grego e garbin mia   70
Nota che moncolomber e circondado da molti farioni intorno
Da moncolomber a panifcoli firocho e maistro mia   25
Panifcholi e citade ede quasi izolada esta a modo de vno scoio er
to e de bon forzador e dala parte de garbin de panifcoli e vna fe-
cha se tu vegnisti da garbin forzi ardidamate per mezo la terra che
li e bon statio da star
Da panifchola al grao de tortora tra grego e tramontana mia 50
Tortora sie citade ede fra terra mia 18 su per lo fiume de brunela
la bocha de la fiumera fa vna lengua de fabion coperta da ogni ve-
to el a sua intrada e da leuante e vasse dentro fina a porto fangoso e
metesse le anchore per garbin che altre anchore in terra e dala par-
te de tramontana e bon fondi aprorimate ala lengua p che ale fia
de per el pocho fondi non vintrerebe vna barcha
Da garbin de porto fangoso e vn statio a nome el ffact e de bon
per ogni vento le naue sogliono farse forte da terra per lo vēto da
maistro che vie chiamado ladilastro el qual vie molto furioso da
la montagna de la rapita e da la lengua al chauo falon quarta de
grego ver la tramontana e sono mia   50
Chauo falon sie bon luogo e bon paravego coperto dal garbi fin
alo leuante fazado la volta de la tramon. e al chaue vna secha
Taragona e cita e fra terra a mezo mio ede vn mal forzador
Dal chauo falon a la cita de barcelona a grego e garbi mia 60
Barcelona e gran citade ede in spiaza a bon forzador e neto e fon
di de passa 15 in 16 daqua
Da barcelona a blanes quarta de grego ver leuante mia 25
Da blanes a san filio per staria sono mia   25
Sanfilio e cale e porto p forza metile anchore da gar. e i pderi da g
Da sanfilio al porto d palamos el qual e descouerto da ost. e gar.
Da palamos al chauo daqua freda vasse tra gre. e tra. mia 18
Ad aqua freda sono li scoi e la bō statio da anchora e puere edē
tro el chauo daqua freda p ma. e tramō. sie lo colfo de apurresche
va pel stro mia 10 e piu 7 al chauo del colfo sie la cita de castiglion

Da medes a roses per staria tra maistro e tramntana mia   20
Da roses alaltro chauo del colfo che apresso chadaques tra ost.
e sirocho mia   10
Da chauo daqua freda a chauo de roses. q. de tra. ⊕ lo gr. mia 40
E per questo chamino troui vn bon porto se chiama chadaques
la sua intrada sie da siroco e dasseli proderi al castello e le anchore
defuora
E da chadaques ala lena de lanzan el qual lanzan e bon porto e da
certi scoi dauanti
Da chauo lanzan a chauo croxe sirocho e maistro mia   10
Da chao croxe a cao choliuro se va per tal modo sono circa mia 8
Coliuri e citade ede comuncuole statio e da lostro d colibri a mia. 4.
evn bon porto a nome porto venaro e perimezo la bocha del por
to e vna secha da la banda de lostro e da la bada d tramotana c vna
tore che fano fano cum lume la note
Da coliuri al fiume de canont. q. de gre. ⊕ la tamontana mia   8
Dal fiume de canont al chauo de salces tra mai. e tra. mia   7
E dal chano al grauo de nerbona per tramontana mia   10
Dal grao al fiume de sarigna quartata de tra. ⊕ el grogo mia   12
Da sarigna a Adda quarta de tramontana in ⊕ gre. mia   14
Adda e citade ede fra terra mia 3 eda vn fiume e vassa dentro cu
barche e le naue stano de fuora p mezo la fiumera i fondi de pa. 6 i
8 ede fondi tutto neto etenero p lo fango che mena fora la fiumera
Da la cita de adda a chauo concha ver leuante mia   5
E fora el chauo concha a mia 2 per garbin e vna iroleta che a no
me brischa e dal chauo e pocho fondi e lo forzador d lirola e da mai
stro e ponete e da fondi arenil da passa 6 in 7
Da chauo concha al chauo de septeiu z apresso el chao sie lo grao
de magalona ouer bagalona e vardasse a gre. e gar. e sonomia 14
Dal chao de magalona ox bagalona e aqua morte mia 20 velcirca
Aqua morte sie citade e da porto da fondi da passa 4 in 5 daque
largo da tera circa mezo mio da lostro e la sua intrada e dauantie
vna secha e quando tu voi intrar ouer insir fali onor a mezo mio e
piu esapi che ponente e garbin sono i pezor venti che i batta detro
egli stano le naue a iuernar seguramete

Da aqua morte al chauo de croxe oſtro e tramontana e tocha del
garbin mia 100
Da la lena daqua morte ala ponta quarta de leū ſiroco.mia 10
Da la ponta al grao de paſſeto quarta de le.ver gre.mia 24
Dal grao de paſſeto al grao dono per leuante mia 5
Dal grao dono a oder leuante e ponete mia 5
Dentro d garbino chore lo raço grande zoe d la mazor bocha del
rodano e queſta bocha ſie la bocha darla e da queſta bocha fino
ala cita darla ſiro per lo fiume ſe fano mia 20
Da oder fina ala terra de pinzan e per tutto queſto chamino e pi-
col fondi eſie da paſſa vno e mezo fin do e non piu
Qui finiſſe tutte le boche del gran fiume del rodano e laſſaremo la
terra ferma e tornaremo ale irole comenzando prima da lirola de
ieuiza per che la e piu al ponente che le altre e vigneremo fina aliro
la de malta e de le altre irole che ſono dintorno Et prima
Ieuiza e irola ben habitada e volze intorno mia 90 e da la parte d
ſirocho ſie la cita e per mezo ſono lo porto et qui ſono do irolete a
la ponta del porto e vna tore e li ſe mete li proderi e le anchore de
ver leuante i fondi de paſſa 6 7 2 altre irolete ſono de ver leuante 7
a queſte do irole e li e bon ſtar e in quella ſe fa ſal aſai
Se tu ſei nel porto de ieuiza e voi montar formentera va tra.oſtro
e ſiroco mia 15 fin al chauo de viola e la e bon parauego e poi ſor
zer doue tu voi p tuto lo freo 7 i qſta ſono 2 irole luna apſſo laltra
Formentera e irola deſtende leuante e ſirocho mia 20
E da ponete e vn bon porto a nome porto ſalon la bocha da pone
te tra lirola de ieuiza e formentara nome la rocha de ſpontiglia e
quiui vna tore e bon ſtatio da naue la ditta bocha e larga mia 5
Dal chauo de lirola fin ala cita de ieuiza ſe no mia 10
E per queſto chamin troui molti ſcoieti e ſapi che defuora de que
ſta bocha da la banda de maiſtro e vno altro ſcoio alto a nome ve
dram 7 vno altro ſcoieto apreſſo quello che dal vedran alirola del
comiza vi ſono 3 ſcoieti baſſi e quiui e vn bon porto fra i di i tre ſco
ieti da poderſi ſaluar quando fuſſe di biſogno
Nota che da leuante del coloncro a mia tre e vn bon porto ne la
ſopradita irola d ieuiza e ſeguro el qual per nome cuſi ſe chiama

porto magno e dal porto magno al porto balacet sono mia
E da porto balacet a porto ras fin al chauo de gre. che cosi se chia
ma quarta de grego ver leuante e sono mia   5
E in questo chamino e lo scoio de tagomago e nel dito scoio e bon
parauego dala banda maximo deuerso leuante
Da tagomago alirola de sancta ylaria a gre. e gar. mia   15
In lirola de sancta ylaria e bon porto 7 anchora da leuante siro.
o scā ylaria e vna seca e mio. i. e mezo tra lirola e la seca e poco fōdi
Da sancta ylaria ala cita de icuiza a grego e garbin se varda

          Pieleghi o ver corsi de chauo de mola

Da chauo mola alirola de formentar cum lirola de chabrera ō ma
iorica quarta de grego ver lo leuante sono mia   80
Da chauo mola al chauo de lirola da tenes. o. e. tra. mia   210
Da mola al chauo de baral tra ostro e sirocho mia   200
Da mola al chauo de ponente de tedelis la mō. e sirocho mia   230
Dal chauo de zerzelli de gigieris tra gre. e le. mia   220
Da mola alirola de sanpiero quarta de leuāte ⅄ grego e lirola de
sanpiero te roman a lostro mia   450
Da la cita de icuiza ala cita de maioricha per grego mia   100
Da tagomago alirola de palamos quarta de grego ver tramonta
na e palmera te roman da tramontana mia   60
Da tagomago al chauo salon quarta de tramontana ver lo mai
stro mia   180
Da tagomago ala lena de tortoxa tra maistro e tramōtana e son
mia   160
Da tagomago alirola de palamos quarta de grego ver la tramō
tana e palamos te roman da tramontana mia   60
Da tagomago a valenza quarta de maistro ⅄ lo po. mia   140
Da porto magno a chauo de aqua freda tra gre. e. tra. mia   290

    Qui finisse lirola de icuiza e cōmenza lirola de maioricha
Maiorica e bona irola e granda e ben habitada de citade e de ca
stelli e zircōda a torno mia 200 e dala parte de garbin de la dita iro
la sie la cita de maioricha e sie gran citade e per mezo la dita e vno
mollo fatto per forza e qui dano le naue i proderie le anchore de
fuora a prouo la cita mia tre e vno porto che a nome porto pin

chee porto dē chadena τ ala bocha sono do tore vna per bāda del
porto e da porto pin fina a la cita de maiorcha e sorzador per tutto
Da la cita de maiorcha a chauo biancho sirocho e maistro mia 15
e da chauo biancho a chauo carbonar e saline mia 5
Da saline a chabrera quarta de garbin ver lostro mia 15
Al irola de chabrera sie bon porto e la sua intrada sie da sirocho e
la bocha sie streta e da gran fondi el chauo de leuāte de la dita irola
sono molti farioni τ alguni che non par sopra aqua e per lo freo
e in chanal sono do irolete da maistro da saline a chabrera grego e
garbin mia 6
E la ditta chabrera e molto streta dasi iprodexi da q̄ da terra ele
anchore de fora
Da chabrera a porto petro quarta de grego ver leuante mia 4
Lo ditto porto petro e bon porto la sua intrada e da sirocho et al
chauo da garbin sie vna tore e la bocha del porto e larga vna go-
mena eli si trouerai bona aqua dolce e da porto petro a cholombo
e menachor quarta de grego ⁊ la tramontana mia 15
Al porto de menachor e vna tore τ armizasse in quarto e da mana
chor al chauo de sapzachono de sotia mia 20 lo ditto chauo a bon
parauego da ogni vento volzando el chauo intorno a fondi piā
per tuta quella costiera e dal dito chauo al chauo de tramontana
de maiorcha mia 35
E dal chauo sapzacono a chauo farone tra ponente e ma. mia 15
Dal chauo farone al chauo de forexa tra ponente e ma. mia 5
L altro chauo de ver gre• a nome chanata e mostrasse alta da mar
e bassa da terra esta el porto per grego e la terra per ostro
E sora chauo chanata e vna irola bassa intorno a mezo mio e pico
fondi e lo cholfo va dentro circha mia 10
del chauo canata a Arne quarta de tramontana ver lo ma. mia 10
Infra chauo canata al chauo formētar e vno colfo e vna iroleta a v-
no mio apresso terra la qual a el porto doue poderse metter
Dal chauo formentar a segliari tra ponente e garbin mia 40
Dal porto segliari a palomora sono mia 30
La dita palamora e irola rotonda e da bon parauego ma tiēte pur
a lirola e maximamente da la banda de ver garbin

Sopra el chao de palamora e vna irola a nome drama e siue dfreo mio vno e moço e gran fondi per lo freo e qui e vna irola picola come vno legno sottil aprouo lirola de palinora se po andar da ogni parte intorno aprouo questa irola bassa da siroco e vna altra irola a nome pontaldo e la sie lo statio de palinora dara li prodixi in terra a lirola e le anchore al grego

Da palomora al chauo de la molla dandraxi per siroco mia 5
Da molla dandraxi da maistro sie lo porto darchona la sua intrada e da grego dal chauo darcona al chauo de trafalenpe per garbin sono mia 16 e q e vna iroleta cū certi scogli e si fa bō parauego
De trafalenpe alamporē a grego e garbin mia 6
Lamporaxe e bon porto ch e vna iroleta et a quella dasseli prode ri intera e serri a tramōtana del colfo de lāporaxe al chao del porto pim mia 5
E dal porto pim ala zita de maiorcha mia 3

Pieleghi ouer chorsi de lirola de chabrera

Da chabrera ala cita de maiorcha maistro e sirocho mia 30
Da chabrera a aimas per grego e rocha de leuante mia 100
Da chabrera ale pene de sancto eramo tra grego e leuāte mia 350
Da chabrera al colfo de restam.q. de le. ver lo grego mia 370
Da chabrera a lirola de sanpiero.le.e.ponē.mia 360 sanpiero te roman da tramontana mia 10
Da chabrera al galata quarta de.le. in ver lo siroco mia 420
Da chabrera ala cita derbo leuante e siroco mia 370
Da chabrera ala cita de zitora quarta de sirocho iv.le.mia 270
Da chabrera al chauo carboner leuante e ponente mia 330
Da chabrera a tedelis tra ostro e sirocho sono mia 220
Da chabrera a chao de bata ostro e tramoutana mia 200
Da chabrera a lirola di colombi sono mia 200

Pieleghi da chauo palomora

Da palomora a chauo martim quarta de garbin ver lo po. mia 150
Da palomora al grauo de tortora quarta de maistro ver lo ponēte e sono mia 150
Da palomora al chauo salom quarta de ma. ver tramō. mia 144
Da palomora al chauo daqua freda quarta de tramontana ver lo

grego mia 200
Da palomoza ala cita de barzelona quarta de tramontana ver lo maistro mia 160
Pieleghi over chorsi de chauo formentar
Da formentar a san filio tra maistro e tracmntana sono mia 150
Da formentar a chauo daqua freda ostro e tramontana mia 150
Da formentar a bocholli in prouenza quarta de tramontana ver grego mia 340
Da formentar alirola de res quarta de grego ver la tra.mia 370
Da formentar a porto venere a grego e garbin e sono mia 600
Da formentar a chauo supra de chorsecha quarta de grego ver leuante mia 400
Da formentar a chauo de citadella per le. e tocha del g mia 140
Qui finisse lirola de maioricha e comenza quella de menoricha
Enoricha e irola bona e fructifera marchadātescha e de ben habitada e dal chauo de ponente sie vna bona cita la qual se chiama citadella z a vn bō porto ma picolo la sua itrada e deuerso ponente e garbin e da cadauna ponta del sopradito porto visono vna tore e a voler intrar in quello habi amente achostati da la parte de tramontana e vatene per mezo le do maior pietre seche sia no li z habi amente de portarti leanchore da pope e quando che tu sarai dentro sorzerai p che el porto e molto streto tu te armizerai i quarto a suto e da citadela asantheodozo mia
Da san theodoro al chauo de ponente del porto de maon quarta de leuante verso el siroco e sono mia 25
La bocha del porto de maon sie bon parauego ma fa che tu stagi lonziua terra a mia vno e sarai in bona leuada e de largo in la bocha el ditto porto mia 2
E dal chauo de garbin del dito porto e vna iroleta a nome la iera e qui e vna mala secha e dal chauo de gre.largo vn prodere da tera sie vna secha sotto el chauo e de anchor vn picollo scoieto
Dal chauo de maon de le. e el chauo del porto de formoli quarta de maistro ver trmontana mia 30
Formolli e porto e la sua intrada e da.ma.i lo dito porto e 2 irolete qñ tu sarai ale ixole meti le dite ixole detro el chauo d. po.anchora

Sardegna ysula grande et multifera.

In la ponta de ver garbin sie vn scoieto amodo d' vn farione e sia freo
et in lo freo sie vna secha sotto aqua z al chauo d fornoli sie vna iso
leta basa e piana e da fornoli al porto de siuenza sono mia
Siuenza e bon porto e la sua itrada sie da maistro z ala pōta vna
isoleta z dal porto de siuenza a citadella sono mia   2
E da citadella fina al chauo si sono mia   3
         Pieleghi ouer chorsi de citadella e prima
Da maon al chauo ducato quarta de grego ver la tra. mia   340
Da maon ali rola de la scarara tra grego e leuante mia   290
Da maon al cholfo de cistoram leuante e ponente mia   280
Da maon ali rola de sanpero quarta de leuante ver grego mia 280
Da maon ali rola del galata tra leuante e sirocho mia   350
Da maon ala petra de larabo chao del colfo de serra p sir. mia 300
Qui finise li rola de menoricha e seguiremo in li rola de sardegna
       Sardegna e i rola grāde e fructi sera e bē bitada de molte ci
    S tade e d' astele comēçado da la fa ça o pōnēte zoe da li rola d'
        sanpiero fina alar zentara e ale pene d' sancto eramo scorre
a ostro e tramontana et alguna cosa tocha del maistro
Dentro el chauo de napolli e el cauo de san marcho ost. e tra. mia 10
Da li rola de sanpiero al chauo de napolli ostro e tramōtana mia 50
Dentro el chauo de napoli a mia   2 sie vn bon porto iuernadora
nome lo porto de frasca e per tutta la staria del colfo d' oristame sō
di da passa 5 fina 6 d' aqua
Tra lo chauo de napoli z el chauo de san marcho sie lo colfo de ori
stam e va dentro mia 10 per leuāte
Lo chauo de san marcho e bon porto e sia vna secha dauanti var
date da essa la sua intrada e da garbin e da grego del chauo a mezo
mio e bon sor çador e fondi pian onora el chauo mezo mio per che
le bruto E per mezo el colfo e tuto e piā terrē e sia vna fiumera e va se
ala cita de oresta z suro per quella mia   12
Una altra fiumera a nome chaures e p mezo la bocha de chaures
e vna secha e puol star naue dentro de la secha che li fa porto dal ca
uo de san marcho al chauo de le salune bostro e tramontana se var
da e sono mia   10
E sopra q̄sto cao sie li rola de maliuētre e lōga e piana e seca itorno

Dal chauo de salina al chauo de bora quarta de tra. ⁊ lo g̃ mia 20
Sopra lo ditto chauo a mia 5 e vna irola a nome cora de done ⁊ vnaltra a nome malinuentre e se pol andar fra mezo le do irole ⁊ el chauo ⁊ma fra le do irole e moite seche intorno e de mal andar cum naue apresso per esser sporche e brute
L'irola de cosia de done a bon statio e de sorzador dentro lirola d̃ bora e la fossa de bora quarta de tramōtana ⁊ lo gre.mia 20
Da la fossa de bora alo marazo carcie de soūra mia 15
Dal marazo ala cita del alger in sardegna.o.e tra.mia 10
Dal chauo del alger ale pene de santo cramo quarta de maistro ⁊ ponente e si sono mia 10
Le ditte pene e bon porto e va per grego e tramontana a nome lo porto del contee ala intrada del porto sono da passa 15 i 20 daqua e poi andar cū iproderi dētro nel qual porto sono passa 8 daqua e tutto fondi neto e bon sorzador 8
Dal chauo de le pene al chauo de gala leuante e ponente mia 5
Cauo de gala e spiaza e de secho a proderi do in mar sono algune piere che pareno fora aqua e poi star cum iproderi in terra e cum prera ale piere
Dal chauo de le pene al arzentara ostro e tramōtana mia 20
Da le pene al chauo falcon se fano mia 30
Dal chauo falcon al irola de la renara quarta de tramontana ver lo grego mia 4
L'arenara e irola piana e longa la sua longheza e da grego e gar apresso de quella e vnaltra irola a nome irola di cauali che e lonzi da lirola de sardegna a mia 2 e non a gran freo e per questo freo e vna secha che sotto aqua e nela ditta irola d̃ larenara e vno statio da la parte de tramontana e lo statio a nome chauo trabucho e stas se cum le ancore in fondo che non ano prera i terra da poder fer mar i proderi e ne la dita irola e vno altro porto iuuernador che e per mezo lirola de sardegna e chiamasse el porto de le scudelle
E dal chauo da garbin del dito porto e vna secha sotto aqua 7 el chauo da garbin de larenara a nome chauo de tarsena e el chauo da g̃ ola dita nome cauo del castelazo e da questo cauo cvna secha
In lirola de sardegna da leuante e vno chauo a nome chauo fal-
d

chon e sia vn bon porto che a nome chale
Da leuante da chauo falcon mia 20 e vn bon porto a nome porto
de tores e dentro e vno grosso chastello chiamasse chastel de viro
altrui dire chastel zenouere
Da larenara al chauo de sancta liparata che permezo lo canal de
bonifatio e vardasse a grego e garbin e sono mia   70
Da garbin de sancta liparata mia 10 troui lirola rosa e de sancta l
parata a bonifacio ostro e tramontana mia 10 cin el chauo e vno
scoieto e vna secha
Da sancta liparata a longo sardo a vegnir da leuante e volzer el ca
uo intorno fin al garbin sono mia   20
Longo sardo e bon porto ma le deschouerto da grego
Da sancta liparata a sancta marmorata grego e leuante mia   5
Da sancta liparata a sancta maria per leuante mia   5
E per quella via troui vna secha circha mio vno in mar
Da la bocha de buxenara a bonifacio sirocho e maistro mia   5
Da lirola de saucta maria a chauo de viti che la intrada de buxena
ra da la parte de leuante quarta de leuante verso grego mia   10
La bocha de buxenara e piana p mezo mio lo chauo de sardegna
a nome chauo de viti e in questo chauo e vna iroleta a nome spar
go sta per tramontana da ponente del chauo de viti e vn porto
a nome porto polo edauanti del porto e vna iroleta redonda a no
me la vacha el porto sanstephano per ponente e sono mia   5
E permezo lo porto de sanstephano e vna secha achostate ala sar
degna da la banda de ponente 7 in fondi del porto e vna chieria e
dauanti lo porto e vna rocha rossa che par vna borsa scholpida
Da lirola di spargi a spargo in sardegna sirocho e maistro mia 5
Da lirola di spargi a lirola de vise tra leuante e siroco mia
Lirola d vise E al chauo de la bocha de buxenara
E el cauo chabzera e vna altra irola a nome la vacha e da leuante
Da lirola de la vacha a laltra irola de la vacha x o vitelo p ponete
Sora chauo chabzanza mezo mio e lirola de buxenara e pprio p
tramontana te mostra la bocha tien per longheza mia 12 e piu

Da la bocha de buranara da la parte de leuante sic el porto del zer
uo e varda se leuante e ponente e sono mia   5
Soura el porto del ceruo mia d o in mar e vna secha et in chauo
del porto e vna irola a nome lirola dicerui e da la dita irola a la iro
la de stamotari sirocho e maistro mia   5
Figbera e vna irola redonda e de alta e neta e bon statio da rai lito
proderi a lirola e ale anchore a la sardegna e per mezo lirola de sar-
degna a nome fighero e sie bon porto
Da fighera al chauo de corsega quarta de sirocho ver lostro mia 5
Dal chauo de chorsega a lirola de tauolara a mia   3
E per questa via sie vna secha a presso lo chauo de lisola de sarde
gna che a nome burenara
Da lirola de tauolara a mio vno e piu e chomo vna archa quadra
e de ver maistro e vna altra irola a nome molara e de alta e suro e
vno monasterio de m o ache e da la parte de tauolara e vna chale e
da freo e ne to chiama se i forzelli e in questo freo sono tre irolete la
salle tutte da la sardegna e apresso lirola de tauolara e vna irola se
chiama palamoza
E soura lirola de tauolara a mia 40 per leuante e vna secha sopra
aqua da lirola de tauolara a lirola de sanpolo che apresso sarde-
gna zoe a lirola grego e garbin mia   10
E dauanti lo porto de sanpolo e vna irola a nome lirola rosa
e polse andar intorno da ogni parte 7 in lo freo e vno scoieto 7 i q
sto porto de sanpolo sono molte bone chale e statij perche lo por
to e grande e da sanpolo a lirola de marudano maistro e sirocho
mia   3
Da lirola de tauolara a lirola de marudano vien chiamado la bo
cha di porzeli
Da la bocha di porzeli a moran ostro e tramontana mia 2 e quiui e
vna irola e de bon sorzador e in fondi e vna secha e puo se andar fra
la secha e la sardegna
Da la bocha di porzelli a chauo chomin quarta de ostro ver gar-
bin mia

d ij

Da chauo chomi a chauo de montesancto mia 40 ala quarta de ostro ver garbin
Tra chauo chomi a monte sancto elo colfo e la fossa de galuara e soura monte sancto p grego e leuante mia 25 e vna secha in mar
Da monte sancto a lirola de lagogliastro tra ostro e garbin mia 7 e quiui e vno chastello a nome plumbin i lirola de lagogliastro cho porto e lirola e neta e da ogni parte e fondi da passa 6
Da lagogliastro al chauo o barbataser quarta de sir v̄ lo.o. mia 5
El chauo de barbataser e vna lengua che vien in mar secha mia 6 z a questo chauo e vna iroleta bassa
Da chauo de barbataser a schorteger mia
Al chauo de schorteger e vna secha a nome schorbera e qui sono 5 scoieti che par sopra aqua z el grando che nō par fora aqua sie lo mazor e questo nome schorbera
Da schorbera a quira ostro e tramontana mia 20
Entro cauo seto e cuao charboner e vno altro cao a nome cuao spituento e sopra el qual chauo e lirola a nome serpentera e sopra d chauo charboner per sirocho e lirola dicortelazo mio vno per sirocho. tra chauo charboner e chortelazo e vna irola a nome trimari e nota che intorno le do irole zoe serpentar e chortelazo e vna irola che par sora aqua e da vna irola alaltra mia 3 e la e el statio dele naue e piu alirola de chortelazo che alirola de serpentera nel freo de quella
Sopra chauo charboner da garbin a mio vno e bon porto ouer paranego che a nome san stephano e quiui e vno scoieto e qsto scoieto fa porto
Sora chauo carboner e vna staria de montagna a nome 7 frari
Da chauo charboner ala cita de chaglieri mia 4 e de vn chauo a nome stallon e de rocha biaucha e quiui sie la guardia de chaglieri e da garbin da chauo stalon e chauo terra che laltro cauo da ponte del colfo de chaicrie bō e neto sorzador e da lenante de chao stalon si e lo colfo de sāca clara
Caglieri e cĩtade e bon porto fato per forza de palanzade e de la cĩta de caglieri a chauo terra quarta de ostro ver garbin mia 45 alguni dicono cauo o puglia da cauo terra a cauo charboner che so

no i do chauni del colfo de chaieri tra grego e lenante mia 45
Dal chauo terra aspartiuento quarta de garbin ver lo ponente sono mia 15
Da spartiueto a mafetam quarta de ponente ver lo garbin mia 5
L'intrada del porto mafetam cha ponente e i fodi e lirola rosa da lirola rosa a chauo tauolar grego e garbin mia 6 e per quella via pasi lirola rosa a mio vno e vna secha tra ponente e maistro e puol andar le naue tra le seche e lirola granda de sardegna
Da chauo tauolar al toro quarta de ponente ver garbin mia 20
Chauo tauolar cum la vacha tra ponente e maistro mia 20
Da grego del porto de salze al chauo sargo grego e garbin mia 7
Da lirola de salze a lirola de sanpiero tra ponente e maistro mia 15
L'irola de salze e bon porto infra lirola e la terra e secho e ne lirola de sanpiero e la sua intrada e dever tramontana 7 in questa se picol fondi 7 sono molti scoieti e seche e tra lirola de sanpiero e lirola de sardegna e vna altra irola se chiama ipori
Da lirola de sanpiero a lirola de res in prouenza tra maistro e tramontana mia 390
Da sanpiero in aqua morte siroco e maistro mia 530
Da san piero a marseia quarta de maistro ver la tramontana e sono mia 460
Da sanpiero a chuo d'aqua freda quarta de maistro ver lo ponente sono mia 420
Da sanpiero a la cita de barzelona tra ponete e maistro mia 470
E per questo chamino te roma le seche de marseia da tra. mia 10
Da sanpiero a maon quarta de ponente ver lo maistro mia 280
Da sanpiero a porto petro de maiorica ponete e leuate mia 350
Da sanpiero a chauo di pali tra ponente e garbin mia 620
Chauo d'pali si te roman da tramotana a mia 20
Da sanpiero a iscoi del galata quarta de siroco ver lo stro mia 120
Da san pierro a bona ostro e tramontana mia 150

Pielegbi over chorsi de lirola de la renara E. prima
Da la renara a lirola de res quarta de maistro ver la tramontana e sono mia 350
Da la renara in aqua morte quarta de maistro ver lo po. mia 400

d iiij

Balarenara in arbona tra ponente e maistro mia 375
Balarenara ala cita de barcelona ponente e. le. mia 400
Balarenara maon tra ponente e garbin mia 270
ℭ Pieleghi over chorsi dbuxenara

Da buxenara a porto lōgo de lelba tra grego e tramōtana mia 170
e per questo chamino pali per mezo le formighe
Da buxenara a porto erchules grego e garbin mia 175
Da porto erchules e ala fussa de roma tra grego e leuante mia 220
Da la buxenara a ponza ponente e leuāte e tocha del grego mia 240
Da la buxenara a salites tra leuante e sirocho mia 40
Da la buxenara a trapani sirocho e maistro mia 340
ℭ Pieleghi over corsi da chauo charboner e prima
Da chauo charboner arasichebir tra ostro e sirocho mia 130
Dal chauo charboner ala pantalarea quarta de sirocho ver leuante e sono mia 240
Dal chauo charboner a marchamino quarta de leuante ver lo sirocho e sono mia 170
Dal chauo charboner al chauo gallo leuante e ponente mia 240
Da chauo charboner a salerno quarta de grego ver leuante e sono mia 400
Dal chauo charboner al chauo cerzello quarta de grego ver tramontana e sono mia 320
Dal chauo charboner al plombin ostro e tramontana mia 370

ℭ Pielegbi over chorsi de chauo tauolar e prima

Dal chauo tauolar al chauo datil grego e garbin mia 220
Da tauolar a bona tra ostro e garbin mia 150
Da tauolar al gallata ostro e tramontana mia 70
Da tauolar ala secha dichelbi quarta de leuāte ver sirocho mia 160
Da tauolar ala secha de chauo bon tra sirocho e leuante mia 220
Da tauolar a mareremo leuante e ponente e tocha del sirocho e sono mia 250
Da tauolar alixola del chur quarta de leuante ver lo grego mia

[handwritten:] corsicha insula grande q bn habiuerin neglie miglia 3950

ℂ Qui finise li xola de sardegna e comenza quella d chorsicha
laqual volze mia   350
Chorsicha e irola grande ede ben habitada da molte citade e cha
stelle e in la parte del mezo di e la cita de bonifacio z a bon porto e
sia la bocha larga e entrasse per tramontana ver lo grego e va poi
per leuante e troui fondi da passa 5 fina 10 e varda che ala intra
da del chauo de ver ponente e una secha largo da quella vn pro
dere e da bonifacio al chauo de sergi tra ponente e garbin mia   12
ma va largo dal chauo mia 5 per le seche z al chauo e bon porto
Dal chauo sergi ali xola di moneri tra ponente e maistro mia   15
Dal chauo de sargia porto de bise grego e garbin mia   2
Dauanti del porto de bise sono molti scoieti a nome li forzi e da li
rola fora de li scogli sono seche fali onor prodere vno da largo de
quele e poi va dentro del porto per leuante
Dal porto d bise al chauo milen per siroclo e maistro mia   10
Dal chauo milon a chauo rato ostro e tramontana mia   20
Dal chauo milon ali xola de sanguinara siroclo e maistro mia   5
Da sanguinera al porto de iazo grego e garbin mia   18
Lo porto de iazo sie soura lo porto de iamio a grego e garbin et a
vna seca i mar circha a mio mezo e ptuto el cauo e bō sorzador vol
zando el chauo intorno de ver grego e da fondi da passa 6 in 7 e fi
na passa 18 e da fondi neto fina ad vno scoieto che in fondi del p
to de zinarcha
Da sanguinara ale seche de zachonara mia
Da le seche de sanguinara a mōte roso che e el chauo da lostro de
monte de sagra tra maistro e tramontana mia   40
Tra sanguinara e monte roso e vn scoglio a nome fauone z e suo
ra el chauo del monte roso et vn scoieto redondo statio da bar
che chiamase li xolella per nome
Dal chauo roso a chauo mondera e vno colfo fra li do chaui e va
dentro mia 6 ede bon luogo e da vn chauo alaltro sono mia   10
Da chauo mōdera ala toreta che el altro chauo de tramontana
de i monti de sagra quarta de maistro ver tra. e sono mia   10
E soura el chauo de la toreta e vna ixoleta
El monte de sagra tien per longheza mia 20 e piu

                             d iiii

Da la toreta el porto de zira a latore marcha zicha .o. e tra. mia 4
Dentro la burenara e chauo de monte e lo colfo de san ciprian
Da chauo de monte ale feche de iaconara grego e garbin mia 40
Da chauo turcho al cauo de la renella quarta de tramontana ver
lo grego mia 25
Da la renella al porto de sancta maria volzando lo chauo per siro
cho e per ostro qui e bon porto e sono mia 5
Dal porto de sancta maria ala cita de chalui mia 15
Calui e cita e sia bon porto e bona intrada entrasse per grego se tu
vai nel dito porto mete dentro de vna ponta doue che e vna chie
sa de sancto leonardo e la cita te stara per tramontana ver maistro
e da vna ponta longa mia 4
Da la ponta de chalui ali rola de loro quarta de tramontana ver lo
grego mia 6 e ne la dita irola e porto de ver tramontana e dentro
irola de loro e chauo corso e lo colfo de nebia e va dentro per ost.
mia 22 e piu e detro loro e el cano corso e lirola de nebia e ò picol so
di e sia 2 scoieti atorno per legni pizoli se pol star e da lirola de loro
al porto de sancto ambrosio mia 4
Da sancto ambrosio alo gaiolo sonono mia 5
E da lo gaiolo a bostrigon sono mia 8
Da bostrigon ala ponta de la zolo mia 6
Da la ponta de la zolo ali solchi mia 4
Da li solchi ala ponta di timoni mia 10
Da timoni ala ponta de la magnola mia 4
Da la magnola a minerbi e de porto negro e porto chorso e saleza
e sono mia 5
Da chauo minerbo a centura a mia 4 e nel qual centura fasse boni
vini da la centura a spelorcha mia 4
Da spelorcha ali rola de centura a chauo chorso mia 2
Da chauo chorso a chauo de la renela grego e garbin mia 60
Da ponente dal chauo chorso in lirola de la centura e fondi neto e
piano tutto
Da leuante da chauo chorso sono tre scoieti a nome fenoiarola e
sia pocho fondi e de statio per legni pizol i
Da cauo corso ala lena de lere quarta de ostro ver siroccho mia 70

Da chauo corso a cauo senze sono mia 30
Da brando ala bastia de porto chardo mia 5
Da porto chardo al fiume de bigoglia sono mia 4
Dal fiume de bigoglia a chauo de galo mia 25
Da chauo gallo ala lena de lerea son mia

Ala itrada del porto de la lena ver leuante in la bocha e un scoieto e dal porto de san cipriam al porto vechio ostro e tramotana mia 20
Porto vechio e bon porto et in la bocha sono do scoieti e tutta quella bocha lie neta e vano molto dentro fina a una spiaza e apresso la spiaza e lo porto e soura lo porto e una motagna a nome 7 frari fa la via de ver quella montagna e merite sotto el piu grosso pozo e in questo pozo sono molte cale e porti per che lo e molto longo e grando e seguro

Dal porto vechio zoe da lo chauo da la parte de lostro al porto de sancta maza mia 22 e per lo chamino troui do scoieti e una secha
Da porto sancta maza ala cita de bonifatio p terra mia 4 e p mar e sono mia 17
Da sancta manza al speron zoe al chauo di grilli mia 5
Dal speron di grili e al chauo de la manza per staria mia 5
Dal chauo de la manza al chauo de monte perturado per staria 2 iui detro e bona aqua dolce
Dal chauo de monte pertusado ala cita de bonifacio mia 2

    Pieleghi o ver corsi de chauo chorso e prima
Da chauo chorso a le mele dandora sirocho e maistro mia 100
Da chauo chorso ala cita de zenoua quarta de tramontana ver lo maistro mia 135
Da chauo chorso a porto venere grego e tramontana mia 100
Da chauo corso ala fusa de pira grego e garbin mia 90
E per questo chamiuo troui li rola de la gorgona
Da chauo chorso al chauo ferara del elba leuante e ponete mia 70
Da chauo chorso ala planora tra leuante e sirocho mia 70

    Pieleghi o ver corsi de la lena de leres e prima
Da leres a chauo sancto andrea de lelba tra grego e tra. mia 60
Da leres a zio quarta de leuante ver lo grego mia 100
Da leres ala fusa de roma leuante e ponete mia 200

marginalia: Sicilia insula grandis et bn̄ habitata voglie miglia 700

Da leres ali rola de ischia quarta de leuante ver sirocho mia 315
Da leres ali rola del chur quarta de sirocho ver leuante mia 440
Da leres a chauo de gallo in palermo sirocho e maistro mia 430
Da leres ale seche di chelbi oistro e sirocho mia 410
E per questo chamino se choltiza la chorsicha e si te roman dala banda de grego

Pieleghi over chorsi de porto vechio e prima

Da porto vechio a chauo garta leuante e ponente mia 480
Da porto vechio a iporzi tra sirocho e leuante sono mia 400
Da porto vechio a trapano sirocho e maistro mia 370

Qui finise lixola de chorsicha e comenza lixola de sicilia

Icilia e irola fructifera grāde e bē bitada d̄ molte cita e castelli volze intorno mia 700 e dal chauo de tra. 30 e dala parte de leuāte nel faro che e chiamado el streto de pelori e iui da famosa cita de mesina tra ponente e garbin mia 10

marginalia: Messina gn̄ cip

Mesina e grā citade e sia bon porto da poder meter chadenala sua intrada e da grego e tramontana e sia gran fondi da passa 30 35 in 40 e molto piu masime verso loarsena che e fondi da biso e vol ze atorno lo dito porto circha mia 4
Da masina fina alolino p̄tutto e bō sorzador e bon fondi neto e soura chauo grosso sie aspredo e molti scoieti pizoli e seche che par e non par
Soura la schaleta e una chiesa de sanpaulo e in mar e un sbcoieto che a nome argiera ede barche polono andar fra lo scoio e la terra e dal chauo grosso aschiron sono mia

Schiron a chauo de tauarmina sono mia i

marginalia: Tauarmina cip

Tauarmina e cita ede in zima uno monte molto erto sotto d qual e bon sorzador per legni pizoli ede chouerto da grego fin al siroco fazando lauolta de tramontana et maistro e sono mia 5
Da tauarmina a chauo de sancto alesio mia 5
Da tauarmina a schixon circha mia 2

Da schiron achauo machari tra ostro e garbin mia   12
Schiron e chauo ede spiaza ede in coltado e per tutto questo col
fo e bon sorzador
Da chauo de mascla aimollini tra ostro e arbin mia   12
Da imollini a chastel orzazi ostro e garbin mia
Zazi sia mollini e de stazio da barche che a nome torze e sia vna bo
cha e fra le pietre e la sua intrada e da leuante sie vna secha sotto
aqua ede palmi 5 daqua suro e tra ostro e garbin a do mollini e a
mio vno sono tre farioni e de ver ponente sono vn scoieto a nome
charuzo e sono tre farioni e le naue vano fra li farioni e la terra
Da tauermina a mesina mia 30 per staria
Da tauermina a zazi tra ponente e garbin mia   24
Da zazi ala cita de chatania tra ponente e garbin mia   8
E per lo chamino e vna chale per barche che a nome longana
Chatania e gran citade eda spiaza e per riuera fin ala berucha siro
cho e maistro e tocha del leuante e sono mia   22
Entro sanchaloiero e la brucha e vna challe e polse ben star cū na
ue e schanpar da ogni vento da li proderi ala ponta e leanchore
de ver ponente in fondi de passa 5 in 6 daqua
La brucha e bon porto e bon statio per ogni naue. e da la brucha
ala gusta per mare se fano mia   7
La gusta e citade 7 a bon porto inuernador al chauo da leuante
da la cita e vno scoio a nome lo sancto e tra lo scoio e la cita sono 6
pie daqua
Dal scoio dito ala cita de lagusta a mia 3 per canal e la bocha del
porto e molto larga farai bonor al chauo da ponente a mio vn per
che le secha
Lo porto de la gusta nō e bon tegnidor per che le paluda zo e da la
gusta a lirola de māgiri sono mia   5
L irola de māgiri e bon statio per naue da li proderi de ver la tra
montana e leanchore de ver leuante e starai seguro
Da magiri al chauo de scala grega quarta de sirocho ver lostro e
sono mia
Entro magiri el chauo e vna chale de sancta panaia e sie bona p
per barche

Spalatrū [cap?]

Seragora e citade e da ben porto e largo e fondi neto la sua intrada c da tramontana e quando sei dentro alora la cita te sta per tramontana la cita e quasi irola da laltra parte del porto da la parte d ponente e dito el porto pizolo e sono alguni scoieti a nome i scogli de sancta lucia e da grego de la cita e vno scoicto a mezo mio a nor meli rola di canic in fondi del porto sono alguni scoicti ma le naue non vano fin la dentro le tien i prodexi ale mure de la terra e le ancore da lostro in fondi de passa 8 in 10

Da leuante de saragora a mia 20 e la piana de rosganzir laqual sia bon sorzador e neto de passa 25 vel circha

Da rosganzir zoe la secha a saragora quarta de sirocho ver leuante e sono mia 5

Lo chauo de rosganzir zoe el chauo del falcheu volzendo lo cauo intorno per sirocho e per ostro mia 3

Da rosganzir a longino grego e garbin mia 5

Longino e bō statio da barche e da la cale e vna irola e a fondi de palmi 12 da li prodexi a lirola e le anchore per ostro e de ben logo e va dentro mio vno vel circha

Da longino a chartari quarta de penente ver garbin mia 3
Da chartari a longino ro grego e garbin mia 2
Da garbi ro al fiume dentro che a nome lauina quarta de garbin ver lostro mia 10

Da bendichbari a marsameni a chauo passera quarta d sirocho v lostro mia 5

Lauo passara e quasi irola e da luno mar a laltro e quari mezo mio e de sorzador per tutto intorno si da tramontana cheme da lostro e da passa 10 in 12 daqua e da mia 12 i 15 i mar sono passa 35 daqua

Da chauo pascra a raschanzir sono mia 4

Da rasganzir al porto del conte grego e garbin mia 2 e dauanti el porto sono algune seche e dentro al porto e palmi 12 de aqua

Da chauo passera a lirola di chorenti grego e garbin mia 3

Lirola di corenti e apresso terra e se pol passar a pie e sia fōdi da palmi 2 e stano le barche da la parte de leuante per vento a ponente e per questa staria mia 3 in mar e fondi de passa 15 in 15

Soura lirola del pre amio vno i mar e vna seca 2 a mia 2 e vna altra

secha e de palmi 4 e mene daqua suxo a nome le seche de la mac
na 7 sono molti scoieti per la staria sporchi e mal neti
Da ilixola di correnti ala marza che sono vn chastello loqual a se-
che dauanti e va per canal e de bon statio per tutti i venti ma non de
sirocho e pero da quelo te armiza
Dal porto de la marza alixola di pozzi a grego e garbin mia 3 e p
lo canal se pol andar apresso terra
Da la marza a chauo cerzelli quarta de garbin ver lo po. mia 10
Cerzelli e basso e da ponete vno scoio statio e de lurcha de cerzelli
al pozalo zoe ala tore mia 2
Dal pozallo al chauo cerzelli leuante e ponete mia 10
Da zerzelli adalto pelegrin mio vno e questo alto pelegrin a statio
de barche
Dalto pelegrin a restaran mia 5 e quiui e lo fiume de ragnixi che a
nome mainerni e quiui e lo statio da barche
Da restarin alixola de malta ostro e tramontana mia 60
Restaram e vno chauo basso e sotil da leuante a i rolete e de secho
e da ponente dal chauo sono seche statio p barche e p legni pizoli
Da restaran zoe de le seche ala vale de chamaran mia 6
Da restaran a terranoua maistro e sirocho mia 18   Terra Noua cip
Terra noua e citade e da spiaza e bon sorzador 7 e fuora mia do in
mar e sorzei passa 8 o 8 e mezo daq da terra noua alalicata quar
ta de ponente ver lo garbin e sono mia 18   Lichata cip.
Lichata e citade e da leuante a circha mio mezo e vno fiume che a
nome el fiume sazo le naue sta largo mio vno e de spiaza in leuada li
nauilii pizoli da li proderi al chastelo e in fondi passa 5 i 6 daqua
Da lalichata a zarzenta per staria mia 25 zoe quarta de ponente v
garbi e per la dita staria e spiaza ma bona
Da lalicata ai scoi da san Nicolo mia do li diti scoi sono boni stazi
per barche da i scoi de san Nicolo al castel de monte chiaro mia 12
Lo dito castelo e chiamato chauo biancho e da garbi a mia 2
Sono 2 scoieti a nome arira e par da lozi come vna galia da isco
gli ala cita mia 8 per dentro i scoi e la terra e bon fondi
zarzenta e gran citade e de fra terra mia 3 souza vna carena de mo-   Zarzenta e g. cip
tagna lo suo cartgador e per mezo vna forte tore ala marina per

guardia del porto metite ala tore da tramontana a mio vno largo
e bona leuada e sta in fondi de passa 10 in 12 e de neto e de in spiaza
Da zarzenta a siacha tra ponete e maistro mia 40 e per questo cha
mino sono alguni chargadori
Siacha e cirade ede i spiaza le naue si stão a mio vno e i mezo i mar
e de in bona leuada e fondi tuto neto
Da la cita de siaba ala cita de mazara per riuera mia   30
Mazara e cita e sta vna fiumara che puol intrar galie e legni pizo
li e da fondi de palmi 6 i 7 e ano algune seche d' fuori doue se pol
ben star cum nauili grossi la intrada del fiume e dauer leuante apre
so le mure de la cita et metile seche de fuora per ostro sora la cita e
per garbin a mia 5 e vna secha e de suxo da palmi 8 i 9 d'aqua et a
mia 10 e vno cholfo da tre fontane che e statio per barche
Da mazara A marsala p terra mia 12 e p mar £ mia 15 a volzer d'
chauo sibiliano e vna terra disfatta a nome dipulizi τ vno altro ca
uo che a nome partidor oʋ serto auirtandote che tute le spiaze de
lirola de sicilia da la parte de ostro comenzando da chauo passera
fina ala cita de marsala sono mia 220 e per questo chamino per tu
to e, bon sorzador e neto da luno canto e da laltro
Marsalla e citade e statio da barche apresso la cita fuora de mar
sala sono seche e boni statij per ogni naue se tu voi intrar a marsa
la cum naue fa la via de fagagnana tanto che la cita te romagna p
grego e fa la via de figheri che sono lonzi dala cita per mezo mio
fin che tu sarai a apresso la terra vn prodere vederai vna secha
che fa porto fa che la te romagna de ver ponente e va dentro le se
che e la cita seguramente darai i prodeti a la secha e le anchore a la
cita in fondi de palmi 15 fina 18
Da marsala a trapani ostro e tramontana mia 18 e per questo ca
mino sono le seche de san theodoro che sono male seche e che va
molto fuora in mar per andar seguro va tra maistro e tramōtana
tanto che trapano te stia per grego e poi fa la sua via τ anderai se
guro e senza tema de le seche achostadote ala fagagnana e da mar
sala a la fagagnana tra maistro e tramontana mia   6
Porto de la fagagnana a vna irola a nome stella diana da li prode
xi a lirola e le anchore d' oʋ la fagagnana per grego in fondi de pas

sa 5 da la parte de leuante e tramontana per chanal e laltra irola
a nome lauacha per tutto fin ala cita de trapani e per fin a malta e
bon forzador e neto de passa 12 fin in 15. per tuta la chosta de sicilia.
Da fagagnana a trapani greco e garbin mia 15 in   15
Da lirola de leuanza a trapani leuante e ponente mia   8
Da leuāza a ido schoi de le formighe leuante e sirocho mia   6
Da le formighe a trapani tra gre. e leuante mia   5
I porzelli sono tre schoieti basi e molte seche intorno e dali porzeli
a trapani sirocho e maistro e sono mia   3
Da la fagagnana a maretemo ponente e leuante mia   18
Maretemo e' erto e de forchado e par molto da lonzi e da la parte
de leuante e bon parauego per vento a ponente

Pielegbi over chorsi d' maretemo

Da maretemo a ichelbi tra ponēte e garbin mia 3 i echelbi te romā
per ostro mia   6
Da maretemo a chauo bon tra ostro e garbin mia   100
Da maretemo a la pantalarea quarta de ostro ver siroco mia 100
Pantalarea e irola erta e gran montagne e fa do monti e da la bā
da de tramontana e bon sorzador e quasi porto da la parte te leuā
te e bon parauego per vento da ponente e fondi de passa   30
Da pātalarca a icherchenie el bero quarta d' ostro ver sir. mia 140
Da la pantalarea ala niosa sirocho e maistro mia   80
Da la pantalarea a igozi de malta tra sirocho e leuante mia   140
Da pantalarea a zarzenta grego e garbin e tocha del leuante
e sono mia   90
Da pantalarea a restaran quarta de leuante ver lo grego e sono
mia   150
Da pantalarea a marsalla quarta de tramontana ver lo grego
e si se fano mia   70
Trapani e cita e sia porto la sua intrada e deuer garbin et al chauo
de maistro del porto e vn chastello a nome la cholombara e puol
dar li proderi ala cholombara e ale anchore de fuora el pol stara
fero e ben per mezo de la cita predita de trapani

Trapani e fora vna ponta ede quasi irolada e dentro del porto so no molte seche che sono peschiere e dura da mia 6 in 8
E soura trapani a mia 4 tra grego e tramontana e vna secha che par sora aqua mio vno largo da terra e si puol andar barche tra le seche e la terra chiamase la renela
Da trapani a bonagia tra grego e leuante mia 8
Bonagia e vna seca e sia do boche e statio de barche meti la secha per maistro e entra per chanal de bonagia e sancto vitro quarta de grego ver la tramontana mia 10
E per questo chamino troui chauo secho a mia 2
Da sancto vitro a chauo de galo quarta de le. ver lo gre. mia 40
Tra questi do chaui e lo colfo de castel amar
Da chauo santo vitro al desculo e quini sono 2 irolete dali proderi a qlle e le anchore da le. in fondi de passa 10 in 12 e neto e sora chao de gallo per po. a mia quatro e lirola de Femina e da statio p barca
Da chauo de gallo a monte pelegrin leuante e ponente mia 10 e per questo chamino sie lo cholfo de le chane a monte pelegrin per ostro mia 5
Le ditte chane se chiama le figaraze

Pielegbi ouer chorsi de monte pelegrin e prima
Da monte pelegrin a darchudi e alto grego e gaibin mia 80
Da monte pelegrin a vstega ostro e tramontana mia 60
Vstega e irola e da grego e statio in torno 7 ano algune chale per fuste da la parte de lostro e vna secha e da ge vn scoieto sora aqua

Pielegbi ouer chorsi de vstega
Da vstega al chauo de orlando in sicilia tra leuante e siro. mia 120
Da vstega al chauo de lichora quarta de grego ver la tra. mia 180
Da vstega a monte arzentar quarta de maistro ꝟ la tra. mia 330
Da vstega al chbur e sichul e saline per leuante mia 120 le qual sono 3 irolete pizole luna apreso laltra
Da vstega a monte sancto de sardegna quarta de ponente ver maistro mia 140
Da vstega ala serpentera quarta de ponente ver garbin mia 150
Palermo e gran citade e sia mollo e porto dentro di muri de la cita e la sua intrada e da grego e tramontana dal un proder e al mu

re de la cita e laltro prodere al mollo e leanchore da garbi e da tra
montana e la via de la bocha del porto armizate in quarto e sei de
sconerto da grego solamēte
E soura palermo tra maistro e tramontana e vno statio a nome sā
zorzi e de quati porto meti li proderi in terra e le anchore de fora in
fondi de passa 6 in 8
Da palermo a solanto quarta de leuante ver grego mia   10
Solanto e monte erto e dauanti da la parte de leuāte e terra bassa
mia 2 e quiui e lo chastello de solanto doue se fa la tonara e i fondi
de passa 10 per tramontana mezo mio in mar e vna secha che qua
ri soura aqua e quella fa statio a le barche e entrasse per chanal cū
e barch e over legni pizoli
Sora chauo biancho e la tonara de solanto a mio vno in mar è vn
scoieto e de basso e chiamase el porzello
Dal chauo de solāto ala cita de termini leuāte e ponēte sono mia 15
Tra lo chauo de solāto e termeni e lo chastelo de chapo grosso
Termeni e cita e sia el suo chargador e spiaza
Da tarmeni ala cita de zicfalo leuante e ponente mia 15 e p questo
chamino trouilo colfeto de lorizela
zicfallo e cita e a statio da barche et a mia 6 da ponente e el chauo
che a nome 6 frari
Da zicfalo al chauo de orlando per ponente a mia   60
Da zicfalo al chao del statio de chaluura mia   3
Da zicfalo a tossa mia   15
Da tosa a miserata mia   6
Da miserata a charoma mia   6
Da charoma ala spiaza de san zorzi da loro sono mia   6
Da san zorzi da loro che e in fondi del colfo de fratello mia   12
Da lio al chauo de orlando mia   15
Dal chauo de orlando al chauo de melazo per grego sono mia   50
Dal chauo de orlando a mia 2 e vna secha a mezo mio in mar e sia
bon chanal e neto fondi
Da chauo chariin ala cita de pati circha mia
Pati e cita e de fra terra mio vno e de bon statio per naue in fondi
de passa 6 in 8 e da pati al scoieto de crote sono mia

e

Da pati alchauo malfo tra grego eleuante mia			18
Da leuante del chauo de pati a mio vno e vn chauo e vn chastello
a nome cholmori e dentro lo chauo de cholmori e lo chauo oliuer
sic lo statio de le naue e de tuto bon fondi e neto da passa 15 in 16
Chauo de melazo e piano da mar e da leuante del cauo a mio vno
e vna secha che e per mezo la chieria de san nicholo τ iui apresso e
vna bona villa grassa e ben habitada volzando lo chauo intorno
quarta de ostro verso logarbin e sono mia			6
El Melazo e citade e da bō statio da naue che e quasi porto. Darai li
prodexi a la cita e le anchore a sirocho in fondi de passa 30 e se tu
non podesi aferar lo statio de la cita la sate schorer dentro del colfo
che va a vn porto da lonzi da melazo mia vno e sarai per mezo la
spiaza largo da terra circha mio vno e mezo in fondi de passa 10 in
12 e nō possando afferar per non trouar sodi va chal togero
Da melazo al chauo de la mortela leuante e ponente mia
Al chauo de la mortella e bon statio in fondi de passa 20 e piu cir
cha mia 4 i mar La cognoscenza sua sie vna tore sopra vn chauo a
nome restorno τ questo chauo sie fora in mar mia 3 e de fora el ca
uo a mezo mio in mar per tramontana sono 3 scoieti picholi e dal
chauo de la mortela al chauo de faro mia vno
La tore de faro a bon parauego armizate a grego e garbin in fon
di de passa 8 fin 10

      Picleghi o ver chorsi da la tore de faro e prima
Da la tore de faro ala bagnara quarta de leuante ver siro. mia	5
Da la tor de faro a chauo baticha in ostro e tramontana mia	50
Da la tor a stroboli sirocho e maistro mia		60
Da la tor de faro a bolcha in quarta de ponente ꝟ lo ma. mia	50
Stronboli cirola e de molto erta τ caguza a modo dʼ vn diamāte e
da la parte de leuate zoe dal chauo de tramontana e vn parauego
per vento a ponente τ a vna bocha che senpre arde di e note e spe
cial mente per sirocho quando el fa asai vento

      Picleghi de stronboli
Da stronboli ala boca quarta de tramontana ver lo grego mia	12
Da stronboli a palmari quarta de tramontana ver lostro mia
Da plmari ali pari per riuera mia			10

Da palmari anaria firocho e maiſtro mia
Da ſtronboli al chauo de la coſta tra maiſtro e tramōtana mia 150
Da ſtronboli ali xola de iſchia quarta de ponente xo gar.mia 150
Da ſtronboli aſicul intra ponente, e garbin mia 80
Lipari cixola ecita laqual euala parte de ſir. de lixola e qui eun fa
rion che te roman de ver garbin e de bon parauego a nome ſanzor
zi el qual a fondi de paſſa 12 in 13 e per mezo bolcham eu naltro pa
rauego per tramontana a nome chauo chaſtogero e ſia fondi are
nil da paſſa 8 fina 15
Da lipari a bolcham per oſtro mia 2 e uala parte de grego de bol
cham e un ſcoieto ditto bolchanello
Da lipari ale ſaline quarta de ponente ver maiſtro mia 10
Ale ſaline e bon porto a nome buchari z ala intrada del porto e
un ſchagneto ſe puol andar da qual parte ſe vole ō lo ſcagneto da
leuante e da ponente
E uale ſaline a panaria tra grego e tramontana e ſono mia
Da lipari adalitor ponente e leuante mia 40
Da bolcham adalitor quarta de ponente ver maiſtro mia 40
Da buchari a uſtega ponente e leuante mia 70
Sapi chel circuito de bolcham atorno e mia 8
El circuito de lipari atorno volze mia 10
El circuito de ſaline intorno volze mia 12
Da raſchanzir de ſaragora a bernicho per ſirocho mia 160
Da raſcanzir a ſpartiuento grego e garbin mia 100
       Pielegbi de chauo paſera ouer chorſi e prima
Da chauo paſera aſpartiuento.q. de g̃ ver lenāte .mia 150
Da chauo paſera al chanal de viſcardo.q. de g̃ ver le.mia 440
Da chauo paſera al chauo de lixola de chorſu gre. e gar.mia 440
Da chauo paſera a ſan veniedego quarta de garbi xo gre.mia 510
Da chauo paſera a ſan zuane de lixola d cādia.q.de.le.xo g̃ mia 670
Da chauo paſera a chauo bon andrea tra le.e ſirocho mia 650
Da chauo paſera a tolomētra .q. de ſir. ver. le.mia 520
Da cauo paſera a cauo ſabiō nel colfo d termi.q.d ſi.xo loſt.mia 600
Da chauo paſera ala ſura tra eſt. e ſirocho mia 400
Da chauo paſera al freo de malta grego e garbin mia 85
       Chauo de lixola de malta   c ij

Malta e citade sic irola bē habitada e nel mezo de lixola e la cita toala parte de grego e lo chaftelo e quiui e do boni porti e la intrada e da grego e leuante e la ponta del porto a nome el cauo del falchon la ditta irola volze atorno mia 64 dal chaftel de malta a marza murerta

Da marza a mesa sic lo porto e la sua intrada e da leuante in fondi dal porto e vna iroleta a nome chari dara il proderi a lixoleta d marza murerta

Da lixola de salamon a chomin per ponente e tocha del garbin e sono mia 6

Sapi che la ponta de malta pèr mezo chomin non e ponta de malta mala e ponta de saline

In lixola de saline e freo de lixola de salamon ala ponta de marza mur eta e sono mia 4

per ponente e la ponta dita e longa mia 2 e quiui e vna mala vale et aspredo e sporco e de bon fondi da sorzer

De la ponta de malta a lixola de forzoram mia

Da la ponta de malta A ardomi tra oftro e garbin mia 2

Da forzoram a marza per sirocho mia

Dentro lixola d malta e lixola del gozo sono 2 scoieti l'uno a nome chomin e l'altro chominello e tra lixola de malta e chomin sic gran freo a fondi sporcho 7 sono alguni luoghi e fondi neto ma pocho dentro lo scoio del chomin e lixola del gozo sie passa 12 i 14 da qua e quiui e el statio de le naue che stano al freo cum li proderi ala ponta del gozo e le anchore in chanal sapi che a lixola del chomin sie bon porto a nome la chale de sancta maria e la chieria sic in fondi de la chale 7 la intrada del porto e da tramontana e sia fondi da passa 5 in 6 ma varda che ala ponta del chomin de ver ponente tu non entri per che la e molti scoieti a mia 2 lonzi

   pielegbi o ver chorsi del chaftel de malta
Dal monte al chaftel de zarzenta sirocho e maiftro mia   130
Dal chaftel adalto pelegrin oftro e tramontana mia   60
Dal chaftel a chauo pafera quarta de grego ver tra. mia   75
   pielegbi de marza sirocho
Da marza sirocho a tripoli quarta de oftro ver garbin mia   260

Da marza firocho ametzurata oftro efiroco mia 320
Da marza firocho a tunes quarta de firoco ver leuante mia 500
Da marza firoco azezerigo quarta de leuante ver gre. mia 670
Da marza firoco amodon tra grego. eleuäte mia 530
Da marza firoco alirola de la zafalonia. q. de gre. ver. le. mia 480
    Pieleghi del gozo del freo
Dal freo del gozo alirola de lampedoza. q. de po. ver. gar. e tocha
piu del garbin mia 100
Del freo del gozo alirola dicerui grego e garbin mia 250
Dal freo del gozo a tripoli de barbaria oftro e tramötana mia 260
    Qui foto comenza lirola del gozo
Gozo e irola bona e ben habitada val chauo de leuante per mezo
lirola de malta val freo de chomi fin a malfaforno per chanal oftr.
e tramontana mia 6 7 in fondi del porte de malfaforno e vna gro-
ta chome vn forno e pero fe dice malfa forno e da mlafa a chauo
san dimitri oftro e tramontana mia 2
Da san dimitri al fcoio de duran oftro e tramontana mia 2
Sapi chel fcholo de duran e mezo prode te largo da toze
Da lirola del duran a maza filanda quarta de oftro ver fir. mia 2
Da maza filanda a manzafina quarta de grego ver leuante mia 3
Manzafilanda e chale ftreta la fua intrada e da maiftro e va den
tro mezo mio e armizafe in quarto a prode rifutu e da marza filan-
da a mizaro quarta de grego ver lo leuante mia
Da marza filanda al chauo de la mortella grego e garbin mia 2
Sapi che lirola del gozo volze atorno mia 30
Da lirola del gozo a fiacha firoco e maiftro mia 135
Dal gozo ala pantalarea ponente e maiftro mia 140
Dal gozo ala machameta quarta de ponente ver garbin mia 270
E per questo chamino tochila limora elirola de chomeres
Lirola de chomeres e rola erta e forchada amodo de vno rocho
7 abon parauego per vento a ponente zoe da prouenza
Da la limora a reftam grego e garbin mia 320
Da la limora ala cita grego e tramontana mia 110
Da la limora ale feche de marfela maiftro e tramontana mia 150
Da la limora al gozo quarta de leuante ver lo grego mia 70
                                           e iij

Da la limora alampedora ostro e garbin mia 50
Lampedora e irola da leuante e piaua e da ponente erta e da la fa
za de garbin sie el porto la sua intrada e fra grego e tramontana e
nel porto sono passa 5 daqua e quiui e lo suo chastello derochado
7 sono in bocha del porto passa 20 daqua meti i proderi da leuan
te e le anchore da ponente da la parte de ponēte delampedora e vna
iroleta a nome la serola 7 in questa iroleta e vn bō pozo daqua dol
ze 7 e auantazada da beuere e neta
Apresso lo porto de lampedora a mio vno e vna secha che e quarī
porto che a la ponta chome vna scala e quiui e la chiesa de sancta
maria 7 quiui sono 3 scoieti picoli
        Pieleghi de lampedora e prima
Da lampedora a marsala de sicilia ostro e tramontana mia 170
Da lampedora a la pantalarea quarta de tramontana ver maistro
sono mia 100
Da lampedora al chauo de chlibia siroco e maistro mia 120
Da lampedora a le secche de chapula quarta de ponente ver garbī
e sono mia
Da lampedora a l irola di cerui ostro e garbin mia 140
Da lampedora a tripoli de barbaria tra ostro e siroco mia 250
Da lampedora al chauo de la sucha siroco e maistro mia 380
Qui to rneremo a la terra ferma zoe a la bocha del gran fiume del
rodano che la sassemo per saper de l eirole
Da bodo al porto de bocholi leuante e ponente mia 10
Bocholi e bon porto e se tu voi intrar nel ditto porto entra da la
parte de leuante pero che da ponente chasso son di e dentro del por
to a mia 10 per staria e l irola de mantega e volze intorno questo col
fo circha mia 40
Dal chauo de ponente del ditto porto e vno chastello dito sanson
largo mia 3
Da bocholi al chauo de le colone tra leuante e siroco mia 15
Da leuante del colfo zoe dal chauo de le cholone e vno porto ano
me porto bonel e sia pocho fondi ma lebō per barche e legni picoli
Dal chauo de le cholone a la cita de marseia leuante e sir. mia 15
Marseia e cita e a bon porto de chadena la sua intrada e da pcē

ponente elargo dal porto amezo mio ebon forzador dā passa 3 fin
6 7 ala intrada del dito porto sono palmi 14 daqua lixola da tra
montana vien chiamata sancto stefano ede porto ede bon fondi
de passa 8 laltro daloſtro vien chiamado le pomege e sia fondi de
passa 10 eda san ſtefano ale pomeghe e vn altra ixola chiamada
chamin a mio vno e men aleuante dentro chamiada eterra ferma
e gran fondi e dentro chamiada e san ſtefano e vna secha e se voi
ben andar va mezo prodere apreſo achamiada, e poi pora andar p
dere vno e mezo apreſſo sanſtefano a mia 2 e vna ixoleta etra lito
leta e terra ferma e vna secha chiamada sanel e poſſe andar dentro
via fra le dite ixole seguro
Da lixola de pomega ali xola de planata tra oſt. e gar. mia   10
Da marſcia ala bocha de lanzol oſtro e tramontana mia   20
Enela bocha del ditto lanzol sono molte ixolete che luna a nome
zare laltra a nome zara laltra paſſeli laltra richa laltra sette gatte
Alixola de pomega ebon porto e poſſe ſtar anchora e prodere in
paſſa 5 entro zara che e mia za e deuer terra ferma
Da lixola de zara in terra ferma e freo largo e non a che ſollo mezo
paſſo daqua z fondi pian per legni pizoli e barche
In lixola de lioſeli e vna secha deuer grego e vn ſcoieto entro peſ
ſeli e terra ferma ebon fondi eneto
Da lixola de zara ali xola de de laquilada quarta de leuante ver lo
grego mia   20
In lixola delaquilada ebon porto e puoſſe ſtar anchora e prodere
in fondi de paſſa 5 in 6 la sua intrada eda ver leuante ede neto li
xola te roman de ver oſtro la cita ede ver ponente non e chusi ne
ta pche le vna e piana e tra lixola e la terra ferma e circha mio vno
e mezo
Da garbin delaquillada e vna secha a mia 5 a nome gran ſidogna
Da lixola de laquilada a benedozmi mia   10
Sapi che benedozmi sie bon porto deuer grego sie chauo roſo de
ver ponente ſoura quel chauo e vna ixoleta roſa e dentro e vn ſco
gleto piano al qual poi dar li prodeti eda vna ixola ala altra sono p
deri do e mezo in fondi de paſſa 6 in 8
Da benedozmi a san marzam siroco e maiſtro mia   6

e iiij

San marzam e bon porto e tra la terra el chauo da grego prode
ri 3 e de fondi de passa 5 e vederai la bocha de tramaistro e vna ter
ra e de ver siroco e vn chastello che a nome 6 frari
Dala ponta de la bocha a zerzeli quarta de siroco ver leuante mia
In cauo a mezo mio sono farioni a nome ido fari e de statio de p
dere le anchore da ponente in fondi de passa 25 daqua
Da chauo zerzeli a chauo pizolo tra grego e leuante mia
Pichoolo e chauo pian e bon sorzador intra pone. e maistro e da pi
cholo fin al porto de medea ostro e tramontana mia   15
Porto medea va per ponente e si troui porto de le moneghe che e
chauo al porto di colombi honora la ponta pdere vno e piu e poi
va per tramontana mio vn e piu etrouerai la cita de tolom e in fon
di piam de passa 3 fin 5 da tramontana de la cita e vno monte a no
me siebre e da la e vnaltro monte a nome galina z questi do monti si
sono la cognoscenza
Da picolo ali rola de res tra leuante e siroco mia   10
Infra li rola de res da la parte de tramontana e la terra ferma di ta
charabazera e vn scoieto a nome ribaldin e de bon porto e staff in
questo freo anchora e prodere e anchora senza prodere
Li rola de res da ponente e vn chauo longo e da tramontana e freo
e de largo e bon fondi neto e poi sorzer doue tu voi che lo campo e
grandissimo e in questo freo e vno i rolo to pizolo
Da ponente de charabazera e vn bon porto sono 3 scoieti da po
nente dal porto e par son ra aqua
Le i role de res sono 6 i role da la bocha de ponente fin aquella
de leuante quarta de leuante ver lo grego mia   20
La prima de ponente a nome cre e de bon freo e bon luogo
La secunda a nome pontera e freo de naue e fondi de passa 5 in 6
La terza a nome zeus e de bon fondi de passa   4
La quarta a nome porta rena e bon porto e de i rola bassa
La quinta e vltima de leuante a nome li rola de bonomo z a vno
scoieto da ponente e vn bon porto che a nome porto chorso
Da li rola de res al chauo zerzeli quarta de ponente ver ma. mia 20
Deres ala bocha de lanzol coinc di sopra mia 60 quarta de ponen
te ver lo maistro

Da lixola deres a chāuo de spiera mia vn e uezo
Dal cauo de spera ala cita deres maistro e sirocho mia 8 e sopra li
xola mia 6 per maistro e vna secha che quaxi par soura aqua a no
me breregani
Ercesie citade e de in colfada z a molte saline e dala cita deres a i
breganzō sono mia 6
Da breganzon a chauo limar tra leuante e siroco mia 6
Dal chauo limar achanolaro grego e garbin mia 10
Soura monte negro e vn scoieto a nome formigar
Da chanclar o achauo tallata quarta de grego ver leuāte mia 5
Da chauo talata a chauo de landar quarta de grego ver leuante
e sono mia 10
Da landar a chauo chorni mia vno
E soura chauo corni mezo mio in mar sono 4 scoieti
Da chauo chorni a ferena maistro e tramontana mia 10
Ferena e cita e de in colfada z nel fondi del cholfo d'la cita fina a sā
rafael mia 5 e soza sā rafael sono 3 scoieti tra.o. e gar a nome icorni
De agron a fersol quarta de leuante ver lo sirocho mia 10
Agron e bon porto e sia bona intrada de ver garbin lo chauo de
ponente sono montagne fin in aqua e da leuante e baso e largo
da la ponta prodere vno sie vna secha a nome la secha negra e so
ura quel chauo a mia 5 in mar e vnaltra secha
Da agron a tron grego e tramontana mia 9
Tron sie chauo e bon statio z a mia vno in mar e vna secha
D agron a sancta margarita quarta de grego ver leuante mia 15
Sancta margarita e vno chastelo grosso a nome chaneua e soura
questo a mia 2 in mar e vna irola a nome scō honorato, nela qual
e vno chastello e sise puol andar per mezo freo a ledo irole dxe sō
di de palmi 16 la sua intrada e da ponente e sia fondi per chanal de
palmi 14 e se voi intrar nel dito porto entra de ver leuante e da san
cto honorato mia 6 e vna mala secha per sirocho
Da lirola de sancta margarita a chauo de galopa mia 5
Da chauo de galopa ala cita dantipol mia 20
Da chauo de galopa a niza zoe ala cita quarta de grego ver la tra
montana e sono mia

Niza e cita e sta sotō vna gran montagna e parte de la citā sta i piano e sopra el mōte che se tien cū la cita e vna tore se chiama la guardia de niza e dala cita de niza a villafrancha mia 3
Villafrancha e bon porto e largo e grādo freo in bocha e le naue stano ala tore che e in fondi del porto cum li proderi ala tore e lean chore a leuante in fondi de passa 18 in mezo: e per mezo lo colfo se fondi de passa 40 e dala tore ala bocha del porto mio vno e mezo quarta de ostro ver garbin
Lo chauo del porto da leuante a nome chauo ferante e dal dito cauo al chauo del porto da ponēte sono mio vno fra maistro e ponēte
Chauo ferante a vna secha larga da terra prodere do
Da chauo ferante a san sisto mia 2
Da san sisto al monego mia 5
Monago e bon porto e la intrada e deuer leuante metesse li proderi ala torre de passo e leanchore deuer tramontana
Da monago a villafrancha mia 10
Da monago a chauo de san martin quarta de grego ver leuante e sono mia 7
Da chauo san martin ala cita de vintimiglia mia 4
Vintimiglia e cita e nō a porto ne statio da naue e dala cita al chāo san polim tra leuante e siroco mia 3
Da chauo de san polim a chauo de pino grego e garbin mia 4
Da chauo pino a san remo mia 2
Da san remo ala fossa de la riua de chaia mia 5
Da riua a chaia e a san stefano mia 2
Da chaia a porto morixe de san laurenzo mia 5
Da la fossa de riua a porto morixe quarta de leuante ver lo grego e sono mia 10
Da porto morixe a penamella laqual e vno mōte forchado mia 10
Da penamella ale mele d'andora mia 4
Da le mele d'andora a chauo de lanza che e chome vna lāza mia 4
E in questa staria e de molte chare e dura per siroco a mia 10
D'andora a rasi maistro e tramontana mia 5
Sopra la cita d'arbenga a mia 2 e vna ixoleta e sorzador da li proderi alixola e leanchore in chanal estarai seguro

Arbenga e cita ede in spiaza e darbenga ala cita de noli mia   20
E per questo chamino troui albergato finara e marigonza per ri
uera quanto chamino ce ualuno luogo alaltro   E.P.-
Barbenga alalbergato mia   6
Da lalbergato a finara mia   5
Da finara amarigonza mia   10
Marigonza e bona chale uasse li proderi da luna parte alaltra
Da marigonza ala cita de noli sono mia   2
Noli ecita cel chauo de noli certo ede talado fin in mar esta in
forma d' vno gabello el porto te sta per ostro e polse star ala spiaza
per mezo de la dita cita A anchora e prodere
Apreso la cita de noli sie lo scoio de san guielmo ede largo da ter
ra circha mezo mio e polse andar da ogni parte del dito che ator
no eneto e bon fondi
Dala cita de noli avai quarta de tramontana ver lo gre. mia   5
Uai e bon porto la sua intrada eda ver leuate a fondi de passa 51 6
Dal porto de vai ala cita de sauona quarta de tramontana ver gre
go e sono mia   4
Sauona e bona cita eda vno porto per forza de mollo la sua intra
da e dauer leuante darai li proderi al mollo el ancore dentro
Da sauona ala cita de zenoua sono per staria mia   30
Da sauona a vezi sono mia   8

Çenoua e gran citade e da porto de mollo fato p̃
forza e la sua intrada sic de ostro e in chauo de l
mollo e vna tore laqual fa lume de note e dal cha
uo de ponente e vn altra tore erta laqual se chia
ma chodefa e li se fa vn altro lume e se tu vien de
fora e chel sia de note e vogli entrar dentro del por
to fa che entri fra i do lumi ma achostate ala tore da leuante e dai
prodexi al mollo e le anchore da maistro de zenoua
Chauo de monte tien de staria mia 5 zoe ponente e leuāte e dal ca
uo de leuante mio vno per mezo la vale de chastorno e vna chieria
de san fortunato e dentro chastorno a mio vn per tramontana e
Porto fino la sua intrada e va leuāte in la bocha del porto e passa
40 de fondi e dentro del fondi sono passa 8 e de bon fondi e neto e
bon porto
Da porto fin a repalo ostro e tramontana mia 5
Lo colfo de repalo e bon fondi e pian e bon sorzador e da repalo
fin a chiauari sono per staria mia 5
Da chiauari a sistri mia 5
San stephano zoe sestri quasi i xolado e de ver leuāte e bō statio
p̃ legni pizoli e sia chale e de come e vn mollo e de couerto fin al siro.
E da sestri a porto venere sono mia 40
Porto venere sic cita e dauāti a q̃lla sono do schoi e p̃ mezo la cita d̃
ver ponente e vn scoio e picolo e fra quello e la cita e picol fondi so
no da passa 8 fin 10 e picol freo al dito scoieto stano le naue e de
grā spatio e largo especialmēte ala bocha dev leuāte che e mia 2
Da porto venere ale spezie sono mia 5
La specia e in colfa da e la bocha del dito colfo e larga mia 4 e va
dentro mia 10 al chauo de leuante e lo castello a lerisi
Da porto venere al chauo chorbo mia 16
Lo dito chauo e bon sorzador e bo parauego da li prodexi inter
ra e le anchore de fora
Dal chauo dito ala fuxa dela magra sono mia 5
E la fuxa dela magra se pol itrar ma cū legni pizoli enō cū grādi
Dela fuxa dita ala vinza mia 3
Da la vinza a montron mia 7

E da mōtron ala fura darno mia   0
Da porto venere ala fura darno zoe al porto de pira mia   60
Pira e gran citade e de fra terra mia 15 vase cum nauili fina dentro ala cita per la fiumera darno e dala fura darno a porto piram siro cho e maistro mia   12
Porto piram e paludo e picol fondi da palmi 12 fin 15 e fia do tore per guardia e dentro le tore fono pichol fondi per legni pizoli
Da porto piram al fcoio de la minora fono mia   5
Da la tore de porto piram ala minora e forzador per tuto e de bon fódi e pose dir che fia porto p tuto ple gran feche che fono itorno
La minora e da maistro falli o nor mezo mio e piu e va poi ala via d la tore seguro dala parte de maistro de la minora mio vno e mezo e vno chanal e vardase cū la gorgona per ma. e sie i fondi palmi 12 per legni pizoli
Da gorgona a porto venere quarta de tra. ver lo maistro. mia   25
Da gorgona ala chaprara ostro e garbin mia   35
Da chaprara a chauo chorso ponente e garbin mia   30
Da porto piram a monte negro per riuera sir. e. ma mia   10
Da monte negro a vada quarta de sirocho ver leuante mia   10
Soura vada a mia 6 quarta de garbin ver ponente e vna secha qua ri sopra aqua e dētro la secha e la terra ferma e bō forzador e la secha li fa quaxi porto
Da vada a porto barato quarta de sirocho ver lostro mia   30
Porto barato e bon porto grande e largo ala itrada del dito por to achostate ala ponta de ver lostro e si andera senza periculo
Da la chiesa de porto barato a chauo champana ḡ e gar. mia   5
Da chauo campana a piōbin mia   5
Da piōbin a porto feres volzando lo chauo per tra. mia   2
Da porto barato a porto feres per terra mia 2 e volzando el chauo e sono mia   12
E soura el chauo feres a mia 2 per grego e vna secha che li fa bon porto e bon forzador
E soura lo chauo de piombin a mia 2 per siroco e bon forzador d passa 6 fin 12 e de bon fondi e neto
pionbin e citade e fia porto e da pionbin a chauo de naticha de li

rola de lelba fono 2 fcoieti l uno a nome palamoza e laltro pazera/
ni aprouo chauo de viti e vno altro fcoieto a nome berefcharam
Qui comenza lirola de lelba e prima
Lirola de lelba fie habitada e volze atorno mia 54
Da chauo de viti a ferara tra ponente e garbin mia 10
In la bocha del porto de ferrara e vna iroleta pichola e poffe an
dar intorno z quando tu farai al porto lirola te roman da mai
ftro e per tuto lo colfo de ferara e bon forzador e in fondi neto da
paffa 12 fin 13 e de bon tegnidor per ferri
Da porto ferara a chauo fancto andrea grego e garbin mia 15
Da chauo fancto andrea a chauo liuis leuante e ponente mia 15
Da chauo liuis a chauo del porto longo firoco e maiftro mia 4
Porto longo e bon porto e la fua intrada e dauer lo lenante e del
dito porto longo a chauo de viti mia 10
Pielegbi de chauo fancto andrea e prima
Dal chauo fancto andrea a porto piram quarta de tramontana v
lo grego mia 60
Da fancto andrea ala caprara quarta de maiftro ver lo po. mia 25
Da chauo fcō andrea a chauo chorfo quarta de ponente ver mai
ftro e fono. mia 40
Da fancto andrea ala pianora quarta de oftro ver firoco mia 12
La irola de la pianora da la parte de lenante a bon ftano per veto
a ponente e da la parte de tramonta e vna irola pichola
Monte chrifto cum le formighe quarta de ponente ver maiftro
fono mia 14
Da monte chrifto ala pianora quarta de firocho v loftro. mia 25
Le formighe e vn fcoieto bafo z fia vna fecha che. tien per longhe
za mia 5 e da lonzi par vna galia enel mezo par che fia el comito
Da la cita de pionbin a lirola de feres per firocio mia 10
Feres e vna iroleta pichola e itra feres e terra ferma fono 4 fcoieti
deti iporzi
Da iporzelli a chaftion de la pefchara ponente e leuante mia 6
Da chaftion de la pefchara ala fofa de groffeto. q. de firo. ver leuā
te e fono mia 6
Da chaftion a chaftro fono mia 2

Dala fofa de groffeto a talamon fono mia			20
Talamon e chaftello ccbargador de la cita de fiena el dito porto fie chouerto da garbin fina al grego
Dal porto talamon al porto de fan ftephano che e da ponente de monte arzentar quarta de firocho ver loftro e fono da mia 8 in 10
Da porto talamon a lirola de le formighe mia
Da porto fanftephano a porto erchules volzando el monte per firoco mia 15 e per terra mia 4
Da monte arzentar a pionbin quarta de maiftro & la tramontaˉ e fono mia			60
E foura monte arzentar a mio vn e mezo e vna irola a nome larzenˉ arola pizola
Da monte arzentar a lirola de zio tra oftro e garbin mia			12
Zio e irola e ben habitada e fia porto e bon
Da monte arzentar a mōte chrifto quarta de ponente ver garbin e fono mia			50
Monte chrifto e irola erta z non a no ne porto ne ftatio
Da monte arzentar a ianuti tra oftro e firocho mia			20
Sapi che in lirola de ianuti fie vn bon porto da poderfe falnar
Porto erchules la fua intrada fie da leuante z ala intrada fie vna irola pichola a nome erchules e de bon porto per tuti iventi z fta fe aferro z armizafe a boftro e tramontana
Da monte arzentar a monte alto tra grego e lenante mia			20
e per quefto chamino fo la cita de fanfon che fo profondada
Da porto erchules ala fura de fibona mia			5
Da monte alto ala fpiaza de chorneto firocho e maiftro mia			15
Corneto e cita ede fra terra mia 3 z ala marina fie vno mollo al qual e ftatio per legni pizoli e da chorneto a ciuita vechia mia			10
Ciuita vechia e cita e da bon porto inuernador la intrada fua fie d ver ponente e de molto periculofa intrada fe tu vegnifi cum fortuna de garbin over da ponente va tanto a monte pedochiofo lo qual fie da uā tila cita quāto tu poi va tāto che tu defcoprio & la fila tore che e in mar
E nota che infra la tore e el monte pedochiofo fie vna mala fecha molto periculofa per la gran chorente che aquello porto regna

chome tu vederai lo porto sorzi piu presto che tu poi azo che la co-
rente non te porta fora del porto e vadi se pra la secha e poi te arini
za dentro del porto la intrada ver leuante e larga elo porto doue
sta le naue sie fondi de passa 4 eli sorzile to anchore e li proderi al
mollo de ciuita vechia achauo olinar sono mia   5
Chauo olinar sie vn chauo sotil e de chauo de la spiaza romana la
qual tien per longheza mia 120 quarta de leuante ver sirocho
Le seche del chauo olinar e largo i mar mia   5
Da chauo olinar a sancta souera leuāte e ponente mia   10
Da sancta souera ala fura de roma quarta de leuante ver lo siro-
cho sono mia
Oma caput mōdi e infra terra superlo fiume del teuere
tra grego e tramontana mia   20
Soura la fura picola ō roma a circha mia 3 i mar sie vno
edificio antiquo de gran muraglia et a no volti grossissimi cum ane-
li de ferro e sopra de quello e pocho fondi ma e statio per legni pi-
choli 7 questo edificio a nome la troia de roma el qual era el porto
doue romani solea tegnir le naue loro e sangregorio lo fece desfar
e sapi che ala dita fura e palmi 12 d aqua e da questa fura ala fura
granda de roma sono mia   3
Da la fura de roma a cauo danza vardase a siroco e ma. mia   40
Da chauo danza a storan quarta de sirocho ver lo leuante mia   20
Storam e vna fiumera 7 a fura per legni picoli
Da storam a monte zerzelli e terrazina ostro e siroco mia   10
Terracina e cita in spiaza e da terracina a gaieta sono mia   20
E per questo chamino troui sperlonga e sono mia   10
Gaieta e cita e sia bon porto e la sua intrada sie da leuante da eli p-
deri al mollo e le ancore al grego e da la guardia de gaieta a pon-
za quarta de garbin ver lo stro mia   45
Da monte zerzeli a roma ostro e tramontana mia   30
Ponza sie irola e sia bon porto la sua intrada e de uer leuante 7 ap-
so la bocha del porto a mio vno e mezo sie vna secha a nome formi-
ga quarta de leuante ver lo siroco e par soura aqua
Da ponente de lirola de ponza e vna altra secha a nome sonochi 7
vn altra irola a nome sanmartina a tramōtana e per tute queste iro-

le se puol andar dentro luna elaltra eda ponza abentetien leuante
e ponente mia 40
Lirole de ponza sono 2 luna e ponza laltra a nome san stefano e
fra le do irole sono bon freo ebon parauego
Da bentetien alirola de ischia per leuante mia 15
Da gaieta achauo de vezina quarta de leuante ver siro. mia 45
Da gaieta ala fosa de garigliano mia 18
Da garigliano a mon dragon sono mia 10
Da mon dragon achastel amar de voltorna mia 60
Da la fura de voltorna achauo de vizina mia
Da chauo de vizina alirola de ischia grego e garbin sono mia 40
Ischia e cita e irola de fora e vn scoio a nome zero
Da la parte de maistro e vn statio per naue an ome scā restiduda
e de bon luogo per tutti iventi saluo che da grego e tramontana da
le anchore da tramontana eli proderi ala tore de ischia
Alirola d,pgida p chanal amia 2 e vna secha z a mezo mio largo
da progida poi andar entro progida e la secha e poi andar fra la
secha e ischia
Da lirola de ischia alirola de chapri tra leuante e siroco mia 15
Da ischia alirole de vstega quarta de siroco ver lostro mia 180
Da chauo vizina al chauo de marimorto mia 6
Da chauo de marimorto a progida per chanal mia
E p tutto questo chanal tra lirola e la terra ferma e bon sorzadore
neto achostate alirola dentro dal chauo de marimorto e la sua in-
trada e dale uante e ala bocha e molto streto ma dentro 'e grandis-
simo e volze atorno mia 10
Da chauo de mari morto a baia grego e garbin mia 5
Baia fo gran citade laqual e profondada eda bon porto la sua in-
trada e per chanal z anchora par soura aqua le mure de la citae
da porto fabara ala cita de pizol grego e garbin e sono mia 3
Et iui sono molti bagni per infermi da resanarsi
Pizuol e citade eda pizuol ala cita de Napoli per terra mia 6 e p
mar mia 8 da baia alo stuolo de nizari
Lo stuolo de nizari e quari porto la sua intrada sic da uer ponente
ala intrada e sporcho e dentro e neto tu poi ben intrar che la do
f

scoieti dauanti che par sopra aqua e tralo scoieto pizolo e li-
xola de nizari starai dado li prderi a nizari e leanchore alastaria
E da nizari ala cita de napoli .q. de grego ver lo le. mia 6
Apoli e cita eda el mollo fatto per forza e dasse li pro-
deri al mollo e leanchore per leuante
Da napoli alirola de chapri sono mia 30
Da napoli a chastel amar per staria per leuante mia 18
Dala nunciata a chastel amar mia 9
E sapi che chastel amar sie citade z a porto de mollo z alain
trada de ver ponente dasse li proderi al mollo e leanchore per
grego in fondi de passa 6 daqua
E da chastel amar ala cita de vicho sono mia 5
Da chastel amar a sorente quarta de ostro ver garbin mia 10
Sorente e citade chin al chao de la minerua e per questo cha
mino tu trouerai la cita de malfi e sono mia 15
Capri e irola erta e ben habitada de do citade zoe capri e do
ne chapri e dala parte de tramotana per mezo la valle ede bo
paranego
Dal chauo dela minerua a pasetano mia 5
Sopra pasetano a mia 3 per ostro sono do irolete la prima
che da leuante a nome gale z vna tore per guardia di pesca
dori e laltra a nome sanpiero z iui e bon paranego per vento
a ponente
Pasetano e cita e fin a malfi .q. de leuante. ver lo grego. mia 5
Malfi e cita e fin a finfonte grego e garbin sono mia 9
Fonte e bon statio dal garbin fina alo leuate ipassa 16 daqua
Da fonte a choncha grego e garbin e sono mia 2
Da choncha ala cita de salerno grego e garbin mia 4
Salerno e citade eda porto de mollo per forza z a mia 2 in
mar z anche a mia do e mezo e bo sorzador ede neto fondi d
passa 6 in 8 daqua edeli se va a chastel abate
Da chastel abate a salerno tra leuante e sirocho sono mia 20
Chastel abate e in fondi del colfo de salerno
Da chastel abate al chauo de la lichora .o. e tramon. mia 25
Soura el cauo o la licora adado a palinuda tra .o.e.si. mia 10

E soura el dito chauo e vna irola e vno scoieto
Palimuda e vno chauo crto eda mar par vno scoieto e in
mar e vna iroleta eda maiſtro e bon ſtatio per legni piʒoli
Da palimuda al chauo de foreſta grego e leuante mia　　18
Da foreſta al cauo del colfo de policaſtro q.de g͞r͞o la tra.mia　6
Policaſtro e citade e in chauo de la spiaʒa de x͞o ſir.e bō ſtatio
e quaſi porto a nome coſſa de moraʒa aſondi de paſſa do e me
30 e qui ſoura ſono le montagne de moranʒa
Da moranʒa alirola didini e bon ſtatio
Da liſiola didini al chauo de ſan Nicolo mia　　　　　　5
Da polichaſtro a ſeſchalcha quarta de.o.x͞o ſirocho mia　　35
Seſcalcha e citade e fin aʒitercho mia 4 e p queſto chamino
troui 2 cargadori lo prio a nome ʒirello e lo ſecūdo belveder
De lo ʒirello a ſancto niʒeto ſono mia　　　　　　　　15
Da ſancto niʒeto a fiume fredo ſono mia　　　　　　　6
Da fiume fredo ala mita quarta de oſtro ver ſirocho mia　6
Mitta ſie citade e ſono montagne erte da ponente da la cita
e vno ſcoieto de la nonciata edeli amaiurato e ſono mia　12
Sora maiurato amio vno i mar e vno ſcoieto come vna naue
Da maiurato a chauo ſouarito ſono mia　　　　　　　18
Da chauo ſouerito a ſancta fumia mia
Da ſancta fumia ala rocha de ʒitulla
E da rocha de ʒitula a monte lion ſono mia
Da ſancta fumia a bibona ſono mia　　　　　　　　　15
Bibona e citade e ſtatio per legni piʒoli
Da bibona a beraticho ſono mia
Da beraticho ala cita de torpia oſtro e garbin mia
Torpia e citade eſta ſoura vna rocha taiada a pdere vno ſie
vna iroleta alaqual ſe vali proderi eleanchore per maiſtro la
trada ſua ſie da gre.e gar. e avna ſecha
Da torpia al chauo de baticha grego e garbin ſono mia　　5
Da baticha alirola de ſtronboli ponente e leuante mia　　40
Da baticha ala cita de ʒopoli ſono mia
Da baticha a nichotera per ſirocho mia　　　　　　　10
Da nichotera a ʒogna ſirocho e maſtro mia　　　　　　20
　　　　　　　　　　　　　　　　　　　　　f ij

Ba zogna ala bagnara mia 5
La cognoscenza de la bagnara e tal che da leuante e vna monta/
gna alta che a nome san fantin guarda a qlla che la cognoscerai
Da la bagnara al ziglio ostro e tramontana e sono mia 5
Da ziglio a coda de volpe per garbin mia 5
Dal chauo de coda de volpe a la catona mia 1
Dal chauo de coda de volpe che e el chauo da leuante de faro de
mesina zoe de la terra ferma o lachalauria ala toreta doue se fa el
fano che fa lume la note se varda a sirocho e maistro mia 10
Dal cauo d volpe ala chatona quarta de ostro ver sirocho mio 1
Da la chatona a rezo tra ostro e sirocho mia 5
Rezo cita e de i spiaza lo suo sorzador sic da passa 40 i 45 d aqua
Da rezo a melina tra ponente e maistro mia 15
Da rezo ala fossa de san zouane ostro e tramontana mia
A la fossa de san zouane e bon sorzador da passa 12 de fondi neto
Da san zouane ala fossa de pelori quarta de ostro ᵭ siro. mia 6
Da pelori al chauo de le arme quarta de o. ver siroco mia
Al chauo de le arme sono alguni scoieti a terra e da la parte de si
rocho e bon sorzador in fondi de passa 16 darai li proderi a i scoie
ti e l ancore de fora el dito chauo e muso verso la marina
Dal chauo de le arme ale saline sopra le qual e vna motagna che
e leuada in cinq5 denti e chiamasse ponta de talo e sono mia 3
Da le saline aponta de meglie per staria mia 3
Da meglie a lamendolia leuante e sirocho mia 5
Da mendolia al porto de salandro mia 5
Da salandro al chauo spartiuento .q. de le. ver sir. mia 5
Soura chauo spartiuento mezo mio in mar e vna secha e fora d
la secha per tuto e sorzador e chusi per tuta la riua e sie fondi neto z
sei in leuada
Chauo spartiuento cum modom leuante e ponente mia 400
Da chauo spartiuento cum chauo borsam per riuera grego e tra/
montana mia 15
Da spartiuento a rochomarin quarta de grego ᵭ la tra. mia
Soura chauo rocho marin mio vno ve vna secha mia 2 in mar
e dentro la secha e bou fondi e neto

Da la ponta de rocho marin a chochouara mia 5
Da chochouara a chauo borsam mia 5
Chauo borsam e chauo erto z emuso in mar z a staria e de fō
di arenil de passa 20 e venendo da mar mostra irolado
Da la chatona a rezo mia 5 a chauo borsam per tuta la riuera
e sabion chaua doue tu vol che trouerai aqua dolce da borsan
ala torre de terazi a lorizella a grego e garbin sono mia 40
La qual orizella e vno bon chastello apreso la marina
Da lorizella a chauo stillo mia 10
Da chauo stillo a chauo del fiume de badalora quarta de gre-
go ver leuante mia 5
Da chauo stillo a chauo borsan e per tuto esforzador per gre-
go pocho ver tramontana sono mia 80
Da chauo stillo al chauo de le colone a dretura mia 10
La cognoscenza de chauo stillo e tale che sopra quel chauo a
tramontana infra terra vederai la montagna che se mostra mu
sa da mar e verso terra va sotigliando e sapi che per tuta que-
sta marina per tuto doue voi cauar trouerai aqua dolce
Dal fiume de stillo a badulato hostro e tramontana mia 20
Da schilazi a chantazaro tra grego e tramontana mia 5
Da schilazi ale chastelle grego e garbin mia 15
Da schilazi ala fossa de chrapina mia 15
Da chrapina ale chastelle mia 15
Chastele e cita e soura le chastelle a mio vno sono do irolete z
intorno vi sono molto aspreo e simelmente alo statio de la cita
chusi da leuante chome da ponente la cita e quaxi irolada z a
mal statio. z aspreo e dale chastele a chauo biancho per ostro
quarta de grego ver leuante mia 10
Soura chauo biancho per ostro mia 2 i mar e vna secha che
a nome lo rizeto
Da chauo biancho al chano de le cholone grego e garbin e so
no mia 16
Al chano de le cholone e statio p tramontana mia. 5
Volzado lo cauo itorno fina al maistro a la cita de cotrō mia 7
Dal chauo d' le cholone al chauo de lequi quarta de grego ver
f iiij

la tramontana mia 120
Dale cholone ale merlere.q' de gre.ῶ lo leuante mia 185
Dal chauo de le colone a taranto.o.e tra.e rocha del ma.mia 20
Cotron e citade e quaxi porto e bon fondi chouerto dal sir.fin
al maistro τ a vna tore che e amarina e qui dasse li proderi cleā
chore de fuora e a vn scoicto molto picholo al chastello de cho
tron sono molte seche vasse dentro per chanal con nauilij pi-
zoli ede bon statio p ogni vēto chiamase le seche de scā maria
La cognoscenza de chotron e chusi fata de ver maistro e mon
tagne alte infra terra e soto la mazor montagna da tra.si lieua
vna montagna forchada quaxi fata chomo vn rocho che vien
dita san Nicolo de lena e da chotron a qlla montagna mia 25
Entro grego e tramontana bonoza la dita lena mia 2 quando
tu anderai τ e fondi pian e pizolo e direse lena de licha laltra
lena entro griego e tramontana mia 12 bonoza la dita ponta
mio vno da quella pōta deuer maistro e vn sorzador quaxi scā.
pador da lostro fin al maistro ala volta de ponente.
Da chotron ala lena de lenza maistro e tramontana mia 12
Dala cita de lenza al fondo del colfo.q. de tra.ῶ maist.mia 40
Da la lena de lenza al cargador de chariato mia 8
Da chariato ala cita de rosam mia 24
Rosam e citade τ a mala spiaza e fin al chapo mia 8
Dal chapo ala pietra de roseto.q. de.g̃ ver la tra.mia 6
Dala pietra de roseto al colfo de trebeza͡e mia 16
Da trebeza͡e a policor ostro e tramontana mia 20
Da pulichor ala fossa de tor de mar grego e garbin mia 6
Dala tor de mar ala cita de taranto mia 24
Taranto e cita e bon porto e la intrada sua e deuer garbin e
soura taranto a mia 4 in mar sone do ixolete e dauāti de vna
ixola e laltra e freo de vn prodere e quello fondi ede vn passo
e mezo fin do dentro de taranto e fondi de passa 6 se tu voi
intrar nel porto lasa tute le ixole da ponente τ va apresso liro-
la prodere vno e mezo o circha e auerai fondi de passa 8 fin a
la citade e quiui trouerai fondi de passa 12 in 16 τ ala intrada
del portote roman la cita da banda destra e deuer grego e vno

stagnõ che volze intorno mia 20 a nome lo mar pizolo in quel stagnõ e la cita τ vno ponte che la zente passa holtra
Da taranto a brandizo per terra mia 35
A taranto trouerai el chargador de chastel arieto e santo arieto e sancto sidero da nerito che mia 8 apresso garipoli per terra
Garipoli e cita esta sopra vna ponta sotil che quasi irolada e da vno mar alaltro non e mezo prodere e dala parte de leuante sopra la ponta de la cita e do scoieti e staffe anchora e prodere dentro de li scoglieri e soura la cita per ostro mio vno e vna iroleta piana ede sorzador alixola nel dito freo da passa 25 fin 40 daqua
Da garipoli a san zuane da vicete tra siroco e leuante mia 8
Vicete e cita e statio per legni pizoli se tu sei suro la spiaza de san zuane tu vederai lirola che a bon statio
Da vicete ala pena de fermo leuante e ponete mia 6
E sora le pene amezo mio i mar e fondi de pa. 6 i 8 edesorzador
Da le pene de fermo al cauo de lequi leuate e po. mia 7
Chauo de lequi sie teren piani darai li proderi ala chieria ele anchore de fuora e in chauo de la spiaza soto la chieria auerai aqua dolce
Lo chauo de lequi sie lo chauo del colfo de lanzano τ alguni dicono lo colfo de taranto e da questo al chauo dele colone che el chauo da garbin sono mia 100
Dal chauo delequi al chauo de la lengua gre. e gar. mia 90
Da chauo de lequi a chastro ostro e tramontana mia 16
Da chastro ale tre caxe quarta detramontana ver ma. mia 5
Da masinocho a sancta panaia. q. de g ver la tra. mia 5
Chauo dotranto e chauo basso e soura quello ela chieria de sancta panaia e questo chauo e vno di chaui del colfo adrian de lo chauo da garbin elixola del sarno e da questo al chauo da grego sono mia 60
Otranto e citade τ a porto e quando tu sarai al chauo doue che e vna tore che a nome la tore de la serpa va apresso terra fin che tu scopri vn scoieto loqual e soura lo casero dotranto lassalo de ver lostro epoi va dentro e se tu poi andar ale schale che sono

da tra. meti li prodexi ale schale e lcãchoxe al scoio estarai seguro
Lo colfo adrian che e dito el colfo de venecia schoxe siroco e maistro e da otranto fina a chauozle tu vai neto fra millisello e sancto andrea e da otranto a chauozle sirocho e maistro sono mia 670
Da chauo de otranto a budoa ostro e tramontana mia 170
Da la cita de otranto a rocha sirocho e maistro mia 5
Rocha fo cita la qual e desabitada e largo da la cita mia 5 per staria e vna secha amio vn in mar a nome la secha de leze bon o ra la amio.i. e mezo coa la secha de leze abradizo.q. d po. x ma. mia 25
Brandizo e bon porto de chadena e a do tere e lo suo chanal e molto streto e tra le do toxe quari in bocha e vna secha circha mezo mio in mar la qual a nome lepedagie de brandizo anchora a mia 3 tra ma. e tra. sono 3 ixolete le qual tien per staria mio vno choxe per sirocho e maistro
E dale pedagie de brandizo a lixola de scõ andrea. o. e tra. mio 1
Se tu vien de ver sirocho e voi intrar nel dito porto va per mezo lo freo e lassa la ixola de scõ andrea da maistro e questa bocha e neta z a fondi o passa 15 z a la põta de scõ andrea de x̃ la cita vna secha a nome lo trauo bon o ra la. p de cri 2 e piu dentro lixola dita e terra serrma e neto p mezo lo freo e vardate da la secha che in lixola de tra. e sapi che lo porto de brandizo e neto e grando e da bõ fondi da lixola de scõ andrea a mio.i. p maistro e vno luogo a nome roxeta la qual e bon per ogni vento la e vna cholona doue le naue da li prodexi ele anchoxe a leuante

Pielegbi de brandizo

Da brandizo al sasno.q. de leuante x̃ lo grego mia   130
Da brandizo a durazo a grego e garbin mia   130
Da brandizo a dulzegno quarta de grego ver la tra. mia 160
Da brandizo a iazuri ostro e tramontana mia   175
Da brandizo a la pelegora a sirocho e maistro mia   170
Da brandizo a gauzito per riuera tra ponente e maistro mia 8
Da gauanti a gauzito mia 2 e sono 2 ixolete picbole
Da gauzito a petriolo quarta de ponente ver maistro mia 20
Da vcnazo a la fossa de villa noua mia   12
Da villa noua a manopoli mia   24

Monopoli e cita e de sopra vna carena de montagna e sia vna bo
na chale z la sua intrada sie da grego e chiamase san cataldo
Da manopoli al chastel de pulignam mia   8
Pulignam e chale de sancto vito
E quando tu va dentro de la chale va cum la popa auanti perche
la intrada e streta e non poresti zirar e qui te areniza in quarto
Da sancto vito al chastel de molla mia
Da molla al scoio de san zorzi de rotigliano mia   8
E in lo dito scoio e statio per nauilli mia armizase in quarto
Da lo scoio ala cita de bari tra ponente e maistro mia   5
Bari e cita e non a statio se no per nauili pizoli e de bari a zo
uenazo sirocho e maistro mia   12
zouenazo e cita e da zouenazo a malseta tra ponen. e maistro.mia   5
Malseta e cita e de in spiaza e p fin a bireglia p staria mia   9
Bereglia e cita i spiaza e da bereglia atrani vt supra p riua mia 3
Trani e cita in spiaza e sia statio e mollo fato per forza per legni pi
zoli da trani a barleta quarta de ponente ver maistro mia   6
Barleta e cita in spiaza z a mollo fuora de la cita e vno altro mol
lo fato per forza chome vno scoieto e quiui le naue da li proderi e le
anchore de ver la tore in fondi de passa 3 ouer 4 da qua
Da barleta a manserdonia mia   30
E per questa via lasi lo colfo de sipanto
Da barleta a saline per riuera sono mia   12
Da saline a salpe per riuera sono mia
Da salpe a sipanto per riuera mia
Da sipanto a manfredonia per riuera
Manfredonia e cita e da vno mollo fatto per forza doue le naue
da li soi proderi z armezasse in quarto de fora del porto chi vole
star a bon forzador per tuto a mia 30 in mar in passa 40 de bon
fondi
Da manserdonia al chauo del monte de sancto anzolo grego e gar
bin soto del qual sarai seguro per tuti iuenti foreani mia   25
Dal chauo del monte a san felixe per ponente.mia   5
San felixe e vna chale e quari porto da la parte de leuate a 2 sco
ieti z aspreco da san felixe ala cita de bestie ponente e leuante mia 2

Beſtie ecita eſia per tramōtana do irolete cheli fa poꝛto la ſua
intrada ſieda leuante e per che la bocha da ponente e piʒola ⁊ iui
per eſſerui picol fondi vſa grandiſſima choꝛente de aque pero
darai li proderi in terra ale irole e leanchore in fondi verſo
la terra e toꝛai bōa pꝛa i terra che pcbe lo reſtiaʒo nōla ſpoia
Da beſtie ala pelegoꝛa oſtro e tramontana mia   40
Pelegoꝛa e vn ſcoio erto e molto grande e pericoloꝛo ꝑ non
hauer poꝛto ne reduto e dalcuante annio vno e vno altro ſcho
glieto ⁊ vna gran ſecha e par ſopꝛa aqua occupa per longhe
ʒa la dita pelegoꝛa cum le ſeche circha mia   50
Da beſtie a peſchice quarta de po.ꝟ gar. per ſtaria mia   12
Da peſchice a tremidi per riuera ſono mia   20
Tremidi ſono 4 irole la maʒoꝛ da tramontana a nome ſan
cta maria la ſecunda a nome ſancto doimo la terʒa locatiʒo ela
quarta lachaprara e ſapi che lochatiʒo ela chaprara ſono do
ſchoieti el ſtatio de le naue ſono fra le 2 irole maʒoꝛ ʒoe de ſcā
maria a ſan doimo la ſua intrada eda leuante metti li pꝛoderi
in terra innel freo e le to anchore in fondi de paſſa 14 fin 16 e
tra lo chatiʒo cum ſancta maria e pocho fondi tra lo catiʒo e
ſan doimo ela bocha ſtreta laqual e bona per legni piʒoli eda
li pꝛoderi alocatiʒo
Da peſchice al colfo di varani mia   18
Da varani al poꝛto de via mia   12
Da varani a champo marin mia   12
Da chāpo marin ala foſſa de foꝛtoꝛ cargadoꝛ da grani mia 12
Dal foꝛtoꝛ a termole per riuera de ſpiaʒa ſono mia   18
Da termolle ale pene diuaʒi e ſono mia   12
Da termole ala cita del guaſto per riuera mia   9
Lo guaſto e citade ⁊ e chargadoꝛ de ſpiaʒa dal guaſto ale pe
ne de vaʒi tra maiſtro e tramontana ſono mia   4
Dale pene de vaʒi ala foſſa de ſanguinco mia 10 da ſanguinco
a ſancto vito ſono mia   10
Da ſancto vito ala cita de hoꝛtona mar ſono mia   10
Hoꝛtona e cita e ſtatio per legni piʒoli e tiraſſe in tera
Da hoꝛtona a francha villa in labꝛuʒo per riuera mia   7

Da francha villa ala fossa de pescara sono mia 5
Da peschara ale saline mia 6
Da saline ala ponta de zirana mia 8
Da la ponta de zirana a san fabian mia 52
Da san fabian ala fossa del tronto mia 6
Da la fossa del tronto a san benedeto mia 2
Da san benedeto alegrote mia
Da le grote apiedaton amarano mia
Da marano ala tore de palma
Da la tore o: palma al porto de fermo mia 2
Fermo e cita ede fra terra mia 3 sopra vno monte e vedesse in mar molto lonzi
Da la cita de fermo in anchona sono mia 40
Da fermo a cita noua mia 10
Da cita noua a monte sancto mia 5
Da monte sancto al porto de rechanati mia 5
Da rechanati a sorole sono per riuera mia
Da soroli ala cita danchona mia 2

Anchona e cita eda porto la sua intrada eda maistro al chauo del porto e vno mollo cum vna tore se tu vien daleuāte tu vederai suro el mōte le mure o la cita va largo da la pōta mio.i. finchetu vederai el mollo o la terra che te romā da tra. e venēdo da ponente honora la ponta de san chimento che e secha e quando sarai dētro fate forte p paura o garbi e sia bō porto Da leuante de la cita e vno luogo che a nome sancta maria de porto nouo z questa chiesia chadete de suro el monte tuta in trega cum vno grande pezo del monte laqual cusi e restada li z a fatto bon statio per barche

        Dieleghi danchona e prima

Danchona a venexia quarta de maistro ver la tramontana e sono mia 200
Da leuante del mōte alepolmōtore ostro e tramōtana mia 130
Danchona a iazuri de sibenicho mia 140
Danchona al milisello mia 140
Danchona per riuera a fiumerim mia 10

Da fiume crim a senegaia mia   12
Da senegaia ala cita de fam mia   18
Fam e citade z a spiaza tirase aquella i nauili i terra e da fano amōte cataiam per riuera se fano mia   5
E da fano a pexaro per riuera de spiaza mia   5
Pexaro e cita z a presso la cita e vno fiume a nome la foglia z qui ui entrano i nauili da la cita de pexaro ala fogara de rimano e sono mia   12
Da la fogara a rimano per staria sono mia   15
Rimano e cita z a vno finime a nome marzachi et quiui entra nauilij pizoli e per tramontana circha mio vno i mar e vna secha che so vna tore murada
Da la cita de rimano al cerenadego sirocho e maistro mia   18
Dal cerenadego a ceruia maistro e sirocho mia   8
Da ceruia ala fossa del sauio maistro e tramontana mia   8
Dal sauio ala fossa de rauena quarta de tramontana ÷ lo maistro sono mia   6
Rauena e citade e de fra terra mia 3 e vasse suxo per el fiume d'rubion cū nauilli pizoli e ala bocha del fiume ala terra sono mia 3
Da rauena a Veneria ostro e tramontana mia   120
Da rauena a premer ostro e tramontana mia   18
Da premera pe retoloche vn fiume in spiaza mia
Da paretolo a magna vacha mia
Da magna vacha a chioza mia 90 per riuera e p questo chamino troui goro e volane e le fornaxe z porto brondolo caltri porti

    A honor e laude de l'onipotēte idio e de nostra dona
      Finito el primo libro nominado portula-
        no da nauiganti cominzando dale
          pte d'spagna e recto trāit'e fina
            i fiādra i geltera e ibernia
              e de ritorno per sta
                ria cerchādo
                   tute le
                   ixole
                    F

⊂ Qui scriueremo lo secundo libro nominado portolano comenzando da venetia andando verso lo leuante sina in constātinopoli e in alexādria e tuta la soria cerchādo le irole del mar starie porti vale e cholphi dintorno ⊂ prima

Al nome de dio e dé la sua madre benedicta

Enetia sie gran citade in mar lonzi da terra da mia 3 sina 4 per sirocho e deuer ponēte circha mio vno Eli apresso a mezo mio per grego sie vna irola che a nome muram e la se fa ogni lauorero d' veuro E circha vno mio o piu de la da muram ver lo grego sie do irole luna se chiama torzelo e laltra mazorbo e molti altri luoghi e lidi e chanali de aqua salsa p̄ bar che Elonzi da muram mia 8 per grego sie vn altra irola che dita lio mazor che a vno porto de fiume per legni pizoli

Liuenza sie porto daqua dolze per legni pizoli e sie da lio mazor aliuenza per leuante mia 30
Sancta chatarina sie porto per nauilii pizoli e sie la apresso a vno mio o piu chauorle che e citade e sie da liuēza a sancta chatarina per riuera mia 8
E posse andar defora e dentro per li chanali elidi cum barche e pizoli nauilii
Da chauorle a piram vardasse entro leuante e siroco mia 50
Piram sie citade e da porto e mollo e lo statio sie cum naue grāde lonzi dal mollo a 3 prodexi e sie fōdi de passa 7 in 8 e la sie fango tenero
Ponta di salbuda non e porto ma sie bon fondi 7 a ferrador per trauersia e vardasse piram cū ponta de salbuda p̄ gar. mia 7

A ij

Umago sia porto per legni pizoli e sia fondi da palmi 6 da aqua e sie dala ponta di salbuda fina vmago entro ostro e garbi
Cita noua sie citade e sia porto per nauili pizoli e sia fondi da 4 pie daqua e vardasse vmago cum cita noua per tramontana e sono mia   8
Quieto e gran luogo e lo statio sie da tramontana e vasse dentro mia 2 ma li legni pizoli pueleno andar dentro mia 10 ma le naue grande se meteno dala banda de tramontana ouer dala banda de ostro ede fondi per tuto el suo statio sie da 8 passa in 10 e sie da cita noua a quieto mia   7
Da quieto a parenzo sie mia 10 per staria ma va largo mia 3 per paura de veschoelichee vna secha soto aqua
Parenzo sie citade e a porto e sia tre schoi lo primo se chiama lo scoio de laseno e posse entrar da ogni parte in parenzo laltro sie lo scoio de san Nicolo e questo sie grande e poi sie laltro scoio pizolo da le forche guarda non entrar dentro lo scoio de san Nicolo de forche perche le secho anchora in lo porto de parenzo se po intrar dentro cum nauilio pizolo entro lo scoio de san Nicolo ela staria vegnando da leuante e entraodo cu naue granda dentro lo scoio de laseno e le forche fa honor ala porta de lo scoio de san nicholo perche le secho e da parenzo orsera per staria sono mia   6
Da parenzo a orsera sono mia   6
E vasse per staria e en ro parenzo e orsera vi sono molti scoi che se chiamano sancta felicitade e molti altri scoi va dentro cu nauili pizoli ma le naue grade vao defora e sie vna secha a mia tre largo da orsera per ponente
Da orsera ala bocha vleme mia   3
E vasse per chanali mia 18 infra terra e luogo streto ma alaintrada sie bon statio dala bada o leuate e sie fondi da pa.8 i 10
Da leme a figarola sono mia   3
Figarola sie bon porto e sia vno schoio grande, fondi da passa 6 in 7 e vasse li prodesi alo scoio eleanchore ala staria e posse entrar da ogni parte a figarola e da figarola a rouigno mia 2
Rouigno sie citade e sia porto ala terra e fondi o passa 5 fin 6

e sia vn gran scoio per mezo la terra e quello fa porto e da rouf
gno a sancto andrea per staria sono mia 2
Sacto andrea sia porto ⁊ entrasse entro do scoi da passa 5 da
ra li proderi ala chiera e porai andar da qual parte che tu vo
rai e per tuto e sorzador chusi dentro come defora e da santo
andrea a do seror sono mia 5 per freo e per staria
Do seror sie do scogli e abon statio per ogni vento fondi da
5 passa in 6 e sia do scoi e secho dentro luno e laltro darai li p
proderi al scoio e anchore ver la terra ferma e de fora e vna se
cha longi dali scoi mia 2 e guardase cum li scogli a grego e gar
bin eli e sorzador tuto defora e da do soror ala farana sie p sta
ria mia 12
La farana a icapi de pola e bo statio p tuto e fasse porto abzeoi
Breoni sie do irole e molti scoi ea vna secha che par fora aqua
tuta ⁊ a molti scoi ⁊ a mia 10 in mar sie fondi de passa 20 e sie
bon sorzador per trauersia anchora da ponta de salboda in fin
a pola e fin ale polmontore sie sorzador mia 10 in mar co-
menzando da passa.8 fina in 25
Dala farana a marchodena per staria sono mia 2
Marchodena e bon porto e dase li proderi da leuante ala ter
ra ferma e a marchodena per maistro son vna irola piana e
posse andar entro lirola e la terra ferma con legni pizoli e in fo
di del porto e aqua dolce e dal porto a pola sie do mia p mar
Pola e citade ⁊ a bon porto e de in vno colfo e sia 3 irole in ca
uo del colfo e vna chieria in la ponta e da la parte de leuante e
vno chauo che a nome branchorso ⁊ e alto e arochado e boscu
do e a bon sorzador soura el chauo fondi arenil da passa 15 in
20 e de soura del chauo a mio vno per staria e vna tore e di sere la
tore de orlando e quella sie la cognoscentia de pola e la torre
sie da leuante da pola e da pola ale polmontore sono mia 20
Da pola a veruda entro leuante e sirocho mia 4
E per terra sono mia 2
Veruda sie bon porto e sia la intrada per ostro e va entro quan
to tu voi tu poi ben star da tute le parte e da li proderi da luna
parte a laltra e sie da leuate do irole ma non se pol andar entro
A iij

cū naue saluo che cū barche La cognoscēzā de veruda sie tale da
ponente sie vn chauo grosso arechado elintrada sie da leuante
e sie l iroleta soura dita che verdeza
Da brioni che e chauo del colfo di pola a brāchorso che laltro
chauo de leuante sie mia 5 per leuante eda brconi ale polmonto
re sie mia 20 eda brconi a veruda sie mia   9
Da veruda a olmo sie mia 4 olmo sie bon porto claintrada sie
da garbin coa li proderi da ponente elanchore da leuante eda
olmo a olmisello sie mia   2
Olmisello sie porto per legni pizoli La cognoscenza sua sie tale
se tu vien dal mar monstrasse 3 montereli luno sie da ponente
d olmo laltro che i mezo li diti porti claltro da leuāte e da olmi
sello ale polmontore sie mia   5
Polmontore sie irola biancha e sie paranego per vēto aquar
nero z e secho entro la polmontora granda ela pizola ma acho
state ala granda anchora ala polmontora pizola sie vna serba e
vardase per siroco largo mia do e da polmontore a sansego mia
40 per sirocho e da polmontore a nia mia 35 entro leuante e si
rocho e da la polmontora a medelin mio vno
Medolin sie bon porto e la sua intrada deuer euāte ese tu nō
voi andar a medolin poi star a vna chale che v gre. e se tu voi
andar al porto va ētro mia do e se tu vai dētro vardate da vna
secha che e in la via e abostate avn seboio che in lo dito porto
Da polmontore a merlere che e do iroles sie mia 6 ela sie porto
entro lirola deuer grego intra in lo porto per grego e non an
dar tropo auanti se no tanto che teneti lirola da leuante e abi
proderi e anchore da terra ferma e cum legni pizoli che volia
fondi da pie 10 in 12 e porai ben intrar e andar a terra ferma
ma guarda che entro medolin e le merlere e intorno lo scoio
che e de mezo luna merlera elaltra non se po andar e da mer
lere a porto bado per grego sie mia   10
Bado sie bon porto La sua itrada sie dauer siro. ma guar
date da vna secha che e vna piera che da grego lasa quella
da terra ferma la cognoscenza sie tale se tu vieni da leuante si
e piu alto che algun luogo de la staria ela ponta sie arochata

piu che la ſtaria eda bado aporto longo de larſa p gre.mia
Larſa ſie bon porto ela ſua intrada ſie da maiſtro entra ven
tro e da li proderi ala ponta de leuante elancbore a ponente
e da larſa a ziraflor per leuante ſie mia   40
Da polmontore a veneria ſie mia 130 entro ponente e maiſtro
eda polmontore in ancbona perla quarta de oſtro ver lo gar
bin eſono mia
Da cbano ziraflor a cbauo di quarner entro gre.e tra mia   30
E da ziraflor ad albona per tramontana mia   20
Albona ſie bon porto eua entro mio vno e alaintrada ſua da
oſtro da li proderi alcuante elancbore da ponente
Fianona ſie bon porto p quarner eda fianona alafararina per
leuante mia   8
Fararina ſie bon porto per quarner dali proderi ala ponta e
le ancbore per quarner a garbin in fondi de paſſa 25 eda lafara
rina a fiume per grego mia   10
Da fiume ſan martin mia 2 per leuante eda ſan martin abo
cbari mia   25
Bocbari e entro lo colfo eſie porto ela bocba ſie da gre. e va
entro mia 3 aleuante epo ſie lo caſtello in cbauo del colfo e la
bocba del cbolfo de bocbari ſie vn porto chiamato porto re e
laſta le naue da la parte de ponente eoela a cbotor mia 10 per
leuante e da cbotor auegla mia 10 per ſtaria e da dorni a ſegna
per ſtaria mia   15
zara e gran citade eda bon porto edaſeli proderi ala citade e
lcancbore defora eda zara aiſcoi di lcuroſi per ſir.e vaſſe p cha
nal fra molte irole e ſcoi eſono mia   12
Lileuroſi ſono ſcoi 5 atorno de iquali. auerai da paſſa 4 emezo
in 5 daqua e dali leuroſi azara vecbia per quella ſtaria mia 5
zara vecbia e vna cita deſſata ede bon forzador per tuto
E da zara vecbia a iſcoi de lavrana per ſtaria p cbanal mia 12
Li diri ſcoi ſie porto daſe li proderi al ſcoto pizolo elancbore d
fora in fondi de paſſa 12 in 15 eda la vrana ala vergada mia
La vergada ſie vna irola ſopra la qual e vn baſteldo dirocbado
ep tuto quel ſreo e bō forzador da pa. 18 i 20 edeli almorter mia 12
A iiij

Morter e irola e da bon porto e sie la intrada da garbin e fondi da passa 12 in 15 e vase li proderi al irola el ancore de fora e dal morter al preuichio per staria mia   15
E vase per entro dei scoi e le irole
Preuichio e bon porto e da fondi da passa 8 in 10 e posse star a proderi e da preuichio a sibenicho sono mia   5
E vase per vna bocha streta per entro do monti che se chiama no porte de tenin e dentro da qlla bocha e vn gran freo e largo e de in quel freo la citade de sibenicho e pose andar per vn streto per aqua suro infra terra in fin a scardona laqual sie infra terra mia 18 e poi tornerai a sebenicho e da sebenicho a chauo cesta per staria sono mia 12 e trouase asai irole e statij
Chauo cesta e porto e vasse entro mio vno e de bon porto per andar a leuante e ponente e da chauo cesta a sancto archanzolo per staria mia 12 trouase molte irole e scoi e porti e stati che non se po schiuar
Sancto archanzolo e bon porto e da do boche vna da ponente e laltra da garbin e da sancto archanzolo a trabu mia 10 e vase per segnal di scoi
Da trabu a spalato sie mia 10 e vase per freo e da spalato alielna sono mia 25 e trouase lirola o la solta e labraza che sono do bone irole
Liesna sie grande irola e sie cita cu chastello e da bon porto e sali porto li do scoi de fora e da lesna a la torchola per leuante mia 18
Torchola e irola e da do porti per galie e in quela via e do scogli piani chiamati li bazili e da la torchola a chauo cumano per sirocho mia   12
Chauo chumano sie bo porto per andar a ponete e fondi da passa 12 e da chauo cumano a churzola che e porto p ostro e vase per freo mia   10
Churzola e citade ma el statio dele naue grande sie sabionzelo che e per mezo churzola mia 2 alto teren fermo e sie bon statio e poi meter i proderi a vn mollo pizolo chia choloue el ancore verso churzola in passa 8 daqua e sie molte chale e porti si da la banda de churzola chome dala banda verso el terren fermo per

nauili pizoli e defora de churzola sie laguſta che a molti porti e
meleda che e irola grande de churzola eli aguſtini varda non
te achoſtar ad eſſi e da churzola ala 3uliana ſono mia 25 per ſta
ria e troui molti ſcoi alchano de churzola entro liqual ſie ſan
marrino che e porto per naue grande metili to proderi ala po
ta e tien li ferri churti per che largo e aſpreo e gran fondi e de
vna ſecha ſoto aqua vegnando dala cita de churzola a ſan ma
rino achoſtate alo ſcoglio grando che verſo churzola e ande-
rai neto e ſaluo
Iuliana e porto per galie e da do ſcoi dauanti e fondi de paſſa
25 in lo porto de la 3uliana ſentra per la bocha de li ſcoi e mete
ſe li proderi ali ſcoi e de bona irola e ſie de ragurir e da la 3uali
na a ſtagno per ſtaria mia   25
Da ſtagno a ombla ſono mia 25 e vaſe per freo a ombla ſie vna
vale e va entro mia 8 e in chauo ſie aqua dolce grande e re ſon
de ſoto la montagna e da ombla a raguri p ſtaria ſono mia 8
Raguri e bona citade e a porto per naue alo ſcoio de la cro-
ma e metelſe li proderi ala croma eli ferri in paſſa 16 d aqua 2
a do boche per leuante e da ponete e da raguri a raguri vechio
per ſtaria e trouerai molo nouo mia   6
Raguri vechio e gran luogo e de porto d andar a ponente eli a
preſo in la vale ſono li molini d aqua dolce e da raguri vechio
a malonto pizolo ſono mia   12
Malonto e porto per andar a ponente e ſia fondi d a paſſa 20
e da malonto pizolo a malonto grando ſono mia   6
Malonto grando e porto per andar a leuante e da do boche p
quella da leuante vano le naue e la e vno ſcoio ala bocha e la bo
bocha da garbin ſie per galie e da malonto a ſancta Maria
rora per ſtaria mia 6 e vaſe ali chanali de chataro chi ſe va per
freo infra terra 18 mia e poſſe andar cum naue fina a chataro
Da ſancta maria rora a budoa ſono p ſtaria mia 30 budoa a vn
ſcoio e li e ſie vno monaſterio de moneri e de bon porto per an
dar a leuante da li proderi ali ſcoi e l anchore ver la ſtaria e abi
a mente de mala gente che ſta la in queſti confini
Da budoa ad antiuari in albania mia 10 per ſtaria per ſirocho

Antiuari sie porto per andar a ponente e de bon fondi ma mol
to sie vetoso p veto da la motagna e dantiuari a dolzegno mia
Dolzegno e vn chastelo soura vn chauo e no a porto algū ma esta
tio de barche e da dolzegno ala medoa sono per staria mia 18
La medoa sie in lo colfo de ludrin e se per fortuna de garbin nō
podesi andar a budoa va pur in lo colfo e aparia leto anchore e
forzi e starai ben
Da budoa ali pali sie entro ostro e siroch o mia 50
Li pali sie luogo largo e sie per vegnir a ponente per galie e non
per naue e dali pali a durazo per staria sie mia 20
Durazo e citade e sia vn chastello soura vn monte e par da lonzi
Anchora sie vna secha la qual comenza al chauo o fora de la ter
ra e va circha mia 3 in mar quasi entro ostro e garbin e quella
secha fa porto ma abi amente se tu vien da leuante vieni largo
o chao de le melie p paura de vna secha e li i durazo sie fondi de
passa 4 a 5 in 6 sta largo secondo lo nauilio e se vien da ponente
vien largo da terra mia 3 fin che la tore granda del spirom da
marina testia per tramontana e puo fa la via de la tore segura
mēte e da durazo al chauo de le melie per staria sie mia 18 sie fon
di piā e sie vna secha largo mia 2 da la staria e poi andar dentro
e de fora da essa e dale malie a dicuali per staria mia 25
Dicuali sie vna fiumera e va infra terra e sie statio da barche pi
zole lo fondi sie pizolo da palmi 4 a 5 e da dicuali ali chauioni
sie mia 18
Li chauioni sono monti alti de sabiō se tu schozerai 7 fosse cū
vna prouenza poi sorzer soto lo chauo dito e auerai bon fon
di pian de passa 8 in 10 e sie credegno e da li chauioni al chao
sancta maria per ostro mia 10
Anchora soura lo cauo per maistro mia 10 sie vna irola che
a nome sasno e sie bon statio quasi porto de ver tramōtana fō
di de passa 15 e da li proderi ali rola e da lo sasno ali rola del
fanu sie mia 60 ala quarta de ostro ver lo siroch e dal sasno
a lo chauo de lilequi sie mia 90 ala quarta de garbin ver lostro
e dal dito chauo de la lengua ala gramata entro .o. e sir. mia 25
Da la gramata al chauo de sancto andrea entro .o. e sir. mia 25

da chauo scō andrea a pòrto palozmo per siroco mia 25
Palozmo sie bon pozto e sia l'aitrada da garbin la cognosçe
za de palozmo sie tale chel te mostra amodo irolado derupa
do lasa quel derupado da leuante sie bon pozto per andar apo
nente e a leuante se tu vai a ponente metite ala vale da leuāte
la doue e la chiexia e se tu vai a leuante metite ala vale da po
nēte e vardate se tu viē da le. vna secha che e alitrada del poz
to dle. pinezo leberoze da palozmo alirola del sanu p ga. mia 40
Da pozto palozmo al chastello de riseto entro le. e sir. mia 15
Da riseto al pozto da saucti xl mia 6 per leuante sancti quarā
ta sie pozto z a do seche vna al chauo del pozto da ponente e
vien foza vn prodere e laltra e chariua secha soto aqua in la
bocha quari al terzo deuer lo chauo da ponente e pose entrar
in lo pozto da leuante de la secha e da ponente da sancti qua
ranta al chauo di branso p .o. mia 6 e soura lo dito cauo de brā
so mio vno per garbi sie irola ō bursi che e pizola e piana e da
la dita irola al chauo de corsu da ponente mia 15 per ponente
Dal dito chauo de corsu fin a caxopo onde so la cita de serpi
mia 15 per leuante Caxopo sia statio p nauili pizoli e da chaxopo
ala cita pe corsu sie mia 15 quarta de sirocho verso leuāte eua
se p freo streto e sie 2 scoi picoli in lo freo e sie molti stauj e poz
ti da ladi del terren fermo alincontro de chaxopo e da lo ladi
ō corsu sie la vale ō sā step hāno che ētro chaxopo e la cita ō corsu
Corsu e citade e de bon pozto fondi da passa 8 a 10 e da corsu al
chauo de lirola da leuante che a nome lascauo sie mia 25 per .o.
e in quel chauo circha mio vno i mar sie scoi che a nome le foz
mighe e in quella via verso lo chauo cui paranego e da quel ca
uo alaltro da ponente per maistro sie mia 35
Dal dito cauo de corsu da le. alirola de pachesu per sir. mia 12
Pachesu e irola z a do pozti lno da maistro e laltro da siro. ma
quello da mai. none bon pozto p che lo a in la boca fondi da
passa 5 e mezo e dentro lo pozto da passa do e da questo pozto
alaltro da siroco sie mia 5 quarta ō leuante ver lo sir. e dauā
ti lo pozto a vn mio e vna iroleta e da questo pozto e lōzi mia 3
p grego e sie molti scoi pizoli soto aqua e desora sia nome i pozzi
E da pachesu ā trisedo sie mia

Trisedo sie porto per legni pizoli e da trisedo a ciuita mia
Ciuita e bon porto sia do scoi e sia vna intrada da ponente e vna altra da leuante intra dentro fin doue te par da ciuita ala ponta de sancta anna entro leuante e sirocho mia 4
La ponta de sancta anna sie cauo del colfo deuerso ponente an chora lo colfo de larta sie secho de passa 2 in 3 e volze lo colfo circha mia 80 in tal modo dala ponta de sancta anna al chastelo de la boldoniza la e lo fiume entro gre. e le. mia 30
E dal chastello al fondi del colfo sono mia 15 per le. e dal fondi del colfo al fiume de larta sie mia 12 entro ostro e garbin sono sopra lo fiume a mia 10 sie larta e dal fiume de larta a cauo san nicolo entro ostro e sirocho sono mia 25
E da bentorcho ala ponta o san nicolo che e i lo ducato ostro e garbin mia 40
E da san nicolo al chauo san saluador per. siroco e per staria sono mia 6
Lo duchato sie vna irola separada dala terra ferma a mio vn e poi passar plo freo cū legni sotili e de longa la irola circa mia 3
E dal chauo san saluador che e lo chauo de garbin del ducha to fin ala zafalonia entro ostro e garbin mia 15
La zafalonia e vna irola granda volze mia 150
El chauo de la zafalonia da grego in lo freo de la vale del con pare sie vno porto chiamado viscardo e de bon porto per an dar aleuante ala intrada del porto sie fondi de passa 20 e va sminuendo fin in passa 5 E da viscardo a chauo san lidero per garbin mia 40
Da chauo san sidoro a chauo sancta maria al schoio di vardai entro leuante e siroco mia 20
Vardani sie scoi che sono da ponente de la zafalonia o ver da garbin in mezo de li qual sie parauego da leuante in la via de lirola zoe in la mita e da i vardani a porto trapano per grego sono mia 7
Trapano e bon porto eua entro ben mia 5
Dal chauo del trapano da siroco anua do apresso sie lo chaste lo de chalam di contie da trapano al chauo che e dito chauo de

sancta panaija zoe al chano de lio quarta de leuate ver lo gre
go sono mia   25
E soura lo chauo de lo lio a mia 4 sie vna secha entro ostro e
garbin e sie longa circha mia   8
E dal chano de lolio a porto viscardo per freo entro maistro
e tramontana sono mia   40
E soura lo dito porto viscardo circha mia 4 per grego sie v-
na irola dita val di compare
Val di compare sie vna irola granda che volze circha mia 40
E posse andar oetro la zafalonea e val dicompare che e vn freo
largo circha mia 4 e vardase a val di compare cum lo chano
delolio entro ostro e sirocho mia   30
E dal dito chauo de lolio alzante quarta de sir. ver lost mia 15
Porto zenardo che e alchauo del zante da versa alatramotana
e dauanti lo porto sie vna iroleta e alaintrada verso lo leuante
E da porto genardo ali vardiani entro po. e maistro sie mia 35
E da porto zenardo alcauo de galia del zante entro ponente
e garbin sono mia   20
Da cauo galia a cauo biacho che cauo deuerso sir. p sir. mia 30
E da chao biacho alirola del porto de la nata sie mia 10 per
tramontana e entro lirola dentro ponente e garbin mio vno
sie lo porto de la nata che e vno chauo biancho e in lo cauo
sie parauego de prouenza sina al grego fondi de passa vno dal
porto alcauo dela nata trouerai fondi da passa 15 in 30 e se tu
voi andar al porto de la nata lasa lirola deuer grego dal cão
de la nata al chauo del castello quarta de gre. v̊ la tra. mia   8
E dauanti lo chastelo apresso terra verso mezo di sie vn scoieto
e dal castelo a porto zenardo per maistro sono mia   15
E dal chauo del castello a terra ferma per leuante sono mia 15
E dal zante zoe da cauo biancho che v̊ siroco alirola d striua
li quarta de ostro ver lo siroco mia   40
Striuali sia do irole la mazor sie deuer siroco e i mezo de le dite
irole none fondi e in la grande sie vna chieria e vna tore la doue
se fa lo fano che arde per le naue che pieneno a venetia linuerno
e dauanti la chieria deuer grego sie vno statio fa bonor atute le

ponte p20dexi z al po2to de la nata per tramontana e si se fa
node chamiamin 40
Da strivali alixola de p2uode quarta de leuāte ver lo sirocho eso
no mia 35
P2uode sie vna ixola e sie statio in mezo l ixola da leuante in son
di de passa 15 e da p2uode al chauo de terra serma sie mio vno
e sie neto sōdi e da p2uode al po2to del zōcho enntro leuante e si
rocho mia 15
Dal chauo sancta maria alixola di po2i per leuante mia 40
Da lixela di po2i al ixola de zozoleo mia 2 per siroco e dauanti
lo po2to a mio vno per garbin sie vna ixola e da zozoleo al fiume
de natalicha al chauo de sangarea ostro e sirocho mia 12
Da sangarea al chauo de sancto andrea che e la intrada del col
so de verso tramontana per sirocho mia 10
Lo colfo de cho2anto va ventro mia 160
Dentro grego e leuante in tal modo da chauo sancto andrea a
la cita de nepanto sie mia 10 per grego e auanti de nepāto sie lar
go lo colfo zoe da ponente mia 20
Nepanto sie po2to e staria entro do to2re e da nepanto a po2to
de arago sie mia 50 entro grego e leuante e l intrada del po2
to sie contra arago e da ostro sie lo po2to e da rago a bardana
sie mia 30 e da bardana a riua daustria sie mia 20 p leuāte e la sie
largo lo colfo mia 20
Da riua daustria al sōdi del colfo che a nome marinar sie mia 25
per leuante e da marinar a nepanto mia 35 e da nepanto a la cita
de cho2antho per garbin mia 25
Patras sie citade e da patras al chauo de stinga per gar. mia 18
Da stinga al chauo de stilea sie mia 18 per garbin entro questi
do chaui sie lo colfo redondo che va entro mia 10 a sirocho
Da chauo stilca al po2to di pali sie mia 20 a la quarta d garbin
ver ponente e l intrada sie ver ponente el po2to di pali sie doue e
la cita chiarenza
Chiarenza sie citade e sia bon po2to e sia do schoi dauanti e da
chiarenza a dandreuli sie mia 5 per grego e dal po2to di pali al

chasiello zoe al chauo del zante sie mia 15 per ponete edal por
to di pali abelueder sie mia 30 entro ostro e sirocho e da belue
der al colfo de larchadia sie mia 30 per sirocho e dalarchadia
al fiume de carbon mia 10 per ostro Anchora in lo dito fiume
po andar galie per ogni tēpo e dalo dito fiume alirola de pruo
de sie mia 15 per garbin eda pruode al zōcho entro sir. mia 15
Lo zoncho sie porto e sia lintrada ver ostro e dauanti lo porto
del zoncho sie molti scoi se tu voi intrar in lo dito porto va en
tro lo scoio e la terra ferma edal zoncho per sirocho e si se fa
no mia   4
Troval vna chale ela sie porto epoi dar li pderi al scoio ovā
la terra ferma edal porto del zoncho alirola de pruodi si se fa
no mia   15
Entro ponente e maistro dal porto del zoncho al porto de li
rola de sapientia per ostro sono mia   5
Sapientia sie irola e sia porto dentro deuer tramontana eda
uanti sie vna spiaza e vna chiesia da li pderi alirola dal cha
uo defora ver leuante e leanchore ver tramontana in fondi de
passa 20 elo porto de sapientia sia do seche vna da ponente del
porto che se tiē cum la ponta de la chieria e laltra da leuante che
se tien cum lirola de sapientia e vien fora do pderi e sie perme
30 vna grota largo dal porto de sapientia mio vno anchora in
la dita irola de sapientia deuer sirocho sie porto longo che bō
porto e alīntrada dauer grego e soura lo dito porto a mia do sie
vna iroleta che a nome chaurara deuer sirocho eda sapientia a
modon per tramontana sono mia   2
Modon e citade eli apresso e vno statio e ala ponta de modon
deuer ostro sie vna secha largo tre pderi e posse andar den
tro la secha edefora e da modom alirola de san venedego sie
mia 15 ala quarta d sirocho verso leuante che e fora cauo de gal
lo mio vno
Chauo d gallo ech auo del colfo de chorō eda chauo de gallo
chorō entro maistro e tramontana mia

Choron sie citade e sia vn statio meti li proderial mollo eli feri de fuora eda choron al porto de vitolo entro grego ctra.mia 30
Uitolo sie bon porto e chome tu entri fa honor ala pota de siro cho proderi vno e sie vna chieria e se tu voi esser chouerto de fin al ponente va in la valada in ver sirocho p̱ be tra la chieria e la valada sie vna piera soto aqua che e soura 8 pie daqua e sie largo da terra mezo prodere e meti li proderi da garbin e sie fondi da passa 28 ⁊ e credegno e fin a ferador e sie in lo fondi del colfo e da zenaro a chalamata per leuante sono mia   10
E da la chalamata a maina quarta de sirocho ver lostro mia   25
Maina sie chauo del colfo de choron deuer siroco e da maina a cauo malio matapam quarta de leuāte ver siroco sono mia   5
E da modon a malio matapam quarta de siroco ⊼lo le.mia 100 e soura malio matapam fora in mar circha tre proderi sie vno scoio e sie secho fin a terra e la cognoscenza de malio matapam sie tale se tu lo vederai da lonzi tu vederai vn chauo muso e se tu te aproximi ad esso ello vien abasando e quella montagna sie soura lo chauo malio deuer maistro circa mia 3 sie lo porto de san mathio e per ponente mia do sie vno scoio in mar
Da malio a matapam al porto de le quaie sono mia   7
E vasse quarta de tramo. ver lo grego e la cognoscenza del porto de le quaie sie tal se tu voi intrar in lo dito porto lo cauo deuer tramontana sie roso e auroncado Anchora entro malio el porto de le.quaie sie vna chala che se crede che sia lo porto tu la die lasar e andar fin che tu vederai lo porto e lasa lo chauo aronchato deuer tramontana e laltro chauo tu nō vederai alto e aronchado deuer ostro e sie lo porto de le quaie ⁊ in mezo del porto de le quaie prodere do entro la bocha del porto sie vna selxa deuer tramontana e dal porto de le quaie a nasipo quarta de g̱ ⊼ de tra.mia 30
Nasipo sie porto del colfo e la sie castel rampam a mio vno ver lo grego e dal colfo de la colmodia al porto de nasipo quarta de siroco ver ostro sono mia   20
Da nasipo a lixola dicerui sie mia 15 per sirocho lixola dicerui sie bon porto e a launtrada e deuer ālente in pōta de lixola de ⊼ la terra ferma e da lixola dicerui a cauo malio sancto agnolo mia   10

quarta de leuante ver lo firocho
Da lirola dicerui a lirola de zerigo per oſtro mia   10
Da chauo malio matapam al chauo de zerigo da tramonta-
na per leuante mia   40
Se tu voi andar i el frco ver terra ferma va ala quarta de leuā
te ver lo grego
Da malio matapam a chauo malio ſancto anzolo ala quarta d
leuante ver lo grego mia   60
E ſe intra entro p lirola dicerui ede zerigo
Da zerigo a naſipo entro maiſtro e tramontana mia   24
zerigo fie irola piana e volze circha mia   40
E i lirola deuer oſtro fie vna mōtagna redōda e noa forzador de
uer firocho e da lo ladi da grego circha mio vno fie do ſcei pi
ani che ſe chiamano le oragonere ede bon ſtatio da vento agar
bin in fina la tramontana ede bon parauego e poi ſtar a tuti do
li ſcoi ma ſe tu te voi meter a quello da oſtro guardate da vna
ſecha che e in chauo del ſcoio verſo ponente che ſe tien cum lo
ſcoio e ſoura le oragonere mia do in mar entro oſtro e garbin ſi
e do ſcoi picoli chiamati do aſſi e al chauo de zerigo da oſtro ſie
vno ſcoio alto e arochado dito louega che e tuto neto entorno
tu poi andar dentro e defora chome tu voi e da zerigo a zizeri
go quarta d firocho ver loſtro mia   30
E in quella via ſie molti ſcoizoe do aſſi che e apreſo de zerigo
e ſono mia   2
zizirigo non a porto eſia vn parauego deuer tramontana a mio
vno ſie vna ſecha ben do archade longa e da zizriego a chao
ſpada quarta de ſiroco ver loſtro mia   30
Anchora apreſo chauo ſpada verſo tramontana mia   5
Iui e vn farion ſimile a vn pauion e ſe tu voi paſſar per quella
bocha laſa lo gran farion che ſomea a lirola pizola de verſo cre
te e porai laſſar lo gran farion per entro mia do e quello ſia no
me papion
Malio ſancto anzolo ſie chauo alto muſo amare e dauanti lo
dito chauo ſie lirola de zirigo mia   20
Dentro oſtro e garbin ſie bon forzador ede ſondi pian da pa-
B

sa 8 per i fina 12 e questo sentende ala dragonera
Da malio sancto anzolo a martin carabo entro maistro e tramon
tana e sono mia   15
Lo dito martin carabo sia bon forzador da tramontana in fin
al garbi E da martin carabo i fin al castel o la maluaria sono fra
maistro e tramontana mia   15
Soura maluaria da tramotana in fina terra sono alte monta
gne de schiaui la dita maluaria e couerta da grego fin al gar
bin volzendo dal maistro e iui e fondi de passa 30 e da maluaria
al porto de san polo fra maistro e tramontana mia   3
San polo e porto e lintrada sua e da uer lostro e appresso terra a
mezo proder e sie vna secha che a su palmi 10 daqua e da sanpolo
al porto de labrizi quarta de tramontana ver maistro mia   8
L intrada del dito porto delabrizi e de uer leuante e dal porto de
labrizi a napoli quarta de tramontana ver maistro sono mia   70
Napoli e bon porto e alintrada de uer leuante e soura napoli
per siroco mia   15
E ini e do irole che a nome sete pozi e la e bon porto e sono
in freo de le sopra dite irole verso mezo di e da napoli al ca
uo squili sono do irolete che a nome sauili ca bon forzador i me
zo de lore da sete pozi ala sidera entro grego e leuante sono
mia   20
L irola de la sidera sie longa per staria mia   15
E de apresso terra ferma mia 5 entro la sidera e terra ferma sie
molti scoi apreso a mia do e dala sidera al chao de schili quarta
de tramontana ver lo grego mia   15
Schilie infra ala sidera e terra ferma e uerso napoli a mia 5 e iui
sono do irolete che a nome scrofa e verro e da schili al porto de
mala sie entro ponente e maistro mia   25
Porto de mala e bon porto e soura lo porto e vna irola che a
nome damela e sie longa mia 6 e la bocha del porto sie apreso
terra ferma da ponente del porto vna balestrada e da la parte
de leuante a mia 5 sie terra ferma e se tu poi andar al dito porto

quando tu ferai in mezo lirola demala e terra ferma tu vede
rai la ponta fotilera a terra ferma apreffo liditi frei avna bale
ftrada lafa la dita pōta da xx le· Ela fi elo porto del damela e l ca
uo de lirola predita. del dameia da rxx fole.fic vna iroleta pizola
e alta fe tu voi andar dali fcoi al porto e fera foura fchili inia s
va entro ponente e maiftro e trouerai lo porto de mala e dal
porto de mala alporto de le finie quarta de maiftro ver lo po
nente fono mia   40
E dalirola de mala alirola de cholari per maiftro mia   5
Da lirola de fchili alirola de egina per maiftro mia   30
Egina fie porto per legni pizoli In lirola de lefimie cul vn cha
ftello guafto e la fic fondi del colfo de choranto alaltro mar ze
per terra e la cita de coranto mia 3. e da le dite fimie a fan nicolo
per grego mio vno e debon porto anome fan nichola e dali al
porto de megna fic mia   15
Megna a 2 irole e poi entrar da qual parte che tu voi e da por
to megna aporto lion per leuante mia   35
E la fic la cita de le fimie mio vno apreffo lo porto e da porto
lion aporto gayderonife.per leuante mia   15
Gayderonife fie vna irola pizola e longa e de quari vno mio
apreffo de terra ferma quari proderi do e da gayderonife alca
uo de le colone per leuante mia   6
E in la dita irola de gayderonife fic vn porto che a fōdi da pa
fa 4 in 5 largo da lirola proderi do
Chauo de le colone fic foril e direfe marmorto e foura lo cha
uo fic cholone de marmoro e foura lo chauo de le cholone
quarta de leuante ver lo firoco mia   15
E lirola de zia efoura el chauo tele cholone per oftro mia 10
Ini fie vna irola che a nome fan zorzi e foura lo dito chauo
dauer grego a mia 5 fic vna irola machronifto 7 e apreffo de
terra ferma mio vno dauerfo tramontana e dauerfo oftro efo
no mia   3
Edal cao dele colōc al cao firofo che cauo d lirola d negropōte

B ij

ala quarta de grego ver la tramontana mia   50
Da sirafo mia 12 entro grego e leuante e vna irola che a nome
landin
Landin e vna irola e sia vn porto alchauo da ponente eda la strada da garbin e in la bocha del porto e vn scoio che a nome andra e per garbi amia 1ʃ iuie vna irola che a nome chaura e da chaura alirola de zia entro ponente e garbin mia   20
Eda bon porto deuer maistro e dauanti lo porto de ver ponente cui vn scoio e da zia alirola de san zorzi mia 12 per ponente
Dal soura dito chauo dele colone al porto de sata per tramontana mia   10
Da sata alirola de le chaualine per maistro mia   40
Se tu voi andar dal chauo de le colone a negro ponte va i prima alirola de le chaualine quarta de maistro ver la tramotana e sono mia   55
Le dite irole de le chaualine sono 3 e aprello terra ferma mia 3
Da lirola de negroponte e lonzi mia   5
E chosi nauigando tu vederai terra ferma dauerso ponente di rola de negroponte deuer leuante e se tu voi sauer la staria de negro ponte la qual tu vederai io te la diro Da sirafo alirola che e chauo de lirola de negropote deuer ostro a porto casisto entro ponente e maistro mia   10
Da chasisto a chastel de chalisto per maistro mia   5
Anchora apreso del chastel de chalisto mia 5 sie vn chauo che a nome calisto ede bon porto se tu vai intrar la entra da verso leuante e va per ponente fin che te romagnera la ponta deuer so ponente
Anchora dauanti lo dito chauo de chalisto sono do irolete che a nome lepatalene e la sie lo porto alirolete deuer ostro che e ma zor che quella deuer tramontana e da li proderi alirola soura dita eda lepatalene alirola de leprementore per maistro mia 30
Promentore sie vna irola piana z e bon statio da ostro e da tramontana
E in quella via de lepatalene alirola de prementore tu vederai vna iroleta che a nome marito e la riui di rola de senogli e da pre

mentore alirola de le chaualine entro ponente e maistro e sono mia 10
Da le chaualine alirola de latoreta entro ponente e maistro e sono mia 30
E vederai nauigando da la parte do stro terra ferma e da la parte de tramontana lirola de negro ponte
La dita toreta sie in bocha del freo de negroponte e la sie girat cha a mio vno
E se tu voi andar da le prement ore a negroponte in uerso terra ferma anderai chosi dale prementore al porto de chartiso per tramontana sono mia 14
e soura lo porto de chartiso cui vna iroleta la doue e mũrado che a nome charteza e de lonzi da terra ferma mio vno
La intrada sie da tramontana e da ostro e da chartiso ala toreta per ponente mia 30
Anchora la staria de terra ferma se schore per ponẽte sin apreso la toreta e poi per tramontana mia 6
e la dita toreta sie ponta sotile se tu voi intrar in la dita bocha de la toreta va apreso terra ferma per che apreso la loreta sie vna secha lasa la toreta da leuante e va lonzi dala toreta mia 6 o piu sin che tu serai soura la ponta dolie la doue e molti oliueri e la ponta sotil sie verso leuante et contra la dita ponta sie vna irola che a nome mille moza mio vno sora da leuante e quando tu serai ala ponta o li oliueri tu trouerai el freo de terra ferma e lirola de negroponte streto proderi do ox 3 coura circha mia 4 se tu voi andar a negroponte va quasi per ponete per me 30 el freo e guardate da do seche che luna da verso negroponte e laltra da terra ferma e va per mezo de quelle seche e sempre abi vno bõ i cheba p guarda e sapi che daluã secha alaltra noe piu longheza donna naue ma va p mezo cũ gran guarda pche intra ambe do le seche sono aspre e quando tu sarai de fora de le dite seche va fora per tramontana mia 2 e sarai in lo porto de negroponte e la sie lo mar largo mia 3 Anchora da lirola d negro ponte ala terra ferma sie de largheza passa 15 e vase daluna parte a laltra per vno ponte per ho a nome negroponte.

B iiij

Negroponte fie bona citade eda negroponte apartiuento quar
ta de tramontana ver lo maiſtro mia
Da partiuento a chauo litar per ponente mia 5
Al dito chauo fie lixola che a nome litar e do ſcoi eda chauo li
tar alap onta de maroza per tramontana mia 25
Da maroza a chaſtroero per leuante mia 30
Da chaſtroero a lapōta de coniſa al dito cauo ď ſinoſa mia 50
Volzando lixola e da negroponte volzando la ſtaria de terra
ferma mia 15 entro maiſtro e tramontana e puo mia 10 per po
nente edela volzi mia 6 per garbin e farai in porto chalandrin
la doue e do ixolete e da chalandrin al chaſtello de la balde-
niza ſono mia 40
La baldeniza fie in lo fōdi del colfo e dala baldeniza ala pōta
de mariſa che in lixola de negroponte quarta de leuante ver
lo grego mia 25
Dala baldeniza a chardichi che chauo del colfo per grego ſo
no mia 30
Da chardichi al porto de blaxi quarta de tramontana ver lo g̃
ſono mia 10
Dal porto de blaxi a fedalexe che e chauo del colfo de larmi-
ro per tramontana mia 10
Da fedalexe alarmiro che fondi del colfo quarta de ponēte ver
lo garbin mia 40
Da larmiro adimitrata quarta de grego ver la tramontana e
ſonoui de chamin mia 20
Da lalmiro alixola de margariton per grego mia 40
Da margariton al chao del colfo ſoura dito deuer leuāte quar
ta de ſiroco ver oſtro e dauerſo ponēte ſie vna ixoleta lonzi dal
chauo mio vno et e vno ſcoio dal dito chauo alaltro chauo del
colfo per garbin mia 3
Anchora lo dito colfo de larmiro fie largo mia 20
Et credōdo euaſe ſtrenzando ver ſirocho e la bocha ſie larga 3
mia o men e dal colfo predito zoe dal chauo deuer tramonta
na a ſan zorzi per tramonta mia 10
Dal chauo ſan zorzi a ſalonichi in tal modo per tramontana e ſo

no mia 200
Da chauo san zorzi a sacra entro maistro e ponente mia 45
Da sacra.ala fore de vendichi per la dita staria mia 40
Da vendichi aplaron entro maistro e tramontana mia 30
Da paloron a trachiro per tramotana mia 30
Da trachiro ale fore d bardar mia 25
Da bardar a salonichi per grego mia 30
Salonichi sie gran citade ede in fondi del colfo eda salonichi ala ponta del sabion che e chao del colfo deuer leuante quarta de siroco ver lostro per tal modo mia 100
Da salonichi asidero quarta de ostro ver sirocho mia 30
Da sidero a sanar per sirocho mia 5
Da sanar a chasandra entro ostro esirocho mia 15
Da chasandra ala dita pota del sabion .q. de sir. ploft. mia 50
Da la ponta del sabion ala ponta de charasto che chauo del colfo dauerso leuante per grego mia 30
Charasto sie vn colfo e va dentro mia 20 e zate a grego e agarbin z e largo in la bocha mia 6 vel circha
Da charasto a tango per garbin mia 5
Da tango a monte santo quarta de leuante ver siroco mia 20
Da monte santo a chauo de grega che e chao de la bocha de romania dauerso ponente quarta de grego ver la tramontana per pielego mia 150
E in quella via dala parte de ponente tu vederai lixola de raso che e per tramontana mia 50
Anchora de la vederai lixola dembro andado al cauo de la grega quarta de garbin ver lo ponente mia 20
E dauerso ponente tu vederai lixola de san mandrachi lozi dauembro per tramontana mia 10
E lonzi dal chauo dela grega per maistro mia 50
Anchora tu vederai lixola de stalimine lozi da mote scō mia 70
E dala boca daue mia 50 et ep staria loga da quella faza a grego e garbin quarti mia 30 e dela tu vederai lixola del tenedo lonzi dala boca mia 20 e dela tu vederai manera che e bassa soura la bocha daue circha mia 10 entro ostro e garbin

B iiii

Da monte santo al colfo de concisa entro maistro e tramontana sono mia 40
Da concisa ala fora de crixopoli e per grego mia 40
Da crixopoli al fondi del colfo quarta de grego ver lo leuante e sono mia 20
Dal fondi del colfo al porto de sauastopoli per terra mio vno e per mar volzado lo chauo p̱ garbi mia 10 edela zirādo poi p̱ leuante E la intrada del porto e sie da uerso grego i lo dito porto e vna irola che se chiama leofati eda sauastopoli al porto de crixopoli per leuante mia 20
E da crixopoli a saramonti che e contra lixola de casso che in mar mia 10 per leuante sono mia 4
E da saramōte ala fora d̄ peleocastro c̄b se chiama fiume d̄ mar quarta de grego ver leuante e sono mia 15
Da peleocastro al chauo del colfo de asperosa per gre.mia 20
Soura quel chao a mio mezo i mar sie vna secha e da quella ala fore predita de la sperosa per ponente mia 5
E da quela fin ad asperosa che e nel fondi del colfo per g̱ mia 10
E de la alaltro chauo del colfo predito per siroco mia 15
Da l uno chauo del colfo dito alaltro sono mia 3
Dal chauo del chauo del colfo a marona quarta de grego ver leuante mia 30
Da marona a matri quarta de leuante ver lo grego mia 20
E da ostro da matri sie lixola de san mandrachi mia 20
Da matri al chauo de passi per leuante mia 10
Da passi al chauo de neo al fondi od colfo de canti quarta de grego ver leuante mia 30
Sapi che in quel colfo son molti boni porti e dal fondi del colfo alaltro chauo sono per ostro mia 20
Da lun chauo del colfo alaltro mia 5
Dal chauo de canti al fondi del colfo de margasi per le.mia 60
In quello sie do ixolete margasi e margarea e da lixola marga rea al porto de rea che in lixola de san mādrachi quarta de ponente ver garbin e sonoui de chamin mia 60
Dal porto de rea al chao grega che e i la bocha daue quarta d̄

siroco ver leuante mia 50
Soura lo qual chauo e lixola dembro e val chauo grega ala
tor e de tarmini che e latro chauo d la bocha daue per oſtro e
e ſono mia 5
Da chauo grega ad'antioſera per leuante ſono mia 5
Da la ponta de ſorine da quella tu te die largar a mezo mio per
eſer ſecha eſie per leuante ver lo grego mia 12
E dela al chaſtel murato per tramontana mia 3
Contra lo qual caſtel ſie la cita daue da la parte doſtro ſia vna
ponta ſecha honozala a prodere vno ſe voi andar ſeguro
Anchora a laltra ponta de paſquia che apreſo la cita daue che e
mia io tu la die bonorar a mezo mio fin che tu laſerai paſquia
dauer oſtro
Da malito a laquila per leuāte mia 10
Da laquila a ſiſto per leuante mia 12
E da ſiſto a oligo no tra·grego e leuante mia 8
Da oligo a galipoli quarta d grego ver leuante mia 10
Galipoli ſie citade e a porto.e a ſcoi ſoura lo porto e lintrada ſie
dauer oſtro mia 5
Da galipoli al ongō quarta de grego ver leuante mia 15
Et e contra paris mia 8 dauer oſtro e da longō al mar de mar/
garſi per terra mia io per ponente e da loagon a pandia quar
ta de grego ver la tramontana e ſono mia 25
Et e contra lo colfo de ſpinga entro oſtro e garbin mia 40 e da
pādia a rudiſcho per tramōtana mia io e cōtra lo qual ſie iro
la del marmora per oſtro mia 50
Da rodiſcho arecrea per leuante mia 30
Contra la qual ſie leopadi per oſtro mia 70
Recrea ſie cita e da recrea a ſalumbria per leuante mia 20
Da ſalunbria a natura entro grego e leuante mia 20
Contra la qual ſie lixola de cholomin per rſtro mia 50
Da natura a rego per euante mia 5
Da rego a ſan ſtefano per grego mia 5 cōtra laquāl ſie lo col
fo de tria euerſo oſtro e da ſan ſtefano a conſtantinopoli p leuā
te e ſono mia 10

Onstantinopoli sie gran citade eda tre faze La prima
zate mia 5 a leuante e a ponente e a nome chauo dela
mangana La secūda zate a maistro e a sirocho mia 6 la
qual e dita brancherna La terza zate entro grego e tramonta
na mia 6 la doue e lo porto ea nome chauo de pera ouer por
ta oria e da constantinopoli ala bocha daue quarta de garbin ver
lo ponente mia 170
Da constantinopoli al gallata sie mio vno p g̃ e p terra mia 8
Del gallata a sancto anzolo mia 7 per quella sturia e da sancto
anzolo a comercho quarta de tramontana ver lo grego mia 5
E la sie lo faro che e chao de la bocha del mar mazor del qual nō
volemo al presente far menzion
In prima da la bocha de giro asile per leuāte mia 30
Da sile adipotimo per leuante mia 15
Da crapi a farnosia quarta de leuante ver lo grego mia 40
Farnosia sie isola e sia porto eda farnosia a zachari per le mia 50
Da zachari a monopoli q. de le ver lo grego mia 3 e da mo
nopoli ala ponta rachia entro grego e leuante e sono mia 45
Da ponta rachia alquisino quarta de leuante ver siroco mia 15
Dal quisino a chauo sanzorzi per grego mia 20 e da chauo san
zorzi a paterni quarta de leuante ver siroco e sono vi mia 20
Da paterni a chauo thios quarta de grego ver leuante mia 30
Da thio a samastro per grego mia 35
Samastro sie citade ea do schoi in mar circha mio vno
Da samastro a tripsili entro grego e leuante mia ½
Da tripsili ala cromena entro grego e leuante mia 8
Da la cromena aquitorio quarta de leuante ver siroco mia 18
Da quitorio a tina per leuāte mia 5 e da tina a charami mia 18
per gre. e da charami aquinoli quarta de le. ver lo gre. mia 50
Da qnoli a porto sā stefano p le. mia 10 da sā stefano a p. leofazi
mia 3 per grego e da leofazi a porto ermini quarta de le. ver sir.
mia 18 da porto ermini a sinopoli q. de le. ver lo grego mia 9
Sinopli sie citade e da sinopoli a charosa quarta de ostro ver
sirocho mia 15 e da charosa a chalimo quarta d le. ver lo siroco
mia 30 e da chalimo a panagiero quarta de leuante ver lo gre

go mia 20 e da panagiero a chauo de lali per grego mia 20 da lali a ponta langifi mia 8 per leuante zoe al ftagno e da langifi a fimifo per firocho mia 20 e da fimifo al chauo digozzoti quarta de grego ver leuāte mia 2 e da gozzoti al chauo delarmiro che e el chauo de larmenta per firoco ver leuante mia 2 e da larmiro a ftagno quarta de firoco ver leuante mia 4 e dal chauo de larmiro a limona per oftro mia 4 e da limona al chauo ditto bomo tra firocho e leuante mia   50
Edal chauo bomo al porto vatifa per leuante mia   10
E da vatifa al chauo dioniri quarta de grego ver leuāte mia 18
E da dioniri al chauo dauona intrando in lo colfo quarta doftro ver firoco mia 6 E dauona a ftephi per oftro mia   18
Da ftephi al chauo de fan biario per leuante mia   20
Dal fopradito chauo dauona a crironda fra le. e firoco mia 60
Da chrifonda a chauo de zefalo entro grego e leuante mia 20
E da chao zefalo a fifto per firoco mia 15 da fifto a tripoli quarta de leuante ver lo grego mia 4 E a tripoli al chauo de fan aughen tra grego e leuante mia 16 E da fan aughen a linopoli per leuante mia 5 e da liuopoli a chauo giro quarta de leuante mia 12 dal chauo giro a plateno entro oftro e firocho mia 12
Da plateno a traberonda per leuante mia   15
Traberonda fic citade e da traberonda al chauo furmena mia 5 per leuante da furmena a chauo fan lorenzo quarta de leuante ver firoco mia 20 e da fan lorenzo a rifum per leuante mia 3
Da rifum a chauo alafia mia 20 da chauo alafia a vanaqui mia 20 da chauo vanaqui a findena entro gre. e tramotana mia 30
Da findena a chauo chaueftro quarta de grego ver la tramōtana mia 20 da chaueftro a chauo volefo entro grego e leuante e fono mia   15
Da volefi a louati per leuante mia   40
Da louati al colfo de leochandus entro grego e leuante mia 20
Dal dito louati a faxum entro grego e tramontana e fonoui de chamino mia   50
Da faxum a fauaftopoli quarta de tramontana verfo el maiftro e fono mia   100

Questa sie laltra staria da la bōcha daue aleuante zoe comen
zando da cōnstantinopoli da chauo giro entro ostro e garbin
esono mia   20
Elschutarri sie contra elgallata per ostro mia   2
Daischutari alchauo de quiniza che e chauo del colfo d'crome
dia per ostro sono mia   10
Da quiniza acharicha entro leuante e sirocho mia   50
Da charicha al soindi del colfo de chromedia quarta de ostro
ver siroco mia   30
Da lo fondi del colfo atrachilo per ponente mia   50
Dal trachilo al chauo del colfo de chio quarta de ostro ver lo
garbin mia   40
Dal dito chauo del colfo de cromedia per ponente mia   20
eLa sie do irole priuiti e tonare lo chao del colfo e per ostro τ
per staria mia   10
Dela alaltro chauo del colfo de chio per ostro mia   30
Dal fondi del colfo de chio a charale di capeleti quarta de po
nente ver lo garbin mia   130
Da charal alixo a de chalomino per ponente mia   50
Chalomino sie irola eda porto dauerso terra ferma e da chalo
mino a lupadi per ostro ver lo garbin mia   15
Dal lupadi a ponta rodia quarta de ponente ver lo maistro eso
no mia   35
E soura la ponta rodia si vna altra irola dauerso ponente che
a nome andano e soura la dita ponta sie vnaltra irola deuerso
tramontana che a nome marmora sie lonzi dal chauo mia   5
Da quella irola al porto verso la tramontana mia   10
La cognoscenza de lirola del marmora sie tal in chauo de la di
ta irola dauerso ponente sie vna iroleta da la dita irola va da
uerso leuante e trouerai vno chauo muso lasalo ver ponēte e va
per ostro e trouerai lo porto
Da la dita ponta rodia a tarqui per ostro sono mia   20
Lo tarqui sie bon porto e soura el porto sie vna iroleta la doue
e vna chieria lintrada del porto sie verso.p̄. e lasa lirola da ost.
Dal tarqui a panormi entro.ostro.e garbin mia   6
Da panormi a spinga quarta de po.ver maistro mia   20

Da spinga achauo de paris per tramontana mia   15
Paris cbon porto esoura lo chauo e vna irosleta e da paris a dargo mia 5 per ponente e soura lo porto dal chauo de leuante e vna secha
Argo e contra garipoli esie lo freo streto mia   5
Da argo al apsito he porto per ponente mia   10
Da lapsito ala cita de a vedo mia 15 per garbin ea bō porto deuerso garbin da avedo avituperio entro ostro e sirocho mia 6
Contra lo qual e la ponta de senore e la sie lo mar streto men de mezo mio e la era la chadena e tute do le pōte in die honorar va p mezo da vituperio a pasquia mia 6 per ostro Pasquia e deuer ostro 7 a vna pōta cū vna secha in mar mio   mezo
Da pasquia a porto vardano quarta de ostro v̄ siro. mia   3
Da porto vardano a mandrello quarta de garbin ver ostro e sono mia   8
Da mandrello a trafilo per garbin mia   8
Da la ponta de trafilo ala tore de armini quarta dē ostro ver lo garbin mia   2
Li diti armini e la a bocha daue como auemo dito
Tore de armini sie boca daue da verso sirocho sapi che da costi al streto de chauo pal' a galipoli quarta de ponente ver lo garbin mia   100
Bela fin ala cita da uedo mia 40 e de la fin al vardanclo zoe da uedo per ostro mia   15
Da la a mia 20 per ponēte in fin ala bocha de la tore de li armini che bocha daue deuer siro. al Chauo de lirola del tenedo sie quasi mia 10 quarta de ponente ver lo garbin da la dita tore a lirola del tenedo per garbin mia   15
E in quella via sie do irolete piane che a nome mauro lonzi da la tore di armini thia 20' da i armini a troia entro ostro e sirocho sono mia   10
Troia fo gra citade e anchora sie vna gran parte de li muri cū dura piu de 25 mia per staria e soura troia sie lirola del tenedo la qual sia lo porto deuer terra ferma lōzi da troia mia 10 quarta de ponente ver lo maistro e da troia a sancti quaranta quar

ta de ostro ver lo sirocho mia 50
Loqual chauo guarda lixola de metelin da uer maistro per o/
stro mia 20
Metelin eixola grande e destendese per la faza defora a sir
cho e maistro mia 40
Et al chauo dito da maistro cui vna ixoleta che anome sichli
 e abocha del porto Anchora in la dita ixola d metelin e vn
bon porto che volze piu de mia 20 sie largo in la bocha mio vn
eda nome caramito e soura la bocha del dito e vna ixoleta no
minada metclin e dalaltro chao da firoco cui vnaltro bō porto
e varda quella faza agrego e garbin mia 20
E laltra parte de ver terra ferma da tramontana e lōga mia 40
fina al chauo da maistro ein quella faza sie vna ixoleta in bo/
cha del porto a nome squinar e dela mia 30 per ponente sie lo
porto predito de metelin che anome sichli Ede douelo chauo
esse porto chome disopra edito
Da chauo sancta maria a montauro .q. de le. ver. sir. mia 10
Montauro sie chastelo e da porto per legni pizoli et e lōzi da
metelin zoe dal porto squinar mia 20
Dal chauo de sancta maria ad andremiti quarta de leuante ver
sirocho e sono ul de chamino mia 40
Andremitie citade e da bon porto lintrada sua e dauer lostro
dauer sirocho e molti tassi sechi in fondi che par e non par dan
dremitia sancto anania per garbin e sono mia 20
Sancto anania sono tre ixolete e sia boni porti seguri
Da sancto anania fin al colfo coromisi per sirocho mia 30
Nota che lo dito colfo si va dentro quaxi per grego mia 15
Da coromisi al porto de foglia per ostro e sono mia 15
In la bocha del dito porto cui tre ixolete dala pte de tramōtana
E da foglia al porto de varia per terra mio vno e per mar mia 5
Da varia a lena per sireco mia 5
Da lena al porto dele smire voltando el colfo per tra. mia 20
Le smire e bon porto z e chastello in le qual era vna chadena
largo passa 4 z in la bocha passo vno e mezo z la intrada dauer
garbi lo porto zira quaxi redondo circha mio vno e dauer so tra

mōtana sie lo borgo de le sinire e dauer ost. in la bocha del porto
eui vna tore redonda e per tuto lo porto sie bon fondi e pian da
passa 3 in 6 e inel fondi del colfo e vn gran fiume per mezo nite
Alle sie gran citade ede infra terra mia 15
Da le sinire a gossofitica quarta doltro ver siroco mia 40
Da le sinire al chauo stilari quarta de garbin ver lostro mia 40
E per lo timor d: lena per maistro mia 20 da foglia vechia a ca
uo stilari per garbin mia 20
Dal chauo dell irola de meli da sirecho al chauo stilari pero stro mia 40
Da chauo stilari a sca panagia 30 e al irola de chio p gar. mia 10
Sancta panagia a porto che e al chao ō chioda ponēte a mia 10 per garbin cioe e el porto Da chio al chauo de metelin da sirocotra grego e tramontana mia 50 e in quel chauo de chio da la parte de grego sie vn bon porto che a nome porto longo lintrada sua e dauer grego e in la bocha del porto sie vna iroleta e quasi colfo e volze atorno mia 5
Da linsir del colfo dauer ostro sie lo porto longo la faza de chio si score a ostro e tramontana e sono mia 35
Dal cauo d oftro de chio da la pte che ex la terra ferma mia 12
Al dito chauo sie lo porto de la cita de chio E de la alcauo de masticha entro ponente e garbin mia 20
Sapi che soto el chauo de masticha da la parte de maistro sie lo porto de san sidero Dda san sidoro al irola del pisara che e do irole piene de aseni saluatici per ponente e maistro mia 45
Dal chauo de masticha al chauo da la parte de maistro mia 40 entro mai.e tramontana Dda quel cha al porto de gardamena infra grego e leuāte. mia 20
Di gardamena a porto longo. q. de le. v lo grego mia 10
Volzando l irola de chio che volze atorno circha mia 130
Dal chauo stila al porto dianata per .ostro. mia 30
E sopra el dito porto sono tre irole dauanti a la ponta p.o. mias
Dala pōta dita a porto spiti per leuante mia 5
Da lo porto spiti a sufamo. q. de le. v sir. mia 10
La itrada del porto e x.o.i fondi del colfo e. vna. iroleta che fa

porto e posse intrar da ogni parte e la sie lo fiume de colmo e de
la a chastro entro leuante e sirocho mia 10

Ela sie vna iroleta senza statio de naue da chastro a burloso
che e colfo per leuante mia 6
Da burloso al chauo dalto luogo per ostro mia 10
Alto luogo sie infra terra mia 6 7 e chastello la e la chieria de
san zouane vangelista co al cauo dalto luogo la e la fora de sero
Esero sie vna grā citade desfacta ch ee apresso alto luogo a mio
vno e da la fora de sero fin al statio de le naue entro ostro e gar
bin mio vno e mezo
In quel statio sta le naue che va in alto luogo e de chouerto da
garbin fin ela tramontana fazando la volta da leuante e de fon
di da passa 6 a 8 e meti li proderi da lostro La cognoscēza de
statio sie vna tore che e soura vn monte alto lassala vn poco dal
tramōtana e va entro la tore cvn cauo alto che tu vederai ch e
bene in aqua che e a cauo de la spiaza
Da la fora de esero a figella entro ponente e garbin mia 10
Entro figella e chipo che e chauo de anca sie vrola che a nome
chipo e soura lo chauo de chipo sie vna scheba e volzando de uer
so leuante e statio entro chipo e anca mio mezo
Anca e apresso lo statio de le naue verso leuante mia 2 e mezo
Da anca al samo entro ponente e garbin mia 20
Lirola de samo se stende a ponente circha mia 30 e no ha porto
Da anca a sinopoli quarta de ponente ver lo garbin e d anca
al irola de chio quarta de ponente ver lo maistro mia 100
E in mezo e vna iroleta che a nome chalogero entro chalogero
e samo iuie sorzador da uerso terra ferma chalogero a gran fō
di anchora soura vi sono alte montagne che se chiamano demo
rate e dal chauo sie vn charal che a nome fochin da demorate a
metre che e fore quarta de leuante ver sirocho mia 5
Chauo demorate tien mia 10 zoe da sinapi a metre da metre al
porto de chochino entro leuante e sirocho mia 20
Chochino sie porto da chochino a porto basso quarta de gar
bin ver ostro mia 30
Da porto basso a chauali per garbin mia 10

Ma i prima tu trouerai zumenta
Da chauali alixola de lagnelo.q. de ponente ver lo gar. mia 10
E in lixola de lagnelo sie bon ponidor da li proderi alixola clea
chore dauer terra ferma in fondi de passa 3 daqua
Da lixola de lagnelo al chauo de bardagolo per siroco mia 6
E soura lo chauo proderi 3 in mar sie vna secha che leua mar e
a nome mogion contra lo qual chao sie lixola de lago e de entro
ostro e garbin mia 15
Bardogolo sie castello E dali al chastello de strongali per gre-
go e sono mia 10
E in quella via sie vna ixoleta in laqual sie aqua dolce de ora
gonere
Da strongali al colfo de pitasso mia 10 per grego che e chauo
del colfo de berici lo qual colfo si va dentro quarta de grego
ver leuante mia 100 e sie largo mia 20
Da strangola al agnelo per ostro mia 30
Da lixola de lagnelo a chauo grio per siroco mia 30
Chauo dagnelo volze mia 5 e dauer siroco sie bon porto e da
verso maistro sie vn altro porto pizolo
Porto grio fo vna gran citade 7 e ponidor de malo se tu li vien
cum forte tepo abi lo pdere aparechiado a darlo a terra p che
le streto luogo
Da grio a lixola de lango per ponente mia 10
Lango sie grado e irola e dura quella faza dauerso grio e scho-
re a. ostro tramontana mia 20
Laltra faza da ponente si schore a grego e garbin e a de sta-
ria e sono ui de chamino mia 30
Anchora apresso lo chauo da verso grio. sie vna ixoleta che a
nome chofalo
Dal grio a barba nichola zoe alixola e la dita ixola sie qu ari pa
rauego entro grego e leuante mia 10
Da barba nichola ala standia per grego mia 10
Standia sie vn chastello infra terra e ariua sie lo porto
Da standia alixola de le simie quarta de leuante ver lo grego e
sono mia 40
C

Da ſtandia a chaſtel marmora quarta de grego ver la tramon
taña e ſo noui de chamin mia   30
Dal marmora a meſi per grego mia   15
Da meſi al fondi del colfo per grego mia 20
Dal fondi del colfo a chauo ſidera per garb in mia 20
Da chauo ſidera al dito meſi mia 10 che e largo dal cholfo e ſo
ura la dita bocha ſie lirola dele ſimie lonzi da meſi quari mia 10
Da ſidera al chauo de porto maſferan per oſtro mia 15
Simie ſie tre ſcole po ben ſtar naue entro ſimie e ſimtoto che e
porto e da ſimie a porto maſferan per ponente mia 15
Da ſimie al porto de rodo per maiſtro mia 30
Da porto maſferan a choda de volpe per ſiroco mia 5
Da choda de volpe a rodo per grego mia   18

  Rodo ſie iſola granda volze mia 160 e da vno belo cha
ſtelo e citade dala faza de leuate eſia do porti zoe lo por
to de li molini che a do moli molto belli e la ſta le naue
tu poi darli prodexi da qual ladi tu voi L'altro ſie lo porto del
mandrachio che e per nauili pizoli
Se tu vien in rodo da ponente vardate per vna ſecba che e ſo
ura la ponta de ſancto antonio mio mezo in mar
E ſe tu vien da leuate guardate da vna ſeca che e ſoura le forche
da ver grego mia 40 in mar
E fa bono. aia ponta del mollo de li molini per che li ſie vna
piera ſoto aqua largo mezo prodexe
Dal porto de rodo al chauo de lindego quarta de garbin ver
loſtro mia   30
e ſoura quel chauo a mia 6 ſie vna ſecba e pol andar le naue
entro la ſecba e terra ferma
e ſoto lo chauo de lindego ſie lo porto eſia lintrada da ver ſir.

Dal chauo delindego al chauo da verso el garbin de rodo per
garbin sono mia 30
Dal chauo dauer garbin ala ponta de lena dauer maistro vol
zando lixola entro grego e tramontana e poi per leuante e sono
ui de chamino mia 80
E soura quella faza dauerso garbin in mar mia 20
E iui sie lixola de san nicholo de charchi e a porto in mezo lixo
la edeuer o lixola de rodo
L intrada sua sie verso leuante
Dal dito chauo de volpe a trachiro per grego mia 5
Da trachiro a fischo per grego mia 10
Fischo sie bon porto e alintrada dauer siroco e in la bocha del
porto sie vna ixoleta e pol andar le naue da ogni parte de lixo
la alo colfo entra per tramontana
E in lo fondi del colfo sie tre ixole
E dal fischo ala fore de propia per grego mia 15
E in quella via sie lo porto de marchano quasi in la mita de la
via e oura propia mia 5 entro leuante e siroco sie vna moun
tagna che a nome vermeglia
Entro merchano e propia sie vna ixoleta che a nome sata
Da propia al chauo di pendali entro leuante e siroco e sonoui
de chamin mia 20
El dito chauo sie alintrada del colfo de macri
E soura lo dito chauo per ostro sie vna ixola che a nome ple
nisi lonzi mio vno
Da chauo pendali al fondi del colfo de macri per tramontana
sono mia 30
E in fondi del colfo sie do ixole la mazor fo habitada
E da lixola grada ala citade de macri per siroco mia 5
La intrada sua sie dauer ostro in la ponta che e murada
E in nanci che tu regni alixola iui e vna secha in mar prode
C ij

re vno e mezo lo colfo sie largo in la bocha mia 30 30 e va pen
dali alo leuisi quarta de ostro ver lo siroco
Da rodo amacri per grego mia 80
Da macri a leuiso quarta de garbin ver lostro mia 20
Leuisi sie bon porto e sia lintrada da uer ostro
Da leuisi a san nichola zoe alirola de pernixe quarta de ostro
ver sirocho mia 10
Lo colfo de pernixe entra entro circha mia 10
E insando fora del colfo alintrada de sete caui quarta de ostro
ver lo garbin mia 10
La staria de sete chaui tien quarta de leuante ver lo g mia 10
Da sete chaui a pantarcha entro grego e leuante mia 10
Da sete chaui a rodo entro ponente e garbin mia 90
Da pantarcha a chalamata per leuante mia 10
Calamata sie colfo che va entro per tramontana mia 00
E contra chalamata sie do irole luna a nome le dame o ver le
done e laltra a nome serpenti
Da chalamata a lirola leofate per siroco mia 10
Entro lirola e terra ferma sie vn scoio soto aqua che a nome
chauali ede lonzi la dita irola da ter ra mia 8
Da chalamata al porto per leuante mia 15
Da lirola leofate a chastel ruzo quarta de leuante ver siroco e
sono mia 12
Da lirola de le pozelle a leofate per tramontana mia 5
Leofate sie bon porto e a laintrada da uerso gar. e entrasse per
grego e poi per leuante mia 3
E in la bocha del porto sie vn scoio pizolo in mezo del colfo sie
fondi de passa 20 d aqua apresso terra prodere vno e quando tu
interai in lo dito porto perderai lo fondi in fina ala volta de le
uante e poi trouerai fondi de passa 25 Anchora in lo dito por
to sie fondi de passa 18 e la no ne aqua dolce seno de probana
e quando tu insirai de lo streto del porto alargate da luna ter
ra alaltra e circha mia 3
Da la ponta verso leuante entro leuante e siroco mia 2
La dita ponta sie bon porto che va dentro mia 3 per grego e

quel porto a nome san zorzi e soura lo chauo sie vna secha in
mar proderi do e alintrada de san zorzi da la dita ponta aca
stel ruzo per sirocho e sonoui de chamino mia   7
Chastel ruzo sie irola e sia vn chastello suto habitado lirola de
chastel ruzo sie alta e in quella altura sie lo chastello da la par
te rosa lirola sie lonzi da terra ferma circha mio vno e mezo da
ṗo. e da le la dita clozi mia 2 e sia do itrade luna dauer leuan
te e laltra dauer ponente e tute do le boche sono nete
Anchora i elfreo de lirola e auer terra ferma da la parte de
ponente mia 8 sie lirola de le polzele
E dauer leuante sie lirola de chorente e laltra de lagnelo e in
mezo de lirola ṗso terra ferma sie lo chastello soura lo porto
E posse darli proderi a quella irola e lanchore dauer terra fer
ma e lonzi dal chauo del porto dauer leuante mio mezo e iui
sono do schoi soura aqua Ma tu poi ben andar entro li scho
gli e lirola honora san zorzi da ogni parte prodere mezo
La cognosenza del chastello ruzo sie tal infra terra sie vna mō
tagna che fa quasi vna carena de staria circha mia 20 a leuan
te e aponente e va asotigliando dauer leuante
Anchora la dita irola sie dauer leuante e sa vno chauo grosso e
muso e par quasi colfo e soura lo pi alto sie chastel ruzo
El parezo de chastello ruzo sie fina rodo per ponente mia 100
E da chastel ruzo a lirola di Rema per grego e sono mia 15
Rema in lengua nostra a nome chorente e sie irola 2 e apresso
terra ferma e sono ni de chamin mia
E la sie lo statio e laltra irola a nome agrello
E da lirola di chorente al chauo sono irole do 2 a tre boche
La mazor irola a nome magonisi e sie dauerso leuante e sie lon
ga per leuante circha mia   6
In la bocha da leuante sie largo e neto fondi da passa 60
E la bocha da ostro sie larga prodere vno e mezo
e in quella bocha dauer leuante in lirola mazor a prodere vno
e mezo sie vna secha scoiosa e poterai ben andar entro la secha

                                                            E iiij

elixola mazor
Anchora in la pianura de lixola pizola fie fondi de passa 50
ma eglie aspredo Anchora se tu voi andar per bõ portov a p la
bocha de mezo entro grego e tramontana e trouerai fondi piã
e arenil de passa 15
E dela va dentro fin alixoleta dauer ponente mio mezo
E la fie bon porto e fondi de passa 8
Anchora in terra ferma fie molte cisterne e in lixola granda su
melmente de bona aqua dolze da beuer
Dalchachauo a porto de eno per grego mia   10
Eno fie bon porto ea do chaui e va entro per tramontana cir
cha mio vno e quando tu farai in lo porto tu poarai dar lipro
deri da ogni parte
E da eno ala tore de stalimure per grego sono mia   8
Sapi che da la tore infra terra circha mia 6 fie san nichola
Soura la dita tore fie vn bon ponidor
Da stalimure ala tore de fenicha per grego mia   20
Soura fenicha fie vna gran montagna
Da fenicha alixola de filidonie quarta de leuante ver lo siroco
e sono mia   35
La dita fenicha fie lonzi da terra ferma mia   2
Lixola de filidonie che e piu dauerso ponente fie alta e arocá
da in fina a.mar
La secunda ixola dauer grego e grossa e dauer tramontana e
va asotigliando a sirocho e sic da ponente arochada e rosa in
fina al mar
La terza ixola fie piana e pizola ea sirocho sia vn collo bianco
e sa someia da lonzi vna naue e sie mio vno in mar
Anchora soura filidonie fie vna montagna grossa che demo
stra verso garbin vn chauo e va asotiando
Anchora soura filidonie fie vna secha mia 3 in mar per sirocho
e par quaxi scoio soura aqua e vederala poco e sie molti scoieti
Soura filidonie mia 60 in mar per ostro fie vna secha che nõ

par e sia fondi palmi 4 ea nome testa de satalia
E dachauo de silidonie al chauo de satalia quarta d tramonta
na ver lo grego in tal modo mia   80
Da silidonie a porto zenouese quarta de tramōtana ver lo mai
stro e sono mia   20
E soura porto zenouere mia 4 sie vna iroleta ea litrada dar̃ sir.
Da porto zenouere a sepastro per tramōtana mia   35
La intrada del porto sie dauer leuante reuolzando a garbin
Da sepastro alirola de cambro sie per tramoutana mia   20
Lirola sie lonzi da terra ferma a leuante mia   4
Da cambroria agiopatide entro grego e tramontana mia   10
Da giopatide a satalia per grego mia   13
Satalia sie citade esia porto cum chadena lintrada sie dauer
ponente e da satalia a satalia vechia per leuante mia   30
Da satalia vechia alirola de san gregorio quarta de siro. ver
lostro e sono mia   20
Da lirola de sangregorio ala chala de san nicholo mia   20
Da la cala de san nicolo al chandelor per siroco mia   20
          Andelor sie citade esia porto ea lintrada dauer ostro
   e   e choure da lo gar. fin al gre. volzādo dauer maistro
          Dal chandeloro ale silidonie per ponēte mia   110
Dal chandelor al chauo san bifanio che e alirola de cipri en-
tro ostro e siroco mia   160
Dal candelor al chastel lombardo per siroco mia   20
E in mezo sie vn statio che se chiama chuchabata
Da castel lombardo ad antiozeta entro leuante e siroco mia   20
Antiozeta sie soura vna rocha e nona porto
D antiozeta al fiume d̄ balandro quarta de le. ver siroco mia 15
Da chalandro a chauo de stalimura .q. de siroto v̄ le. mia   20
E in quel chauo fo za vna citade e de couerto da .p. fin al grego
volzando verlo maistro
Stalimura sie vn chastelo e dali al chastello siquino mia 15 per
grego et iui e vna fore che a nome dragante e soura. siquino
mia 5 sie vna iroleta
                                                         E iiij

E da siquino ala chase de pelopari per leuante esono mia 16
L intrada sua sie per grego in bō fondi neto
Entro siquino e pelcopari sie lixola de oliua doue sta le naue
Da pelcopari a papadola quarta de leuāte ver siroco mia 50
Papadola sie porto e da ponente mia ii sia vna ixoleta che a nome spurio che e alta e lonzi da terra esonoui mia 4
E po andar naue dentro terra ferma eli xola e posse ben star
L apadola sie colfo e chopre in fin a garbin da li proderi al sco ieto che ela el ancbore da uerso terra in fondi de passa 15
E in quel colfo lonzi da papadola mia 5 sie bō sorzador ede da uanti la chiexia de san zorzi che e ala ponta de colfo per ostro
Da la ponta del colfo a porto chaualari per grego mia 3
E lintrada del porto sie da leuante e da ponente
E lintrada de la bocha de leñante troui fondi de passa 30
E in lo fondi del porto sie da passa 10 nfin 15 e in lixola si po zo daqua dolce da beuere da uer tramontana
Dal porto chaualari al scoio prouenzal per siroco esono mia 3
E in quella via apressin caualari mio vno sie vna piana che e ne ta eda fondi arenil de passa 15 a prodere mezo largo
Lo scoio prouenzal sie bon scoio e da uer tramontana e da uer o stro nona fondi
E dal scoio prouenzal achamandrachi per leuāte mia 6
Soura galla da uer tramontana sie vno scoio aloqual se da li proderi e l ancbore de ver terra
Lo chastel chamandrachi sie soura questa gala in fin a trrra p tramontana esonoui de chamin mia 2
Da chauo chamandrachi a porto pin per leuante esono mia 4
E in la bocha del porto sie vna ixola che fo habitada
E lintrada sie da uer ponente da uer le. ma el suo statio sie de uer maistro da li proderi al pin che soura la fontana e lanco re da uer sirocho
E intorno ixola none fondi ni statio
Da porto pin a sanctol theodoro per leuante mia 3

e lintrada sie dauer sirocho e volze a leuante da li proderia
terra e leanchore a sirocho in fondi de passa 30 ⁊ e fondi marzo
e non rezeue le anchore
e dauer grego sie vna chala e apresso mia do sie vna dragone
ra ifra tera vna balestrada ⁊ ic aqua dolce ea litrada del porto e
dauer ostro soura la montagna sie la chieria de san theodoro
e da san theodoro a lena dibagassa per sirocho mia   io
Anchora soura lena mia io in mar per ostro sie fondi arenil de
passa 30 e vien siminuendo fin a terra mia   2
Da bagassa al colfo de san tomado per grego e sonoui mia   4
e iui e bon forzador mia 2 in mar
Da san tomado ala fore de salefo per sirocho sonoui mia   4
In la fore pol intrar legni pizoli lo chastello de saleto sie infra
terra per tramontana quari mia   5
Da la fore de salefo a porto ianifo per leuante mia
Porto ianifo sie bon porto e alintrada dauer ostro da li prode
ri aluna parte et alaltra
Da iamiso al churcho entro leuante e siroco e sono mia   3
Fin che tu monterai lirola per che lintrada sie dauerso leuante
Lo churcho sie irola che in mar circha mio vno lo statio sie
contra lo chastelo da li proderi ali scoieri che e soto lo castelo e
leanchore dauer ponente e la e vna fontana salsa de san nico
lo che ala riua del mar
Dal churcho a churcho vechio per leuante e sono mia   4
et e bon statio lie fondi de passa 12 in 15
e da churcho vechio ala fora de amo quarta de leuante ver lo
grego e sonoui de chamino mia   6
In la qual po intrar legni pizoli
Da la fora de amo a bonbolicho quarta de leuante ver lo gre
go e de statio da naue de stade e fondi pian sonoui ma   20
ea bombolicho ala fora de torso entro grego e leuante mia   20
Torso sie infra terra per tramontana mia   io
Da toso ala fore de adena per leuanti mia   15

Da torso ala fosa de adena mia 15 per leuante ꝫ e statio per
nauili pizoli cadena sie infra terra mia   20
Da adena alchauo de malo per sirocho mia   16
E in la ponta dauer leuante sie molte secbe e de statio p naue
de istade
Da chauo mala ala fosa de malmistra ꝫ e statio de istade per
leuante mia   15
Da malmistra al porto dipali mia 15 volzando per siroco mia 6
e poi per leuante mia 5 per tra. e mia 4 per maist. e vogli bono
rar tuta la terra mio vno e piu
L intrada del porto sie dauer grego e volze a maistro
E defora del porto sie bon statio per tuti iventi excepto che vē
to asalea che zare quarta de leuante ver siroco
Dal porto dipali ala iaza entro grego e leuante mia   10
Laiaza sie citade ꝫ e desfatta per li sararini e sie porto di stade
ꝫ a do irolere piane dauer siroco apresso terra prodexi do e
mezo dali prodexi alixola del chastello
Da la iaza a monte gaibo per grego mia   15
La dita iaza e fondi del colfo darmenia e sie statio d iftade
Da monte gaibo ala fosa de charamela e sie statio da barche da
istade entro ostro e sirocho mia   10
Da charmela adalexandreta mia 15 per ostro e sie vna chala per
legni pizoli
Da alexandreta a porto bonello che e bon statio da naue entro
ostro e garbin mia   8
Da bonello a rasaganzir che chauo muso credondo entro os
tro e garbin mia   10
E soura rasa ganzir aleuante sie la montagna negra
E da rasa ganzir ala fosa d fi de solino per grego mia   24
E soura la fosa mia 10 sie la citade dantiozia
Da solino a ualle per ostro mia   10
Anchora in valle sie schaupador de naue per sartia
E soura valle in mar mio vno sie vna ixola de colombi e la va

le naue li proderi
Da vale ala pōta de polsino per gar.ze statio per grego fin al garbin fazando la via deuer leuante mia 10
Da polsino al chauo de gloriata per ostro mia 20
Gloriata sie chauo pian che auer tramōtana vn porto da bar che da gloriata a chauo sancto andrea che e in lixola de cipro per ponente sono mia 70
Da gloriata ala liza per sirocho mia 5
La liza sie porto da chadena e a vna tore dauer tramontana. E foura la bocha a prderi do e mezo sie fondi asperi l de passa 6 daqua
Da la liza a chauo de sancto alerio mio vno e mezo quarta de ponente ver lo garbin
Da sancto alerio ala fora de belda per sirocho mia 12
Da belda a valnea per ostro mia 6
Valnea sie statio da naue per ostro al chauo de maistro
Da valnea amargato per ostro che e el chauo daū ostro che e da ponente sie statio da istade per naue e sono mia 5
Margarato sie chastello
Da margarato amarachea entro ostro e garbin mia 8
Entro margarato e marchea sie vna secha che esse fora in mar mio mezo
Da marachea alixola de tortosa entro ostro e garbin e piu ver lo sirocho mia 12
Tortosa sie ixola e de bon ponidor dauer tramontana e poi dar li proderi al chauo dauer tramontana e l anchore dauer ostro E non intrar i quel porto cum naue granda dauer ostro che la e fondi pian de palmi 8 in 12 e tien quella secha dalixola fin ali scogli che sono dauerso sirocho circha mia
Lixola sie longa dala citade de tortosa circha mia do per ponēte e piana e volze circha mia 7
Da tortosa al fiume de arqui che e fondi del colfo d tripoli quarta de ostro ver sirocho mia 20

Tripoli fie bon porto e la citade fie infra terra mia　6
e foura tripoli mia 4 per maiftro fie vna iroleta che a nome rõ
zino entro quella irola e la citade e fie molti fcloi foura aqua
e da roncino per ponente mio vno fie vna irola fu la qual fie
vna chieria da fan nicholo
e dentro roncino e lixola fie vna fecha · fan nicholo fie lonzi da
la ponta proder vno e mezo
e in mezo de quel freo fie fondi de palmi 6 e in lirola da ver le
uante che a nome penduti fie molti fcoi foura aqua e fotto a-
qua lonzi da la citade mio vno e fondi de palmi 4
e fe tu voi intrar feguro in lo porto de tripoli lafa tute le iro
le da uer garbin e va per leuante mio vno e poi per firoco mia 2
e la fie lo porto e fondi de paffa 4
La cognofenza de tripoli fie tal Soura tripoli a firoco fe le
ua vna montagna infra terra che a nome belinas
e da tripoli a nefin fie de chamino per oftro mia　5
el dito nefin fie chaftelo e porto da barche e da legni pizoli
Da nefin al pozo de coneftabile che e chauo entro oftro e gar
bin e fonoui de chamino mia　5
Lo pozo fie chao mufo e pian ede foura in lo qual fie tre fhcoi
e va dentro li fcoi in fondi de paffa 5 e la fie bon ponidor
Da pozo coneftabile a beldroni per oftro e de ben ftatio per bar
che e fonoui de chamino mia　8
Da beldroni a ghibeleto per oftro e fonoui de chamino mia　7
Da ghibeleto al fiume de chani quarta d oftro ver firocho e fo
noui de chamino mia　5
Da chani a baruti per oftro e fonoui de chamino mia　6
Baruti fia vna irola da uer garbin a proderi do 7 e porto e
quando tu interai in lo porto lafa lirola da uer oftro e da li pro
deri a lirola e le anchore da uer terra ferma
Da la dita irola al chaftel de baruti quarta da ponente verlo
garbin mio vn e mezo e lonzi al chaftelo a vna arcada fie lopor
to cum chadena e a fondi de paffa 6 e a do boche

Da lo chastello de baruti al chauo per ponente mia 3
Lo dito chauo sie muso e pian E soura lo chao dauer ponente sie arochado
Dal chauo de baruti al dito pozo conestabile quarta de tramontana ver grego mia 30
Dal chauo de baruti alirola de sayto entro ostro e sir. mia 18
L'intrada de la dita irola sie dauer tramontana e poi darai li proderi alirola in la qual sie vn molin e l'anchore dauer lo castelo in fondi de passa 5 lo chastello sie in mar lonzi da terra passa 25 e i lo porto sie fondi da passa 3 in 4 et e porto per barche e quando tu doverai iterar tu te acosterai al borgo del castelo e sie infra terrra ferma so sarto da le. sono do montagne forchade e a nome force de sayto edav leforce vso tra. sie vna motagna che a nome tauola de baruti e da sayto al chauo de serasendi per ostro mia 7
E la sie statio de barche e in quella via sie vno charale che a nome ande e la sie scala per barche e da serasendi a suri per ostro e sonoui de chamin mia 7
Suri sie porto cum chadena per legni pizoli i fondi de passa 6 e le naue dali proderi al molo de la citade e l'anchore dauer tramontana e la chadena te roman dauer siroco in fondi de passa 3 in 4 e a suri dover maistro sie do irolete la mazor a nome liro la de pandali doue se apicha li ladroni e da l'altra irola a la ponta d la citade e proderte vn e mezo e fondi de palmi 13
La ponta de la cita se stende per staria e da l'irola ali scoi per tramontana mio mezo
E lonzi dal chauo de tramontana per grego proderi 3 sie vna secha soura aqua circa palmi 15 Suri da luna ponta al'altra sie passa 240 30 e la faza de la citade dauer levate
Da suri a chauo biancho quarta de ostro ver garbin mia 10
E in quella via apresso suri sie chala scandalor e in mar mio mezo sie fondi de passa 15 da qua
Da schandalor a salto del frier per ostro mia 2
Dal salto del frier a chao biacho per ostro mio vno
Anchora entro suri e chauo biacho sie vno colfo che va entro

piu de tre mia afirocho e in chauo del colfo fie fcandalor
Chauo biancho fie mufo e dauerfo tramotana circha mia 2 fie
biancho e tuto arochado
E foura chauo biancho infra terra da leuante fie montagne
che a nome abelinas
E vederale da lonzi chomo forche e da ŷfo grego e grã ſtaria
Da chauo biancho ala citade dacre per oſtro mia   5
E in quella via lonzi dalchauo biãcho mia do in mar per oſtro
Soura caſtel lambertin fono molti fchoi e feche chufi foura
aqua e chomo foto aqua
E fapi che entro le feche e tera ferma none fondi da pafar p qla
E fora dela fecha mio vno e mezo entro ponête e maiſtro e fo
no certi fafi fotto aqua da palmi 12 in fin 16
Achre fo gran citade e ben habitada da ogni gente e fo aco-
mun e porto per forza d' fartia e chopre da oſtro fin al maiſtro
ala volta deleuante e alintrada fua da garbin
Dala porta de ferro che e dauerfo garbin effe vna fcholura per
firocho che fa porto e poffe dar li proderi ali diti fcoi capreffo
de li diti fchoi avno prodere fie vno fchoio in lo qual fie vna
tore che a nome tore de mafqui
e fe tu vien da firocho tu die intrar fra la tore e li fchoi dauer
garbin per che da leuante fie pocho fondi e lonzi da la tore cir-
cha proderi 3
e fe tu voi intrar in lo porto regnando dauer garbin honorã
la dela dal têpio circa mia 2 e va dêtro fin che el tempio te ro-
man da tramontana per che la fie vna fecha lonzi dal tempio
proderi 4 entro oſtro e garbin
et entro la fecha e el tempio fie fondi de palmi 14 e poffe ben
paffar cum legni pizoli Soùra acre da leuante ver firocho in
fra terra fie terra piana
La cognofcenza dacre fie tal dala parte de tramontana fie ca
uo biancho chomo e dito
La fua cognofenza e dala parte doſtro fie licharmeni abila
fua cognofenza e va per mezo entro chauo biancho e el char

mene
Dacre a chaifas per oſtro volzando lo cholfo mia		 io
E dacre alcharmene per garbin mia		 io
La cognoſenza del charmene ſie tal vna montagna piana da
uer leuante e va ſotigliando e par da lonzi irolada
e ſoura charmene da maiſtro mia		 io
e lui ſie tali da ligar la doue e fondi de palmi io in iz
Bal charmene ala foxe de damiata per garbin intal modo eſo
noui de chamino mia		 300
Bal charmene alcaſtelo pelegrino per oſtro mia		 io
E baſtel pelegrin ſie in mar da ver oſtro eſia porto per legni
pizoli
Ba chaſtel pelegrin aſaline per oſtro mia		 io
Ba ſaline aceraria per oſtro mia		 io
Ba ceraria alarzuſo entro oſtro e garbin mia		 is
Bal zaſo azafa per quella medeſima via mia		 is
zafa ſie vna mota ſoura mar e dauer leuante ſie terra piana
quari ſtariaſe tu ſpelegherai dacre a zafa tu non vederai algu
na montagna in mar ſe non charmene e tuta laltra terra tu ve
derai piana
Anchora ſoura ceraria infra terra tu vederai do montagne de
Jeruſalem de ſancto abraam
vi de chamino mia		 20
e da zafa a chaſtel beroardo quarta doſtro ver lo garbin ſono
Ba beroardo a ſchalona entro oſtro e garbin mia		 20
Ba ſchalona a guzara mia		 is
Ba guzara al dechin quarta de garbin ver loſtro mia		 io
Bal dechin aporto beltrato entro oſtro e garbin mia		 10
Ba bel trato achauo del colfo de lixola de rixo per oſtro e ſo
noui de chamino mia		 35
Bal chauo del colfo da tramontana alaltro chauo da oſtro ſie
quarta de garbin ver oſtro mia		 25
Lo colfo e in colfado a ſiroco mia		 25

Dal chauo da grego del colfo de rira al chauo da ponente del colfo de stagnon che a nome Ratalcasero a gre. e gar. mia 70
Lo colfo de stagnon sie in colfado a ostro mia 30
Da chauo del colfo de rira da ponente a pizolo stagno quarta d' garbin ver ostro mia 15
Da pizolo stagno a ratalchassero entro ponente e maistro e sono mia 20
Da ratalchassero a faramuda quarta de garbin ver ponente e sono mia 30
Da faramuda a tenere per ponente mia 5
E sie dauanti la fora fondi de palmi 6 daqua
E tenere a damiata quarta de ponente ver lo garbin mia 60
Intro tenere e damiata sie vna altra gran fora chomo quella d' tenere
Adamiata sie gran fondi in la bocha in la qual sie vna secha te palmi 10 quando le aque son piene z Anchora lo fiume deuer la citade sie a garbin
E la citade sie infra lo fiume mia 3
E dauanti lo fiume sie vna iroleta che a nome esbonala done e vna antichaia de muraia
Da damiata in acre sie de parezo per grego mia 300
Da damiata in alexandria intal modo mia 190
Da damiata a san ieremia zoe a chauo de brullo entro ponente e maistro mia 50
Brullo sie chauo sotil cum molti albori apresso lo mar
Da brullo a sturion entro ponente e garbin mia 50
Sturion sie fora e va in vn stagnon grando
Da stagnon a roseto quarta de garbin verso el poente mia 50
La fora de roseto sie vn grā fiume ca ple aq sece palmi 10 e ple aque piene palmi 15
Da roseto a la tore d' becheri per ponente ver maistro mia
Becheri sono do irole z e ben ponidoz
Da bocheri in alexandria per ponente verso garbin mia 15
Alexandria sie nobile citade eda vna ponta fora da uer ponente i la qual sie vna gran tore che a nome lo fario d' alexādria che e La

cognoſenza de la terra e par da lonzi mia 25 in 30 chomo ſi vo
lon Anchora apreſſo la dita tore prodere mezo dauer grego ſi
e vn farion che a nome maimon E ſe tu voi intrar in alexandria
honora la ponta del faro prodere vn eua chuſi in fina al mai
mon achoſtate alui per amor d vna fecha che e cōtra maimon
prodeṛi do lonzi quari per ſiroco eſie vna ſchena d ſ coieto ſo
to aqua in fina a terra p mezo la chieria de ſan marcho che ſta
a maimon quari a ſirocho
La ſecha ſie foura aqua palmi 10 in fin 8 Se tu voi ſtar al fa
ro metite la tore del faro quaſi a grego e va dentro quanto tu
poi a ſaluamento el molo del faro te defendera dali venti del pe
lago e da li prodeṛi al molo ouer ali ſchoieti ele anchore ver ſiro
cho e ſe tu voi andar dauanti la citade fa la via d una piana che
inanzi la cita e quando tu laſerai la piana dauer leuante tu ve
derai laltra ſecha dauer terra jaqual te mete dauer maiſtro e a
quella ſecha da li prodeṛi e quando tu ſarai deſcharigado ele a
chore dauer ſirocho e la citade te ſta quari aponente

E d laltra parte de la citade ſie laltro porto dauer maiſtro che
a nome porto vechio in lo qual non olſa ſtar naue de chriſtiani
ſeno quelle de mori o uer altri infideli

El intrada ſie dauer tramōtana e la e molti ſcoi che pare che nō
par Balexandria in acre ſie de parezo quarta de grego ver lo le
uante e ſono mia   460

Qui ritorneremo acomenzar dal gozo de crede e prima

I   gozo de crede ouer decādia ſie in mar largo da lico
     la dechādia per oſtro mia   40

El dito gozo ſie irola ſotil dauer leuante e alta e groſ
ſa e biancha dauer ponente

Al chauo dauer leuante ſie parauego per ponente in fina tra
montana e ſie lo parauego ala ponta ſotil

Da la ſoura dita ponta da leuāte fin a chauo pertuſ ado che da
uer ponēte ſie laltro parauego mia   15

E da chauo pertuſado ala dita ponta ſie ſpiaza eſorzador e cha
ua ala riua e trouerai aqua dolce

E ſoura la dita ponta ſie la chieſia de ſan zorzi lonzi da la mari
                                               D

na tre baleſtrade ea preſſo vn charobeto aman deſtra ſotto la
chieria ſie vnaltra fontana anchora in lo parauego dal chauo
ſotil da leuante ſie fondi arenil de paſſa 6 meti li proderi al
ſcoio redondo che e irolado perſi eſie i meza la via de la ſpiaza
deſoura el gozo mia 30 in mar quarta de garbin ver loſtro
eglie vna ſecha
Dal gozo alantigozo per maiſtro mia　　　　　　　　　　5
Ela ſie freo intamarado apreſſo intrando lirola. Ma entro el
gozo e crede ouer candia ſie gran fondi e neto
Dal gozo a chalonimena quarta de grego ver lo leuãte mia 60
La ſua coonoſcenza ſie lo chauo del porto che e da ponente
ſie muſo e alto earochado ela ſie vna grota e roſſeza eſie do iro
lete dauer ponente e ſe tu vien da garbin tu la vederai
E quando tu farai la va per grego mio mezo e poi torna per tra
montana a oſtro in fondi de paſſa 8 in io e meti li proderi a li
rola che e da leuante a voler ſtare ben
Anchora iſtral le do ſeche che e la tu te poi metere aqual tu voi
da leanchore da grego in fondi de paſſa 10
E quando tu ſarai al porto ſel foſſe tramontana forte da li pro
ri al crede perche lo fondi pende
Anchora ſe tu entri in lo porto cum vento largo tanto che
tu te poſſi aproximar a lirola da leuante non temer de andar a
vn prodere apreſo che la e neta e armizate chomo e dito
E ſe tu voi intrar dentro tute do le irole va ſeguramente per
quel freo che e neto e tien aquello da leuante e guarda non in-
trar fra lirola e el crede laqual ſie da ponente che la ſie bruto
veramente tu te poi ben aferar e intrar cum legni pizoli che vo
glano palmi 10 ouer 12 entro lirola da ponente e el crede. Ma
guardate da vna piancha che e la apreſo lirola prodere vn ze
vn altro ſcoio pizolo
Lo porto de chalonimena ſie de mezo vna vale che e ſoto la
guardia Anchora vnaltra vaile la doue e vna chieria che apre
ſo aqua dolce et a do farglioni al porto quaſi per leuante eſie

apreso terra quaſi mio mezo
Dal porto de chalonimena a testa lion‧per leuante mia   io
Chauo lion sie muso a mar e rossiza esie bon metador in fondi
de passa io in mar mia   2
Ela sie vna verdura de chane esie aqua dolce soto vna citade
desfata che e de la da chalonimena al charegador per grego e
sonoui de chamiño mia   40
Charegador La sua cognoscenza sie tal vn chauo negro emu
so e couerto aponente ea maistro esie bon parauego honora lo
chauo che la sie vna secha soto lo chauo largo proderi treche
e soto aqua anchora in la spiaza sie vna chieria de san nicholo
e soto lo chauo alguna cosa ver la spiaza sie fontane de bona a
qua dolce e se tu voi andar in fondi pian de passa 6 va perme
zo la chieria soura dita La cognoscenza de calonimena fin al
deschbaregador sie tale soto la staria da tramontana sie vna gin
badura e la sie vna montagna che anome la ganbella esie in zi
ma de la montagna quaſi in meza via de chauo lion al descha
regador sopradito
Dal charegador alixola de gaideroni quarta de leuante ver si
roco e sono mia   30
Li gaideroni sie do irole esie largo dal crede mia   iz
Edal parauego ala põta soul chee dauer tramontana
E va in fondi del parauego e rederai vna antigaia e la troue/
rai aqua dolce in vna cisterna
Anchora al chauo de le dite irole dauer leuante sie vnaltra iro
leta eda lo freo largo proderi do esia fondi de palmi 14
E in la dita irola sie parauego dauer ponente e a garbin esor/
zi dal chauo da leuante lonzi da lirola proderi tre in fondi de
passa is in tal modo che tu te pessi leuar cum tramontana
In la dita irola dauer po. sie vna secha mio vno larga esie. co
uerta a leuante ca siroco metite lonzi da lirola mio mezo i fon
di de passa iz in is

B ij

Anchora per mezo lo chauo da leuante de gaideroni in lixola de cadia sie vn porto fato per forza e la si fo vna citade antiga e sia lintrada da leuante e a nome porto zirapetra guardate che alintrada del porto sie vna ponta che so de molo e sie chomo vn frate antiga e grande e sta al chauo da ponente
Da li gaideroni ala christiana quarta de leuante ver lo grego e sonoui de chamino mia 30
La christiana sie vna irola e sie lonzi da lixola de crede mia 7
E per lo freo de la christiana e el crede poi andar seguramente cum naue per la mezaria
E in la ponta de la christiana ver crede sie vna secha lonzi proderi tre e de fondi basso
E al chauo de la dita christiana dauer sir. sie passa ix ede parauego per venti da ponente e de fondi pian o passa 15
Anchora p mezo la christiana in crede sie vna montagna forca da che a nome christiana e lonzi mia 6 sie vna iroleta redonda chome vna tenda e vardase cum la christiana zoe cum lixola e maistro e a sirocho
Da lixola de la christiana ali faraglioni quarta de tramontana ver lo grego mia 12
Li fariglioni sono tre irole e sie apresso lixola de crede proderi do e sie parauego tu vederai autigaia da leuante ale dite irole
Quando tu sarai alantigaia va aleuante verso crede proderi 2 e trouerai la vn prodere daqua dolce e va aleuante de lantigaia mio in ezo e trouerai vna cisterna granda de bona aqua dolce
Da li fariglioni ala bocha del porto de pelcochastro quarta d tramontana ver grego mia 20
Lo porto de pelcochastro sie tre irole piane et e vn schoio che par soura aqua e sta in staria dauer pielego a grego e quello fa porto meti li proderi alirola dentro e leanchore in fondi de passa 8 lo dito porto sie entro lo colfo e litrada sua sie ifra le irole dauer ostro
Se tu voi intrar in lo dito porto se tu vien dauer ostro va apreso la dita ponta apreso terra per quella pianura in fondi de passa 18 fin 30 e auanti che tu vadi al dito porto sie vn panion che

bene a mar scura lo dito porto e per mezo lo panion predito in
mar per siroco sie fondi pian e sorzador quasi para vego e sie
fondi de passa 15 in 18 e in 20 e 25 La cognoscenza de peleocha
stro sie tal in mezo sie vn pozo soura mar e somcia vn chastel
lo e rosiza
Dal porto d peleochastro fora i mar p g sie vna irola e sia no
me balaser i e sa porto da ver tramontana e sie apresso de chauo
sermon circha mio mezo
E in quel freo sie fondi basso
Chauo sermon sie in mar entro grego e leuante circha mia 3
E iui sie vna secha soura aqua bonoza la da uer tramontana e
de largo da quella mia   2
Da lirola de la christiana al dito chauo sermon quarta de gre
go ver tramontana mia   40
In lo dito chauo sermon sie vn fario apresso terra circha mia 2
Da chauo sermon al irola salamon per leuante mia   5
L irola salamon sie piana e longa e somcia a pasimata
Da chauo sermon ala dita irola sie monti e vale z ein meza via
a mia 3 i mar per tramotana son molte sece se tu voi andar per
mezo le irole pizole al chauo va per mezo lo cauo e el scoio che
par da chauo sermon al colfo de zirapetra entro ponente e gar
bin e sono mia   30
E in lo dito colfo sie vn chastelo che a nome sera
Anchora in lo fondi del colfo d zirapetra sie vna irola che a no
me san nicholo la e bon statio da li proderi al irola e l ancore
a ostro i fondi de passa 6 in 8
Da chauo sermon ver ponente sie tre irole entro ponete e mai
stro mia   20
Da luna irola ale do sie d freo mio vno
Da la dita irola achauo san zouane quarta de ponente ver lo
garbin e sono mia   30
E in lo dito chauo sie vna chieria che a nome san zuane e de in
fra terra sie vna montagna che a nome gaideroni esta al dito
chauo a ostro e tramotana
Anchora lo dito chauo sia bon fondi piā e poi ben star per ve
B iij

to aponente fin ala tramontana
Al dito chauo da ver gar. sie vna ixoleta che anome cinctata e spina longa in laqual sie bon porto lixola de spina longa sie dauer tramontana mia 3
Elintrada sie dauer lo chauo de san zuane e poi star dauanti la chieria prodeni do e poi star ali xola cum naue chomunal largo prodere vn e cum naue granda prodeti do e in lo freo dauer ostro sie fondi basso e la sie vna secha bassa de palmi 14
Da chauo san zouane ala citade de candia per ponente mia 40
Entro chandia echauo san zouane quari ala mezania sie vna ponta la done e vna tore e sie bon parauego

Chandia sie citade e soura la citade de chandia in mar mia 10 per tra. sie vna ixola che anome stadia e sie piana e zare a le.e a po.e la sie lo porto al cao da po.e lo porto e sie ala faza dost. e chomo tu zonzi alaponta del porto da i conti nte li prodeni aterra per paura de non perder lixo
la Soura la ixola o standia in mar mia 20 per grego e leuante si e vna ixola che anome eno e sie redonda che se guarda cum chauo san zouane quarta de siroco ver lostro mia 30
Da la standia a milo ali xola quarta de maistro ver la tramontana e sono mia 100
Da la standia al chauo de la milecha in candia per ponente e pocho verso lo garbin mia 70
Da la standia al chauo dela fraschia entro ponente e gar.mia 10
In lo chauo de la fraschia sie ben ponidor e choure da leuante fin alostro ala volta de tramontana
Dal chauo de la fraschia al chauo de la suda quarta de ponente ver lo garbin mia 40
E se tu voi intrar in lo dito porto La cognoscenza sua sie tale
Lo chauo entra in mar per tramontana e infra questo chauo dauer leuante in fondi del porto circa mia 3 sie vna ixoleta che a nome sancta maria e cua entro quella ixola dauer ostro e sarai in el porto de la suda
Dal porto dela suda al chauo dela milecha quarta d maistro ver

la tramontanā esono mia 10
Dal chauo de la melecha ali chambroxi che e al chao de ponē
te de crede quarta de ponente ver lo garbin mia 50
Entro chauo de la milecha eli cambroxi in mezo sie la chania che
e statio per nauili pizoli
Dal chauo de li chābroxi ali chābroxi che vna irola epose intrar
in lo porto da tute le boche de lirola
La intrada da ver ponente sie streta proderi do enon piu elasie
molti scoi che par soura aqua achostaie a vno scog io che
el piu grando in la bocha va rato q̄llo che lo maxor de li al
tri classelo da ostro echomo tu e dentro arecoglite al scoio grā
do zoe alirola da leuante de la chieria e la doue e lo porto
Laltra bocha de tramontana epiu larga entrada esie vna secha
soto aqua per la qual honora la ponta de lirola proderi 2
E soura li cambroxi sie vna iroleta in mar entro ponente egar
bin lonzi mia 3
Dal chauo di chābroxi achauo spati quarta de garbin ver lo
stro esono mia 15
Dal dito chauo a chauo spada per ostro mia 10
Soura chauo spartili sie vno iroloto simile a' vn paulo entro
maistro e tramontana mia 7
La cognoscenza de chauo spada sie tal como par qui basso
Da chauo spada a lutro per leuante mia 30
Da chauo spada alutro siclocolfo o rena La cognoscenza d lu
tro sie entro ostro e siroco soura lutro sie alte montagne e ano
me chardi li che e da leuante eguarda el gozo per ostro alame
zaria de lirola ela montagna de soura sie piana ebiancheza ede
sonra sie lastādia ela sie vn sellado dauer leuante per lamezaria
sie vn boscho anchora entro la ponta e el porto sie vna vale qua
xi taiada ela sie vna chara che biancheza de soura ela vale sie ro
sa esie fin al porto mia 2 7 entro la vale e el porto sie vn chauo
lauorado la doue e albori
E soura la ponta del porto sie vn boscho che negreza da lonzi
ede soura sie vna antigaia ele altre ponte che sono tute pelade
senza albori ela sie vna iroleta bassa che negreza e se stēde qua
B iiij

ri ala bocha del porto e dauer ponente sie vna secha lonzi dala ponta dauer leuante passa 30 e soura lo chauo de la secha pal mi 12 e dauer leuante ala bocha del porto biãcheza e roseza la montagna

Da la ponta del porto dauer siroco fin aleuante mio vno e sie fondi de passa 20 in 25 e per mezo lo porto sie vna secha dauer la deressa de la montagna da leuante

Anchora al porto da ver leuante ala prima ponta che e dentro a vn derupo sie aqua dolce

Anchora lo chauo dauer ponente sie muso e pien dalbori fin al mar e dauer lenãte aquel porto sie vna rocha biacha che par como vn linzuol e infra quel chauo sie lo porto d' lutro e bono ra lo chauo da ponente bē vna archada Intra iql quari p mai stro e trouerai vn farion in lo porto da li prodexi al farion da ver leuante el anchore dauer lo chauo arochado e la sie .fondi de passa 20 se tu voi intrar Dentro vala doue e bon porto e se tu vo i sauer vna altra cognoscenza de lutro guarda antigozo che te roman da ponente del gozo e fa freo quari in io mezo e alo ra farai dauanti lo porto de lutro

Da lutro ali xola chaprera quarta de leuante ver siroco mia 25
E soura chaprera per ponente mia 5 sie vna secha longa per po nente vna archada

Da chaprera al chauo de chalonimena entro le. e sir. mia 60
      Pieleghi ouer chorsi del gozo de crede e prima

Dal gozo de crede a chauo spada per maistro mia 60
Dal gozo a sapientia quarta de maistro ver ponente mia 300
Dal gozo a striuali quarta de maistro ver ponente mia 350
Dal gozo a chotron in chalauria so noui mia 600
Dal gozo a chauo borsati quarta de ponente ver lo maistro e so nomi de chamino mia 650
Dal gozo de crede al gozo de‾ mlta per ponente mia 750
Dal gozo al chauo de rassenen che in barbaria per gar. mia 260
Dal gozo a tripoli de barbaria .q. de ponēte ver lo gar. mia 870
Dal gozo ali xola de maioricha p po. e poco ỷso el mai. mia 1600
Dal gozo a chauo bon andrea quarta de gar. ver lostro mia 220

Dal gozo a chauo resaltor quarta doſtro ver garbin mia 200
Dal gozo achauo de luco entro oſtro e ſiroco mia 235
Dal gozo achauo de la riſa per ſiroco mia 340
Dal gozo a riue bianche quarta de ſiroco ver leuante mia 430
Dal gozo in alexandria entro leuante e ſiroco mia 500
Dal gozo in acre per leuante mia 840
Dal gozo al chauo del gauata in cepro quarta de leuante verſo grego e ſono mia 650
Dal gozo a chalonimena quarta de grego ver leuante mia 60
Da chalonimena in damiata entro leuante e ſirocho mia 650
Da chalonimena al chauo de la roſa quarta de ſiroco ver loſtro e ſono mia 350
Da li gaidero ni a bon andrea mia 355
Da li gaideroni a chauo de raſſaltir .q. de gar. ver loſt. mia 290
Da li gaideroni a la tore de la rabi per ſiroco mia 400
Da li gaideroni ala criſtiana quarta de leuante ver lo grego e ſonoui de chamino mia 40
Da la chriſtiana al chauo de la riſa quarta de garbin ver lo ponente mia 440
Da la chriſtiana a bon andrea quarta de garbin ver lo ponente e ſonoui de chamino mia 340
Da la chriſtiana a chauo reſaltir .q. de gar. ver loſtro. mia 270
Da la chriſtiana a la tore de la rabi per ſiroco e ſono mia 390
Da la chriſtiana in aleſandria p ſir. poco ver leuante mia 400
Da la chriſtiana in acre quarta de leuante ver ſirocho mia 670
Da la chriſtiana al chauo del gauata in cepro quarta de leuante ver lo grego ſono mia 500
Da rezo da chauo ſermon in alexãdria per ſiroco e ſono mia 400
Da chauo ſermon in acre per leuante e pocho ver lo ſiroco eſo noui de chamino mia 660
Da chauo ſermon a chauo ſan befanio in cipro quarta de leuante ver lo grego e ſono mia 390
Da chauo ſermon a licola de chaſo entro gre. e leuante mia 40
Da chauo ſermon a ſcharpanto quarta d̃ gre. ℣ le. ſono mia 60
Chaſo cum ſcharpanto ſe guarda entro grego e tramontana

Da chauo sermon achauo malio sancto anzolo entro ponente e
maistro e piu ver lo ponente mia   150
Dareço de standia a chauo malio sancto anzolo entro ponente
e maistro mia   140
Da la standia alirola de cerigo entro ponente e ma. mia   140
Da la standia alirola de melo quarta d tra. ꝑ lo maistro mia   100
Da chauo malio sancto anzolo al cauo de malio matapā quar
ta de ponente ver lo garbin mia   80
Da chauo malio sancto anzolo alirola de schilo quarta de tra
montana ver grego mia   90
Dal dito chauo malio al chauo de chambroxi entro ostro e si
roco e sono mia   80
Da chauo spada a chauo malio matapan quarta d e maistro ꝑ
la tramontana mia   120
Dal chauo spada alirola de cicerigo che vie dita schilo quarta
de maistro ver la tramontana mia   50
Dal dito cicerigo a cerigo quarta de maistro ver la tramonta
na 30 e al chauo da ponente mia   40
Da cirigo a chauo malio sancto angiolo quarta de grego ver
la tramontana e sono mia   20
Da cirigo alirola di cerui quarta de tra. ver lo ma. mia   15
L'irola di cerui sie apresso terra ferma mio vno e sie baso fondi
infra lirola e la terra ferma

L'irola de cerigo volze circha mia 40 e dauer leuante circha mio
vno sie do irolete che a nome dragonere e sie bon fondi e bon
parauego chouerto da garbin fin ala tramontana e infra li do
schoi sie parauego e soura le dragonere al piu alto scoio sie vna
dragōera che aqua dolce e a lirola de cirigo per mezo le drago
nere sie vn colfo che va entro circha mia tre e in quel colfo sie
vna chala da tramontana che vien dita porto de san nicholo
che e statio per nauili pizoli e in fondi del colfo sie vna fiumera
daqua dolce a vna spiaza che e la e da la fiumera al charal per
terra mia 5 e apresso le dragonere ꝑ garbin largo da lirola de
cerigo circha mia 2 sie do scoi pizoli che se chiamano do assi eso
no neti atorno e dal chauo del cerigo da ostro in mar mia 2 ꝑ

oſtro ſie vn ſcboio redondo e alto cbe anome louo eſie neto in
to intorno anchora apreſſo cerigo q. de ſiro. ver loſtro a mia ſo-
ſie vna iroleta cbe anome porto e poi andar cum ſe naue en
trolo porto e do aſſi honora cicerigo dauer tramontana qua
ri mia 2 p cbe e al dito cao d cicerigo ſie vna ſeca dauer tra. vol
ze lirola de crede mia 650 volze lo chaſo mia 20 volze ſcharpan
to mia   80

    Qui comenza lirola de cepro per ſtaria e. quãto la volze
In prima dal chauo de ſancto andrea cbe e chauo de lirola de
cepro da leuante ſe guarda cum lo chauo de gloriata per mai-
ſtro e poco ver lo ponente ſono mia   90
Dal chauo de ſancto andrea al chano de la grea quarta de gar
bin ver loſtro mia   70
Lo chauo de la grea ſie alto e muſo carochado e biancho eſie
quella ſtaria chomo cholfo e ſoura lo chauo predito ſie vn mõ-
te cbe vien dito maluerin cbe par a modo dun forte chaſtello e
ſoto maluerin ſielo dito cauo cintro lo chauo de la grea e el ca-
uo de ſancto andrea ſie la citade de famagoſta cbe ſe guarda cũ
lo chauo de la grea quarta de tramontana ver lo maiſtro. mia 18
Famagoſta ſie vna bela citade la qual ſia molo e porto cũ cade-
na cl intrada ſie dauer tramontana honora la ponta cbe e da le-
uante cbe a vna ſecha mio mezo e ſa la via de la coſtanza cbe e i lo
colfo fin cbe te roman la citade famagoſta per garbin e poi vol-
zie ſa la via de la dita cita cin la bocha del porto cum le aque
piene ſie fõdi d palmi 9 e cõ le aque ſeche palmi 6 e entro lo por-
to ſie fondi de palmi 20 apreſſo la tore de la chadena dali prode
xi al molo e armizate quari dauanti la citade
Da famagoſta ala coſtanza quarta de tra. ver lo maiſtro mia 8
La coſtanza ſi ſo vna gran citade e ſie deſſata
Dal chauo de la grea al chauo del gauata entro ponente e gar
bin in tal modo ſono mia   100
Dal cao de la grea a cauo de ſan georgi. q. de po. ver gar. mia 20
Dal chauo de ſan georgi al chauo d ſaline entro po. e ga. mia 25
Le ſaline ſie vn colfo la cbe va le naue a charegar de ſal e ſoura lo
chauo de ſaline da po. quari mia 15 infra terra per maiſtro p tra
montana ſie la montagna de la croxe cbe e aguza

Dal chauo de le saline a limiso quarta de ponente ver lo garbi volzandolo colfo mia 40

Limiso sie citade esie bon ponidor e sorzador in fondi pian esie spiaza ela se po inuernar cum naue per mezo la terra in mar cir cha mio mezo

Soura limiso infra terra dauer maistro sie vna montagna che a nome dragadoso esie la piu alta montagna de cipro per terra e sono mia 10

Da limiso al chauo de gauata per ostro mia 10 esie lo dito cha o pian e sotil ela sie bon ponidor e parauego per venti a po nente

Dal gauata al chauo de la grea sie fondi pian e sorzador i mar mia 3 esie rena de palmi 12

Da gauata a chauo biancho per ponente mia 35

Cauo biaco sie biaco e deropado esia vna seca i mar mia 3 e piu

Entro gauata e chauo biancho sie lo colfo de la piscopia soura la qual sie vna motagna che a noe dragadoso ifra terra a mia 15

Da chauo biancho a baso quarta de po. ver ma. e sono mia 25

Baso sie citade esia vna irroleta apresso terra mio mezo i la qual sie parauego per venti da ponente la qual tu die honorar dala p te de leuante proderi 3 e dauer la citade mio mezo esie lonzi da baso mia 3 e sie apresso liroleta schoi do bassi

In chauo de la citade dauer ponente sie vna secha in mar mio mezo quarta de garbin ver lo ponente

Dal chauo de baso al chauo de san besanio per maistro mia 30

Dal chauo san besanio al primo chauo de sancto andrea vol zando la terra per staria dauer turchia per leuante ver lo grego in tal modo mia 240

Ali diti scoi de baso e bon statio da li proderi al schoio da leuante che la sie vna impostura e sta la seguramente per venti a ponente e garbin e p ostro

Da chauo san besanio acerine quarta de leuare ñ lo grego e vol ze lirola d cepro mia 510

Da chauo san besanio a papadola sie de parezo andando ala quarta de grego ver tramontana 145

Da chauo san befanio a ſtalimura quarta de tramontana ver lo grego e ſono mia 130
Da chauo san befanio achandelor per tramontana mia 100
Da chauo san befanio ali chilindonie zoe alixola dauer garbin quarta de maiſtro ver lo ponente mia 160
Da chauo san befanio a chaſtel ruzo entro maiſtro e tramontana e piu ver lo ponente mia 200
Da chauo san befanio al colfo de macri mia 250
Da chauo san befanio ala chriſtiana quarta de ponente ver lo garbin mia 440
Da chauo san befanio a ripe albe che e in barbaria entro oſtro e garbin mia 450
Da chauo san befanio in alexandria quarta doſtro ver lo garbin e ſono mia 400
Dal chauo del gauata alixola de tortoſa quarta de leuante ver ſirocho e ſono mia 220
Dal gauata a gibeleto quarta de ſiroco ver leuante mia 210
Dal chauo del gauata in acre .q. de ſir. ver leuante mia 230
Dal gauata in cexaria per ſirocho mia 250
Dal gauata in damiata per oſtro mia 340
Dal gauata in alexandria entro oſtro e garbin mia 400
Dal gauata al chauo de la rata per garbin mia 510
Dal gauata achauo de luco quarta de gar. ver. po. mia 540
Dal gauata achauo reſalen quarta de garbin ver po. mia 670
Dal gauata al gozo d crede quarta de po. ver lo gar. mia 660
Dal gauata ala chriſtiana .q. de ponente ver lo gar. mia 500
Da chauo biancho in damiata per oſtro e ſono mia 340
Dal chauo dele ſaline in alexādria .q. de gar. ver loſtro mia 460
Dal chauo de la grea al chauo de gloziata quarta de grego ver leuante eſonoui de chamino mia 125
Dal chauo de la grea a tortoſa per leuante e ſono mia 125
Dal chauo de la grea a tripoli .q. de leuante ver ſiroco mia 125
Dal chauo de la grea a baruti per ſiroco eſono mia 150
Dal chauo de la grea aſuri quarta de ſirocò ver loſtro mia 180
Dal chauo de la grea in acre .q. de ſiroco. ver loſtro mia 175

Da chauo sancto andrea in damiata quarta dostro verso gar
bin e sono mia 450
Da sancto andrea in acre entro ostro e siroco mia 230
Da sancto andrea a suri quarta dostro ver lo siroco mia 190
Da sancto andrea a baruti entro ostro e siroco zoe ala foxa de
lecan e sono mia 260
Da sancto andrea a tripoli per siroco mia 120
Da sancto andrea a tortosa quarta de siroco ver leuāte mia 85
Da sancto audrea a chauo rafaganzir per leuante mia 90
Da sancto andrea al porto di pali zoe ala iaza per gre. mia 120
Da sancto andrea al churcho quarta de tramontana ver lo mai
stro e sono mia 100
Da sancto andrea a lena de bagassa quarta de maistro ver la
tramontana mia 90
Da sancto andrea a papadola entro ponente e maistro mia 130
Da sancto andrea a stalimura quarta de ponente ver lo mai-
stro e sono mia 180
Da sancto andrea alechilindonie per ponente e poco ver lo mai
stro e sono mia 320

    Qui comenzaremo a dir de larcipielego   e prima

     A prima da chauo malio sancto anzolo a lixola de me
 i   lo per grego mia 80
Melo sie alta e forchada e molte mōtagne La dita iro
la sie porto se tu voi andar al dito porto va fin che tu vedi cha
uo longo che volze ver tramontana e sarai in porto de melo la
qual irola sia de staria mia 10
Da melo alantimelo quarta de ponente ver lo garbin mio 5
Entro melo e antimelo sono do scoi per lo freo da maistro ver
ponēte e tu die intrar in la bocha dantimelo che e fondi de rena
e la sie do scoi e se tu entri entro li scoi cantimelo tu vederai vn
cauo muso eroso loqual lassa da uer maistro e vederai da uerso
tramontana vna montagna biancha e vederai vna grota vnde
se caua le mole di mulini va e sorzi dauanti la maren che ela elō

zi da terra proderii z edefoura vederai vn chaftello lintrada de
dito porto fie da ponente e fe tu vien ala dita irola de melo dal
ver oltro o dauer garbin tu la vederai forchada vna motagna
alta e redonda elaltra montagna dauer leuante fie mancho alta
Ⓔ quando tu te aprofimerai piu alirola dauer ponente tu ve
derai la ftaria fotil dauer leuante edeuer ponente pizola ftaria
La terra fie alta dauer ponentete al chauo da leuāte fie vna iro
leta che a nome porzeta edauer oftro mia 20 in mar fie vnaltra
irola cum do farioni che a nome pafimata e ala faza de tramon
tana fimelmente e bon porto che a nome fanzorzi e la al porto fi
e la chieria de fan zorzi efie fondi de paffa 5 e la pōta del dito por
to dauer ponente fie baffa e negra e coure fin a tromontana lo
dito porto e oltra la dita ponta dauer ponente mio vno fie vn fa
rion alto e negro e par quaſi gran antiglia efie aprefo terra a la
pōta del porto per firoco mio vno eda ver grego lonzi va la di
ta ponta a mio vno fie vn altro farion
Ⓔ fe tu vien al dito porto dauer leuante tu die intrar entro lo di
to farion a la ponta e poi andar da tramontana dela ponta cir
cha mio vno
Anchora iui e vna irola che a nome quilino e za te a ponente e a
leuante e ſtende fin al dito porto e chourela fin a tramontana
Ⓔ lintrada del dito porto fie daū leuāte e a vnaltra bocha da tra.
Ⓔ fie dentro la dita irola e la ponta foura dita alirela de quilino
e lo dito farion efie vnaltro fariō aprefo lo dito quilino
Ⓔ intro lo fariō e quilino non e fondi neto e ma va ētro li do fario
ni fie bon fondi neto
Ⓔ contra la dita irola de quilino dauer leuante fie vnaltra iro
la che a nome polimo entro li quali poi andar ꝑ naue
Da la ponta del dito porto de melo dauer leuante a la faza do
ſtro entro oftro e firoco mia   5
Aprefo lo dito chauo mia 6 in mar quarta de firoco ver leuante
fie do fcoi che tu die bonozar da ogni parte e circha proderi 3
Dal dito chauo al chauo dauer ponente la doue e liroia che
a nome porzeta per ponente mia   15

Dal dito chauo al chauo fotilla doue e do fchoi per tra. mia 6
Dal dito chauo fin al chauo del chaftello dauer ponēte mia 4
Lo dito chauo fie alto e arochado in mar e va afotigliando ver terra Anchora foura lo dito chauo in mar quarta de maiftro ver lo ponēte fie vna irola che a nome mimacha caporto
Da melo alirola de hermomilo per tramontana mia 80
Da melo alirola de policandro quarta de leuāte ver fir. mia 20
E la ftaria de la dita irola fie mia 6 da policandro a ficandro mia 10 per leuante ver firocho e fia de ftaria mia 5 da ficandro ala chriftiana mia 7 quarta de leuante ver firoco e fia de ftaria mio vno
Da la chriftiana a fancto orini quarta de grego ver leuante mia 10 e fia de ftaria mia 15
Soto la dita chaftiana ver tramontaña entro fichandro e fancto orini tu vederai vna irola che a nome Dio
Da fancto orini in chandia che e in lirola de crede per. o. mia 70
E in quella via tu vederai vna irola che a nome ftandia aprefso de la cita de chandia per tramontana mia 10 la doue e porto da la faza doftro che e dauer crede chomo e dito de foura
Da fancto orini a nanfio quarta de leuante ver lo grego mia 20
La ftaria de quella faza fie mia 15 da nanfio a ftampalia mia 15 e fia de ftaria mia 15 e fia porto dauer tramontana Se tu voi andar al dito porto fe tu vien da ponente va al primo chauo che tu trouerai dauer tramontana e volzi lo dito cauo e vederai vna iroleta piana e arenofa lonzi da quel chauo mio vno e laffa liroleta dauer leuante e va per oftro e cofi intrera in quel porto
Da ftampalia ala fcrofa per firoco mia 10
Eli porcelli fie dauer garbin Da ftampalia a lirola de lango fie mia 35 per grego al chauo de leuante de lango aprefo mio vno fie vna iroleta che a nome irola rofa da lirola rofa a nizari entro oftro e firoco mia 4
Da nizari a pifchopia quarta de leuante ver lo grego mia 20
Da pifchopia a rodo per leuante al chauo doftro mia 50
Rodo fie granda irola che zare e volze chomo e dito dauanti e fie piana e in mezo fie algune montagne che a nome rudos lado

ue c va bon chastello forte de muraia
Da la pischopia a scarpanto per ostro mia 48
Dala pischopia ale simie entro grego e leuante mia 45
Entro le simie sie do porti luno dala parte de tramontana elal
tro dala parte da ostro elie in cauo del chauo dauer ostro in me
zo del chauo chee irolado apresso lo chauo
Lo porto dauer tramontana sie in cauo de la dita irola che e
contra quel cauo p tra. e anderai in lo porto dla dita irola Le si
mie sie lonzi da terrra ferma per leuante mia 20 e per tramon
tana mia 10 e per ponente mia 20
Se tu anderai da cauo malio sancto anzolo a scarpato e rodo
va per quarta de leuante ver lo grego mia 30
E vederai tute le irole soura dite in laschala dauer tramontana
e le montagne de crede dauer ostro
Da malio sancto anzolo a chauo sermon che chauo d crede da
leuante quarta de leuante ver lo siroco mia 240
Da malio sancto anzolo ala cita de candia quarta de siroco ver
lo leuante mia 140
Da malio sancto anzolo a chauo spada quarta dostro ver lo
siroco e sono mia 90
E vederai in quella via da la parte de ponente lirola di cerui e
cerigo e louo e da leuante cicerigo squillo cifarioni se tu voi in
sir p el frco de squi'lo e chauo spada guarda per vna secha che
e lonzi da siquilo mia 10 per ostro Se tu voi andar per malio
sancto anzolo ver negroponte ouerso constantinopoli va mia 70
per tramontana ver lo grego e trouerate al chauo de le colone
E vederai nauegando dala parte de ponente terra ferma e dala
parte de leuante vederai le irole de quella schala In prima ve
derai vna iroleta pizola che a nome bella pola che e lonzi da
chauo malio mia 40 e anderali apresso mia 5 da ver ponente
e sel fosse chiaro tempo dauer ponente tu vederai vnaltra irola
che a nome falchonera lonzi da bella pola mia 30 per leuante
Anchora sel fosse chiaro tu vederai lirola de bermemilo eliro
la da mielo e vederai sinfano e ser fane ele fermenie poi ve
derai lirola de san zorzi che e apresso lo chauo de le colone mia 10
E

Se tu farai foura la dita ixola mia io i mar euogli andar aliro
la de de negroponte va per tramontana poco ver lo maiftro
fin che tu farai in ftreto mar e poi va chomo e dito de foura
Da chandia che in crede a fancto orini per tramonta. mia 80
E la dita ixola de fancto orini fia de oftaria a ponete e ale. mia 15
Dal chauo da ponente fia vna ixola che a nome griziola apref
fo fancto orini mia 4
E fie ala dita ixola dalo ladi dauer fancto orini vn porto che
fe da li proderi ala dita ixola de griziola efta le naue per mezo
vna vale che in la dita ixola eli ferri dauer lixola de fancto ori
ni in paffa 10 daqua e tien li ferri churti perche largo fic afpreo
E da lo ladi doftro de fancto orini a vna fpiaza che e vna chie
ria de fan nicolo per mezo la chieria fie bon forzador e bon pa
ranego per prouenza fin al grego e dala ixola d griziola la che
lo foura dito porto fin al chaftelo de fancto orini fono mia 5
Dal dito porto de fancto orini alixola de nio per maiftro mia 20
E in la dita ixola de nio fie bon porto in lo chauo dauer ponen
te e lintrada fic dauer tramontana e in fondi del dito porto fic
lo chaftello de nio e la ftaria fi zare a grego ea garbin mia 15
Da nio alixola de margo quarta d grego ver lo leuante mia 25
E trouera in lo freo de margo lixola de lero per tramontana zoe
al chauo da ponente mia 8
Lero fie ixola pizola efia bon ponidor dauer tramontana
Margo fic ixola granda e altiffima e da la parte de maiftro fia
bon ponidor foto lo chaftelo de margo efia de ftaria mia 20
E in chauo da lenante fiedo irole pizolela prima a nome invi
dia e la fecunda cenere efia porto
Da margo alixela de lango qnarta de leuante ver firo. mia 40
Da margo alixola de galimo quarta de grego ver leuante mia 25
Da margo alixola de lero quarta de grego ver leuante mia 20
Da margo alixola dandre entro maiftro e tramontana mia 90
Da margo alixole de palinofa entro grego e leuante mia 70
Da margo a nicaria per tramontana mia 8
Da margo adatali entro maiftro e tramontana mia 10
Da margo achauo chiefali entro grego e leuante zoe al chauo de
lango e fono mia 40

Da cauo chiefali che e cauo dlirola de lango dauer po. chozan
do la dita staria sie nominada de queste irole e in prima
Da cauo chiefali che e chauo de lago alirola de calimo mia 15
Da chalimo alirola de lero mia 2 la doue e vna seca che e piu
apresso chalimo che e lero e in lero sie bon porto ein fondi del
dito porto sie lo chastelo dala parte de tramontana e sia de sta
ria mia 15 Lero si volze mia 30 Da lero a mandre p.o. mia 15
Mandre sie molte irolete piane ca de staria mia   5
Da mandre a palmosa mia 15 eper staria mia   18
In la dita polmosa sie bon porto dauer ostro
Da palmosa a starsea entro maistro e tramontana mia   10
Da starsea a fornello mio vno
Da fornello a nichari per garbin mia   2
La dita staria dal chauo de lango zoe da chiefali fin al freo de
nicaria e fornelli zare entro maistro e tramontana
E se tu voi motar a nicaria va per maistro che nicaria sie longa
alcuante e a ponente mia   30
Dal dito margo ananfi per ostro mia   27
Da sancto orini ananfi per leuante mia   20
Da sancto orini a stampalea quarta de le. ver lo grego mia 55
Da sancto orini a sicandro per ponente mia   27
Da sancto orini ala christiana quarta de po. ver lo gar. mia 20
E in tuta quella via sie fondi de passa 10 in 20 fin 30
Da sicandro a policandro. q. de po. ver lo maistro mia 10
Da policandro a milo per po. e pocho ver garbin mia   20
Tuta la staria de sancto orini zare a po. ver ma. poco fin a melo
Da melo a bermomilo zoe alirola p maistro mia 8 zoe al cauo del
porto da ponente da melo alantimelo per ponente. mia   5
Da melo a sirafano quarta de tra. ver lo gre. mia 25 da sirafano
ale fermenie entro po. e ma. mia 12 Da melo a serfano quarta d
tra. ver lo. ma. mia 40 Da serfano ale fermenie per tra. mia 10
Da le fermenie a zea per maistro mia 15 La dita staria de melo
zare i fina a zea quarta de tra. ver lo ma. e zea sia porto dala par
te de ponente da serfano a michole per leuante mia   50
Da michole a michisia mia

E ij

Da nichole adantipari entro ponente e garbi mia 25
Dantipari a paris per leuante mia 5
Da nichole a tine entro maistro e tramontana mia 15
Da tine in andre per tramontana mia 40
Da tine alasuda entro grego e tramontana mia 15
Da tine a chauer quarta de maistro ver la tramotana mia 27
Da chaueracca per ponente mia 10
Dala pedita irola de cca a filosa de negroponte dauer ostro per tramontana mia 10
Dala dita cca alirola de san zorzi alchauo de le colone che in terra ferma quarta de ponete ver lo garbi mia 35
Anchora souza lo dito chauo de le cholone per leuante sie vna irola che a nome macronisto mia 15 e da la parte de pnete sie vna irola che a nome migronisi lenzi mia 5 da la parte de ponente mia 5 sie vn altra irola che a nome gaiderneese che e pizola e alta e longa e lonzi da terra mio vno z e bon sorzador de passa 5 in 7 bonora la dita irola
Da cca al chauo de le cholone per ponente mia 15
E queste soura dite irole nomade sono le irole de larcipielego

De la tore de iarmini

Da la tore de iarmini che chauo de la bocha dane dauer siroco alirola de metelim dauer ostro che a nome fini sie per ostro e poco ver siroco mia 100
Da metelin achio al chauo de tramontana quarta dostro ver lo garbi e sono mia 40
Da lirola de chio a samo quarta de sirocho ver leuante mia 70
Dal samo a gatonire quarta dostro ver siroco mia 20
Da gatonire ale caualine quarta dostro ver siroco mia 35
Da le chanaline al chauo de lago daleuate entro o e sir mia 20
Da chauo sermon nauigherai sempre acostandote ala staria co chome e dito
Da chauo sancto anzolo fin a rode se tu vien ala dita irola de melo tu la vederai forchada chome e dito de sopra
Dal chauo da ponente de melo mia 8 in mar quarta de maistra ver ponente sie vna irola che a nome numa che podio alta e si

e pizola ftaria In lo porto dl caftelo fie vn colfo che zate amaſ
ſtro ca ſiroco ca ponente ca leuante τ entra dentro circba mia 3
fin al dito caſtelo e ſta lo dito caſtelo al porto foura dito p grego
Dal dito chauo ale do irole che anome clarete quarta de gre
go ver la tramontana mia   4
Le dite irole fono aprefo lo dito caſtelo d'auer leuāte circa mio
vno e poi ādar cū naue p ql freo da dlle irole eſta quelle irole a
quel cauo a maiſtro da quelle irole al porto de fan zorzi per leuā
te fono mia   8
Da melo alirola de finfano quarta de tramontana ver lo grego
e fono mia   30
Da finfano ale irole de ferafane entro ponente e maiſtro mia 20
Dal porto del caſtelo de melo ala dita irola de ferfane quarta
de maiſtro ver la tramontana
Serfane fia de ſtaria mia 10 e in lo cauo da leuante fie bon por
to e la faza de tramontana foura lo porto fie vn caſtelo
Da ferfane a fermenia quarta de tramōtana ver lo maiſtro mia 20
Fermenia fia de ſtaria mia 10 e in la faza da tramontana fia bō
porto da fermenia acca per maiſtro mia   25
E in la dita irola fie bon porto da tramontana
Da lirola de melo entro maiſtro e tramontana mia 100 e troue
rate a lirola de finfano da leuante e quella de fermenie da po.
Dal chauo de melo da ponēte a lirola de le falconere quarta de
maiſtro ver lo ponente mia   25
Da melo a cauo malio ſancto angiolo quarta de garbin ver lo
ponente e fono mia   80
Da melo a cerigo per garbin mia   90
Da melo a cicerigo quarta de garbin ver oſtro mia   100
Da melo ali gambrori entro oſtro e garbin mia   130
Da melo al chauo de la milecha che e in crede per oſtro mia   100
Da melo ala ſtandia entro oſtro e firoco mia   120
Da melo a policbandro quarta de le. ver firo. mia   20
Policandro fia de ſtaria mia   6
Da policbandro a ficbandro per leuante mia   12
Sicbandro fia de ſtaria mia   6

Da ſichandro ala chriſtiana quarta de ſiroco ver leuāte: mia 18
Da la chriſtiana alixola de ſancto orini entro ſiroco e le. mia 20
Da melo a ſancto orini per leuāte mia 60
Da melo al chaſtelo de maluaria per ponente pocho ver lo maiſtro e ſono mia 80

Finito lo libro chiamado portolano compoſto per vno zentilomo veniciano lo qual a veduto tute queſte parte anti ſcrite le quale ſono vtiliſſime per tuti i nauichanti che voleno ſecuramente nauichar pior nauilii in diuerſe parte del mondo
Laus deo amen
Impreſſo cum diligentia in la citade de Venetia per Bernardino rizo da nouaria ſtampador 1490 adi 6 nouembrio

a da la bocha B
pruna biancha no ido quarta
Questa qni finise quando
Fina a e mentore
Recbra re dela nomia
b da palimura E
Lixiert da marza ma inprima
qui scriueremo ponente dal chauo
montante f quel porto
Da passa le sepuol pare esia
c e soura B
che per da la cognoscenza
de san A apresso
zicera prima bianca beue
cita qui scriueremo la tramontana
d e sia vn E
dal chauo piu che ue e vn
Da cauo

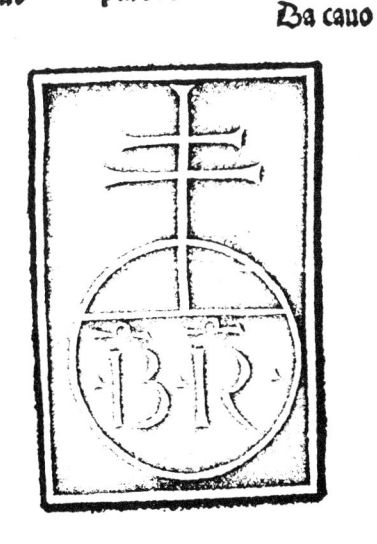

Libretto De tutta La Nauigatio
ne De Re De Spagna De Le
Isole Et Terreni No-
uamente Trouati.

Libretto De Tutta La Nauigatione De Re De Spagna De Le Ifole Et
Terreni Nouamente Trouati.   Capitulo primo:

RISTOPHORO Colōbo Zenouefe homo de alta &
procera ftatura roſſo de grande ingegno & faza longa.
Sequito molto tempo li fereniſſimi Re de fpagna in q̄
lunq̃ parte andauano: p̄curādo lo aiutaſſero adarmare
qualche nauilio:che fe offeriua attouare p ponéte infu-
le finitime de la india: doue e copia de pietre p̄cioſe:&
& fpecie: & oro: che facilmēte fe porriano cōfeqre. Per molto tempo el
Re & la Regina: & tutti li primati de Spagna: de zo ne pigliauano zo-
cho:& finaliter dapo fette anni: & dapo molti trauagli. Cōpiaceteno a
fua uolūta:& li armarno una naue & do carauelle cō leq̃le circa ali p̄mi
zorni de feptē.1492. fe pti da li liti fpani: & icomizo el fuo uiazo. Ca.ii.

P Rio da Cades fe nādo alifole fortūate cḥ alpn̄te fpagnoli lechi
amāo canarie: forno chiamate dali antiq̄ ifole fortūate nelmar
oceā lōtan dal ftreto.1200.mi. fecōdo fua rafon che dicono.30.
leghe: una lega.e.4.migla.q̄fte canarie forō dc̄e fortūate p la loro tēpīe.
fono fora d̄l clīa dela europa uerfo mezo di. fono ēt habbitate de gēte
nude cḥ uiuono fēnza religiōe alcūa.q̄ ando colōbo pfar aq̄ & tor refre
fcamēto: p̄ria chel fe meteſſe a cofi dura fatiga. Deli fequēte el fole occi
déte. Nauigádo.33.note & zorni cōtinui: cḥ mai uede terra alcūa. Dapoi
un hō mōtato i gabia uēteno terra. Et defcoprirno.vi.ifole. Do de leq̃le
de grādeza inaudita: una chiama fpagnola: laltra la zoāna mela. Ca.iii.

Z Oāna nō hebero bē certo cḥ lafuſſe ifola. Ma zōti cḥ foro ala
zoāna fcorēdo q̄lla p cofta. Sētirono cātaī del mefe de nouēb.
fra dēfiſſimi bofchi rufignoli: & trouoto grandiſſimi fiumi de
aque dolce: & bōiſſimi porti: & grādi fcorēdo p cofta de lazoāna p mai
ftro piu de.800. migla che nō trouorn termīe ne fegno de termīe: pēfo
ro cḥ fuſſe terra ferma: delibō de tornaī: pcḥ cofi elcōftrēgea ilmaī: pcḥ
era ādato tāto p diuerfi golfi: che hauea uolto la pua a feptētriōe. Ita cḥ
labora ormai licomīzaua adaī trāualio: uolta adūq̃la pua uerfo leuāte:
ritrouo lifola chiamata fpagnola. Et d̄fiderādo tētar lanatura de li lochi
da lapte d̄ tramōtana: za fe aproxiaua aterra: qn̄ lanaue mazor inuefti fo
pra una fecha piana: che era copta daq̄: & fe aprite: ma laplanitie del faf
fo che ftaua fotto laq̄ laiuto che nō fomerfe: le carauelle fcapolo li hoī:
& efmōtati ī terra uidēo hoī d̄ lifola liq̄li uifti fubito fe mifeno a fugire
abofchi dēfiſſimi: cōe fuſſeno tāte fieī fēqtate dacāi (iaudita p̄gēia) li nr̄i
fēqtādoli p̄fo una dōna: & lamenorō anaue: e bē pafiuta d̄ nr̄i cibi & ufo
& ornata d̄ ueftimti cḥ loro tuti uāo nudi: la laſſarno andaī. Ca.iiii.

S Vbito cḥ fo zōta afoi cḥ fauca oue ftauāo: mōftrādo ilmarauigloſo

A ii

a!oro ornato,et liberalita de linri tuti aragata corfero amarina.Pēfando
q̄fta eēr gēte mādata dal cielo:Se gitauano nelaq̄:& portauano feco oro
che haueāo:& baratauāo oro i pradene de terra & taze de uero,chi li do
naua una ftringa o fonaglio o uero un pezo de fpechio:o altra fimel co-
fa:& dauano p fimel cofe oro che haueano:hauēdo za facto infieme un
cōmertio familiar.Cercādo li nr̄i li loro coftūi:trouoron p fegni & acti
che haueano Re tra de loro:& efmontando linoftri in terra forono re-
ceuti honoratiffimamēte dal Re: & da li homini de lifola:& bene acha
rezati,uenendo la fera,& dato el figno del Aue maria inzenochiandofi li
nr̄i:fimel faceuano loro:& uedendo che li noftri adorauano la croce:&
loro fimelmente:uedendo etiam che la fupradicta naue rotta andauano
con loro barche che chiamauano Canœ aportare in terra li homini &
le robbe cō tanta carita che nihil fupra le loro barche fono de uno folo
legno.Cauate con pietre acutiffime lōge & ftrecte.La fono alcune da
lxxx.remi luna:elli nō hāno ferro alcun:per laqual cofa li noftri molto
fe marauegliaro come fabricaffero le loro cafe:che marauegliofamente
erano lauorate:& laltre cofe che hāno:intefōro che,tutto faceuano con
alcune pietre d̄ fiumi duriffime:& acutiffime.Intefōro che non molto
lōtano da quella ifola:erano alcūe ifole de crudeliffimi hoi che fe paffe-
no de carne humana,Et quefta fu la caufa che al principio che uettero
li noftri fi mefino in fuga credendo fuffeno de quelli homini quali chia
mauano Canibali,li noftri haueuano laffato le ifole de quelli huomini
ofceni q̄fi amezo el camin da labanda de mezo di.
  Capitulo quinto.

 T fe lamētauano li poueri homini che non altramēte fono ue
e xati da quefti canibali:come fere faluatiche da tigri & leoni:li
  garzoni che loro prēdeno licaftrano:come faciamo noi caftra
ti:perche diuentano piu graffi per mazarli:& li homini maturi cofi co-
me li prēdeno li amazano:& mangiano:& mangiano frefchi le inteftini
& li extremi mēbra del copro.El refto infalano:& liferuano ali foi tēpi
come faciamo noi;li prefiuti le donne non le māzano:ma le faluano af
far figlioli:non altrimente come faciamo noi,Galine per uoui:le uechie
ufano per fchiaue.De le ifole che oramai potemo reputar noftre,Cofi li
homini come le femine:come prefentano quefti canibali approximare
aloro:nō trouano altra falute che fugire:anchora che ufino faette acu-
tiffime:tamen aprimare el furore & la rabia de quelli trouano:che po
cho gli zouano:& confeffano che.x.canibali che li trouano,100. de lo-
ro li fupano.Nō poteno linr̄i bn̄ itēdere che adori q̄fta gēte altro che el
cielo fole & luna;De li coftūi de altre ifole,labreuita deltēpo & mācha-
mēto de interpreti fu cā che nō potemo fapere altro,

Capitulo sexto.
I homini de quella isola usano in locho de pane certe radice de grandeza:& forma de nauoni alquanto dolce chome castagne fresche:elqual chiamano Ages.Oro apresso dessi e in aliquanta extimatione:ne portano alorechie:& alnaso attachati.Tamē hāno cognosciuto li nr̄i:che da un locho & laltro nō fano traficho alcū. Comē zaro adimandare p̄ signi doue trouano quello oro.Intesoro chel trouano nella rena de certi fiumi:che correno daltissimi mōti.Ne cō grā fatiga lo recoglono in balotte:& loreducano dapoi in lame.Ma el nō se troua in quella parte delisola doue erano.Come dapoi circūdādo lisola cognosc̄etero per expiētia:perche dapoi partiti deli si imbatero acaso ī un fiume de imensa grandeza:doue essendo esmontati in terra per fare aq̄ & pescare trouorono la rena mescolata con molto oro. Dicono nō hauer uisto in questa isola alcuno animal da quatro piedi saluo de tre generatione:de cunii:di serpenti de grandeza & numero admirabile quali la isola nutrisce ma non che nocino ad alcū:uedeno ēt saluatiche turture:Anadre mazor de le nostre:oche piu bianche che cesani con el capo rosso.Papagai deliquali alcuni sono uerdi alcuni zalli tutto el corpo.altri simili a quelli de india cō una gorgiera rossa:ne portorono.xl.ma de diuersi colori.Questi papagalli portati de li mōstrano:o per propinquita:o p̄ natura q̄ste isole pticipare de lidia:bēche laopinione di colombo pari aduersar alagrādeza de la spera.Atestādo maxime Aristotele nel fin del libro de celo & mūdo.Seneca & altri che nō sono ignoranti de cosmographia dicono lindia nō molto distare da laspagna p̄ lōgo tracto de mare.Questa terra p̄duce de sua natura copia de mastice:aloe:bambaso & altre simel cose certi grani rossi de diuersi colori piu acuti del peuare che noi habiamo.Certa canella:zenzaro del qual ne portarono.

Capitulo septimo.
L colōbo contento de questa nuoua terra:trouo de li signali & un nuouo:& inaudito mōdo.Essendo ormai laprima uera delibero tornarsene:& lasso apsso al Re supradicto.xxxviii. homini iquali hauessero ad inuestigare lanatura del luoco:& tēpi infino che lui tornasse.Questo Re se chiamaua Guacranarillo cō ilqual facto liga & cōsederatiō de uita & salute & adefensiōe de q̄lli cō restauāo esso Re misericordia motus:guardādo li rimasi lachrio:& abrazādoli li mōstraua farli ogni comodita:& el colōbo in questo fece uela p̄ spagna:& meno seco.x.homini de quella isola.Daliquali compresero che loro lēguazo se imparerebe facilmēte:qual etiam se pole scriuere cō nostre lettere Chiamauano elcelo turci la caxa boa lo oro cauni homo dabem toyno niente maxani li altri suoi uocabuli loro non proferiscono mancho de

quelli che li nostri latini:& questo fo elsuccesso de laprima nauigatiõe.
Capitulo octauo.
EL Re & la Regina che altro non desiano che augumentar la religion xpiana:& redurre molte simplice natiõe al diuin culto: facilmẽte cõmossi nõ solo da colõbo:ma ét dio da piu de.200.de li suoi spagnoli che erano stati cõ el Colombo,Receuero esso colõbo cõ gratissima saza & lifecero grãdissimi honori & sentar publicamẽte dauanti de loro:che e apresso de loro de liprimi honori.Et uolsero che fusse chiamato Admiráte del mare oceano.Et p q̃to esso admirante afferma se speraua nel principio trar grãdissima utilita de queste isole:piu per rispecto de augumẽto de la fede che altra utilita. Vn sue serenissime maeste feceno pparare.17.nauili tra naue cõ cabie grãde:&.xii.carauelle senza cabie cõ.1200.homini cõ le sue arme tra le quale erano fabri:artifici de tutte le arte mechaniche salariati:cõ alchuni homini da cauallo. El colombo pparo caualli:porci:uache:& molti altri animali cõ li soi masculi:legumi:formento:orzo:& altri simili:nõ solnm per uiuere ma etiam per el seminar:uite & altre molte piãte de arbori:che non sono deli perche non trouorono in tutta quella isola altro de nostra cognitione: che pini:& palme altissime:& de marauegliosa dureza:diriãura:& alteza p la uberta de la terra:& altri assai che sano fructi che ne sono ignoti:che quella terra e la piu uberiosa che altra sia sotto elsole.Preparo etiam el dicto admirante per portar con si tutti istrumenti de qualunq̃ exercitio:& demum tutte quelle cose che se aperteneuano ad una Citta che se habbi adefficare in nuoui paesi.Molti fidati & li clienti del Re se messino de propria uolunta a questa nauigatione:per desiderio de noue & auctorita de ladmiráte. Al.1.di de septembrio.1493.con prospero uẽto fecero uela da Cades:& el primo di de octobrio zonseno alle canarie:& da lultima de laquale e chiamata sereta a.4.octobrio dette uela al mezo di.Non se hebbe nuoua de loro fino allo equinoctio dello inuerno:che essendo el Re & la Regina amensa del campo a.23. marzo per uno correr hebbero nuoua esser zonti a cade.xii.di questi nauilii adi.5. aprile.1494.del capitar de questi nauilii per uno certo fradel della baila del primogenito del serenissimo Re destinato da ladmirante arriuo a sue alteze:dalquale & altri side degni testimonii hebbe quãto qui sotto se contiene.
Capitulo nono.
Li primi zorni de octobrio partito lo admirante Colombo da canaria,Nauigo.xxi.zorno p mare. Imprima che trouasse terra alchuna:ma ando piu aman sinistra uerso ostro carbino che laltro primo uiazo.Vnde diuenne ne lisole de canibali dicti disopra.Et

ala prima uetteno una selua tanto spessa de arbori che non si poteua discernere che cosa si fusse.& perche era dominica el zorno che ueddero lachiamarono dominica:& acorzendosi che era habitata:non se fermorono in essa:ma andarono auanti.In questo.xxi.zorno secōdo el iudicio loro feceno 820.leghe.Stato li era propitio el uento da tramontana, da poi partiti da questa insula per pocho spacio deuenneno in una altra referta:& abundantissima de molti arbori che spirauano uno odore mirabile.Alchuni che descorsero in terra non uetteno homo alchuno.Ne animale de altra sorte che luxertole de inaudita grandeza. Questa insula lachiamarono croce.Et fu la prima terra habbitata che ueddono dappo el suo partire de Cannaria.Era questa insula de li canibali: chome dapoi cognoscettero per experientia & per li interpetri de linsula spagnola che haueuano con si.Circundando la insula trouarono molti caseli de.20.in.30.case luno.Lequale erano tutte edificate per ordine. In circo atorno una piaza ritonda:che li staua de mezo:tutti erano de ligno fabricate intondo.Prima furno in terra tanti arbori altissimi che fanno la circunstantia de lacasa:Dapoi limettano dentro alchuni traui curti:acostati a questi legni longhi che non caschino. El coperto lo fano in forma de pauioni.Et cossi tutte queste case hanno el tecto acuto. Dapoi tessono questi legni de foglie de palme:& de certe altre simile foglie che sono securissime per lacqua.Ma dentro dali traui curti tessono con corde de bambaxo:et de altre radice che simigliano al Sparto. Hanno alchune sue lettere che stanno in aere.Sopra a lequale mettano bambaxo:& stramo per letto.Et hanno portichi:doue se reduccano in zuccare. In uno certo locho uetteno do statue de ligno:che stauanno sopra a.2.bisse:pēsorono fossero soi ydoli.Ma erano poste solū p belleza che elli solaméte adorāo:el cielo cō soi pianeti.Acostādosi li nři a qsto loco:doue hoi:& dōne se mesino afugire:& abādonādo le sue case.xxx. feie & garzoni che erano presoni:liqli garzoni questi canibali haueuano psi de alcune insule p māzarli:& le feie per tegnire p schiaue:fuggero ali nři.Intrati linři i le sue case:trouorono che haueuano uasi de pietra a nřa usanza de ogni sorte:& ne le cusine carne de hoi lessate īsieme cō papagalli:& oche & anare erāo i spiedo p rostir:p casa trouarono ossi de brazi & cosse humane:che saluauano p fare ferri a sue frize:pche nō hāno ferro:& trouorō etiam el capo de un garzōe muto pocho auanti che era attachato a un trauo:& giozaua ancora sangue.Ha questa isola.8.gradissimi fiumi:& chiamarola guadipea per ēer sil'e al mōte de scā maria di guadaluppi di spagna:li habitāti lachiamano Carachara:portino daqsta isola papagalli mazor ch fasiāi:molto differēti dali altri:hāno tutto el corpo:& le spalle rosse le ale de diuersi colori. Nō mácho copia hano de papagalli:che appssi de noi ciligati:anchora che li boschi siano pieni de papagalli nodimeno li nutriscono:& poi li mazano.Lo admirãte colobo fece donare molti psenti ale done:che erão fugite aloro:& or dinaro che cõ quelli psenti andasso atrouare li canibali.Impho chelle saueano doue stauano:& andate dicte done trouorno grã numero de qlli liqli ueniano p ingordita de li doni.Ma subito che uetteno li nri o per paura che se hauessino o p cõscientia de loro selerita' guardado in faza luno laltro se mesiino afugire nelle ualle & boschi uicini:li nri che erano andati p lisola reducti anaue rõpero quante barche trouorno de loro.Et se partirno da questa guadaluppa p andar atrouar li suoi cõpagni alisola spagnola.Nel primo uiazo lassoro aman destra & alasinistra molte isole.Li aparse di tramontana una gran isola laquale quelli de lo admirante che hauea menati seco da lisola spagnola:saueano parlare:& qlli che erão recupati de lemã de li canibali.Dissono cħ se chiamaua Matinina.Affermando che in essa nõ habitauan saluo femine.lequale a certo tépo de láno se congiungeuano cõ li canibali:come se dice de le amazone.Et si parturiuano masculi li nutriuano:& poi li mandauano ali loro padri:& si femine le tegniuano seco.Diceuano etiã che queste femine hano certe caue grande sotto terra:ne le qual fugino si adaltro tépo deláno che el statuito alcuno uada ad esse.Et se alchuno per forza oper insidie cerca dintrare le se deffendano con freze lequale trazeno benissimo:per alhora nõ poteno li nostri acostarse a quella isola.Nauigando dalla uista de questa isola a cinquãta miglia passorno per unaltra isola laqual lipredicti de lisola spagnola diceuão esser populatissima:& habundante de tute le cose necessarie aluicto humano:& cħ ella era piena de alti monti:li missono nome monferrato.li prefati de lisola spagnola & li recuperati da canibali diceuan che alcune fiate essi canibali andauã mille miglia per prender homini per manzarli.El sequente zorno scoprirno unaltra isola:laqual per esser tonda lo admirante lachiamo sancta maria rotunda:unaltra poi auanti chiamo san Martino.Ma in niuna de queste se fermorono.Et terzo giorno trouorno unaltra laquale ferono iudicio esser longa per costa diametrale.Da leuante apponente.cl.miglia.Linterpreti del paese affirmano queste isole essere tutte de marauegliosa belleza:& fertilita:& questa ultima chiamaro sancta maria ãtiqua:Dapoi laqual trouo altre assaissime isole:ma de li a.cccc.miglia una mazor de tutte le altre:laqual da li habitanti e chiamata ay ay & li nostri lachiamarono sancta croce.Qui scorseno per far aqua:& lo admirante mando in terra.xxx.homini de la sua naue che sequitasseno la isola,liquali trouorno quattro Canibali con quattro femine:lequale uisti li nostri con le man zonti pareuan dimandar secorso:lequale libe-

rate per li nostri:li canibali fugierono alibofchi:Et stando li lo admiran
te do zorni:fece stare.xxx.de li fuoi homini in terra cōtinuo in aguato
i q̃sto li nr̃i uecteno uegnire una chinea.cioe una barcha cō.viii. hoī &
viii.dōne: & facto segno li nr̃i li asaltorono:& loro cō freze se defendea
no:per modo che auanti che li nostri se copriffeno cō letarghe uno bu-
fchaino fu morto da una dele femine:laqual cō una friza ne feritte an
chora unaltro grauiffimamente:& li nostri se acorfeno che le frize era-
no atofechate:che in cima de laponta erano onte de certo unguēto ue
nenato.fra questi era una femina a laquale pareua che tutti li altri obe-
diffeno come Regia:& cō effa era un zouene fuo fiolo robusto de afpe-
cto crudele:& faza de affaffino.Li nostri dubitando che cō freze nō fuf
fino guasti:Deliberorno per lamiglor uegnire aleftrette:Et cufi(dato de
liremi in aqua)con una barcha de naue la inuestirono:& mandaro afon
do.Loro ueramente cufi homini come femine nodādo non restauan de
trazer frize con tāto impeto uerfo deli nostri come essendo in barcha:
Se miffeno fopra a un faffo copto d'iqua:& li combatendo ualentemen
te furono prefi dali nostri:& un ui fu morto:& el fiol de la regina feri-
to de doe ferite.Conducti dauanti dalo Admirante non perfeno la atro
cita:& ferita loro.Altramente fuol per dar un fier leone quando fe fen-
te prefo:& ligato:& alhora piu rugge:& piu fe incrudelifce. Non era ho
mo che li uedeffe che non fentiffe paura tanto atroce:& diabolico fuo
afpecto.Procedendo in questo modo lo admirāte hora per mezo di:ho
ra per Garbino:hora imponente diuēne in una uastita de mare piena de
inumerabile infule differente.Alcune pareano boscofe:& amene:altre fe
che:& sterile: faxose montofe:altre mōstrauano fra faffi nudi colori cri
mufini:Altre di uiole: Altri biachiffimi,unde molti exiftimauano fuffe
uene de metalli: e pietre pretiofe. nō fcorfero qui pche el tempo nō era
buono. Et per paura dela densita:& fpiffitudine de tante infule.Dubitā
do che le naue mazor non inueftiffino qualche faffo.fe referuoron a q̃l
che altro tempo numerare le infule per la gran multitudine: Et la con-
fufa pmistion de effe.Tamē alcune carauelle che non libifognaua trop
po fondo paffomo per mezo alcune:& numerorono.xlvi.chiamorono
questo loco Arcipelago : per tanto numero de infule paffando auanti a
questo tracto in mezo del camino.Trouorono una infole chiamata bu
chema:doue cran molti di quelli che forono liberati de man deli cani-
bali:quali diceuano che era populatiffima coltiuada:piena de porci : &
de bofchi: & li habitadori de effa erano stati continuo inimici deli ca-
nibali.loro non háno nauilii da potere andare atrouare la infula deli ca
nibali.Ma fi per cafo li canibali uano ala foa infula per dipredarli ; & li
poffono mettere le mane adoffo li chauano li ochi; & tagliano in pezi

B

li rustissimo: & lideuorano per uendetta tutte queste cose intendeuano per gli interpetri menati da lisola Spagnola. Li nostri per non troppo tardare pretermisseno questa insula: saluo da un canto in uer ponente che per far aqua scorsero. Doue trouarono una gran casa: & bella a suo costume con altre.xii.pichole ma dexabitate. per laqual causa non intendendo sel fusse: o per lastason del anno che a quel tempo habitasseno al monte per il caldo:& per paura deli canibali. tutta questa insula hano un solo Re quale chiamano chacichio:& e obedito con grandissima reuerenza da tutti. La costa de questa insula uerso mezo di se extende circa a.cc.miglia. La nocte do semine: & do zouani deliberati da le man deli canibali se gittoron in mar. & nottaron ala insula chera loro patria.

Capitulo.x.

Admirante tandem zonse cō lasua armata a lisola spana:Distante dala prima insula deli canibali.ccccc.lighe.Ma con infelice aduenimento:che trouoro morti tutti li compagni haueano lassati li. In questa isula spana e una regione che se chiama xainana;da laquale lo admirāte uolēdo tornare in spagna la prima uolta. tolse parizo cō li.x.homini de lisola. de liquali tre solum erāo uiui:li altri morti:per la muttation de laere,li altri quando primo zonsero a san Theremo: che cosi hāno chiamato quella costa xainana. Io admirante ne fece lassare uno,li altri do di nocte furtiuamēte se gittoron in mar:& nodando Scāpareno.De laqual cosa pero nō se curo credendo trouar uiui li.xxxviii. che haueā lassato.Ma andato un pocho auanti lincōtro una canea zoe barcha longa de molti remi.Nellaqual era un fradel del Re Guaceanarillo:con elquale quando lo admirante se parti haueā facta si ferma confederation:& recomandato lisuoi. Costui acompagnato da uno solo uēne da ladmirante & per nome de suo fradel glie porto adonare do imagine doro:Et come dapoi se intese per el suo idioma incomenzo a narrare la morte de gli nostri:ma per defecto de interpetri altutto non fu inteso. Zonto lo admirante al Castel de legno:& le case quale gli nostri haueā facte: trouo che tutte erano destructe : & conuertite in cenere: De laqual cosa tutti receuetero gran passion,pur per uedere si alcun de li rimasi era restati uiuo: fece trazere molti bombarde azo che si alcun fusse ascoso uegnisse fora ; ma tutto in uano perche morti eran tutti.

Lo admirante mando suoi messi al Re Guaceanarillo liquali riportorono per quanto per segni haueā possuto comprendere; che in quella insula sonno molti mazor Re de lui:de liquali do intese la fama de que sta noua gente ueneno li con grande exercito:& suparati li nostri forono morti:& ruinorno el Castello ; abrusando tutto, & che lui uolendo li aiutar era sta serito de friza ; & monstro un brazo che haueua ligato: Dicendo che questa era la causa che non era uegnuto ad ladmirante come el desideraua. Laltro sequente zorno lo admirante mando unaltro Marchio da sibilia al dicto Re. Ilqual tirattogli uia la binda dal brazo trouo non hauere ferita alcuna: Ne segno de ferita, tamen trouo che era in lecto monstrando de hauere male. E lo suo lecto era conzonto con altri septi letti de sue concubine. unde incomenzo a suspicare lo admirante & li altri: che li nostri fussero stati morti per consiglio: & uolonta de costui. Tamen dissimulando Marchio messe ordine con lui che el sequente zorno el uenisse auisitare lo admirante: & cosi fece : & ladmirante li fece bona cera: & gran careze: & molto se excuso de la morte de li nostri: uista una dele femine tolte dali Canibali. Laqual li nostri chiamauan chatarina gli fece gran festa: & parlo con lui molto amorosamente che gli nostri non lo intesero. Dapoi se parti con grande amore forono alcuni che consigliauano lo admirante: chel douesse retegnire: & far confessasse come li nostri erano morti : & li facesse portare la debita pena. Ma lo admirante considero che non era tempo de irritare li animi deli insulani: El zorno sequente el fradel de questo Re uenne a naue: & parlo con le femine sopra dicte: & le subdusse come monstro lo exito ; che la nocte sequente quella chatarina sopra dicta : o per liberarse de catiuita: o per persuasion del Re se gitto ne laqua con .vii. altre femine tutte inuitate da lei: & passorno forse .iiii. miglia de mar. li nostri seguitandole con le barche le recupero .iii. solamente. Catharina con le altre tre sene andorono al Re. Elquale la mattina per tempo sene fugitte con tutta la sua famiglia. Vnde gli nostri compresero che gli .xxxviii. restati fussero sta morti da lui.

Capitulo .xi.

O admirante li mando drieto el sopradicto Marchio cō .ccc. homini Armati: elqual cercadolo deuenne a casu alla bocha dun fiume. Doue trouorno un Nobilissimo: & bon porto el quale chiamato porto reale. La intrata e tanto ritorta che come lhomo e dentro non cognosce doue el sia intrato Anchora che la intrata sia si granda che tre naue aparo ne pariuano intrare nel mezo del porto e un monte tutto uerde:& boscoso pieno de papagalli:& altri uccelli che continuo cantano suauemente : Et in questo

porto:correno do fiumi.Procedendo piu auanti uideno una altissima ca
sa:& pensando li fusse el re se ne ando a quella: & approximadose li uen
ne incontro uno acompagnato da cento homini ferocissimi in aspecto
tuti armati cō archi:& freze:& lanze.Cridando che non erano Canibali
Ma taynos:cioe nobili:& gentilhomini.Li nostri factoli cēno de pace:&
loro deposta la sua ferita se fecero insieme molti amici:& tanto che im
mediate senza rispecto discesono ale naue:doue forono donati de molti
psenti.Cioe sonagli da spauier:& simel cose.Li nsi mesurorno la sua casa
che era la circumferenza.xxxii.gran passi:era tonda:& con.xxx. altre ca
se picole atorno.li traui erano canne de diuersi colori con marauigliose
arte tessute.Domandando li nostri al meglo che poteuano del Re scam
pato:gli noctificorono che era fugito al monte. Et de questa tal noua
amicitia li nostri deliberaro fare intendere alo admirante.Ma l admiran
te in diuerse parte mando diuersi homini ad explorare del dicto Re. In
tra quali mādo Horeda:& Gormalano zouani nobili: & animosi questi
trouorono.iiii.fiumi:uno da una parte:& laltro da laltra.iii.de liquali de
scendeuano da uno altissimo monte:& nel sabione che tutti quelli de li
sola recogleuano oro,in questo modo cazauano le braze in alcune fosse
& cō la man sinistra cauauan larena:& cō la destra cogleuan oro.& lo da
uano ali nostri.Et dicono hauere uisto molti granelli de quātita de zeca
ra qual fo portato al Re dispagna.Vno grano de.ix.oñ.qual fo uisto da
pur assai persone.

    Capitulo duodecimo.
A li nostri (uisto questo) tornorono ad lo admirante per che ha
uea comādato sotto pena dela uita chē nisciuno facesse altro che
descoprire.Intesero etiam che lera uno certo Re ali monti:doue
uenian li fiumi loqual chiamano Cazichio cannoba cioe signor dela ca
sa de loro:boa uol dir casa:canno oro:& cazichio re.Trouorono in que
sti fiumi pesci pfectissimi:& similiter aque. Marchio de sibilia dice che
apresso li canibali el mese de decembrio e equinoctio: ma non so come
possi essere per la rason dela spera:& dice quel mese li ucelli faceano li
suoi nidi & alcuni haueano za fioli.Tamen domādato de lalteza del po
lo da loriente:dice che ali canibali tuto el carro era ascoso sotto el polo
artico:& li guardiani tramontati.Nō e uegnuto alcuno desto uiazo che
li si possa prestare firma sede per essere homini illitterati.

    Capitulo.xiii.
O admirante prese locinfrone uno loco propinquo a uno porto
per edificare una cita:& incominzo a fabricare:& fare una chie
sia.Ma approximandose el tempo che haueua promesso el re no
ctificarli del suo successo.& cusi remādo,dodeci carauelle in drieto con

noctitia del che hauemo uisto:& etiam dio facto.Essendo rimaso lo ad
mirante ne lisola Spagnola laquale alcuni la chiamano offira uoglono
che sia quella de laquale nel testaméto uechio nel terzo libro de li re se
ne fa mentione. Laquale per sua largeza e cinq3 gradi australi che so-
no migla.ccc.xxxx.El polo si lieua.xxvii.gradi : & da mezo zorno si co-
me el dice gradi.xxii.la sua lōgheza da leuāte a ponéte,e otocéto e otan-
ta milga.la forma de lisola e come la sogla dun castagno.Lo Admirante
delibero edificare una cita supra un colle in mezo lisola da la parte de
tramontana, perche li apresso era un monte alto boschoso con sassi: &
da far caloina laqual chiamo isabella:& ali piedi de questo mōte era una
pianura de sexanta migla longa;& larga in alcun luoco dodese & in al-
cun luoco piu stretta.vi.migla.per laqual passauano molti fiumi : & lo
mazor desso scorre dauanti la porta de la cita un trar darcho. Ita che
questa pianura e tanto uberiosa:che in alchuni zardini che fecero sopra
larena del fiume seminorrono diuerse sorte de herbe come rauani: la-
ctuche;uerzi;borasene;tutte in termine de sedesi zorni nascettero melo
ni : cucumeri ; zuche : & altre simel cosse.in.xxxvi.zorni forono racol-
te: meglor che mai mázassino.In questo lo Admirāte per noticia hauea
da quelli insulani che hauea seco mando trāta homini a una prouincia
di questa isola dicta Cipangi:laqual in mezo de lisola era situata : mun-
tuosa con gran copia de oro.Questi homini retornati referireno mira-
bilita de richeze de quel loco:& che dal monte descédeuan quattro siu-
mi che diuidon lisola in quattro parte.lun ua uerso leuante chiamato
Suma,laltro in ponente attibiúco.el terzo attramontana dicto Iachem
el quarto a mezo di Naiba chiamato.

Capitulo.xiiii.

    A per tornare al proposito lo admirante facta questa cita incin
m   cta de muro a di.xii.de Marzo se parti con circa a quatrocento
    a piedi & ha cauallo se mise in camino per andare ala prouincia
de loro dela parte de mezo di:& dapoi passati monti;ualle; & fiumi de
uenne in una pianura e principio de cimbago:per laqual pianura corre-
no alcuni riuoli con rena da oro.Intrato adūche lo admirāte per .lxxii.
migla dentro de lisola : & distante dala sua cita , zonse in una riua dun
gran fiume:& li in un colle eminente delibero far una forteza per po-
ter piu siguramente cercare li secreti del paese; & chiamo la forteza .S.
Thoma stando in questa edification molti paesi ueneno alo admirante
per hauere sonagli;& altre fussaí che hauea; & lui al incontro li diman
do che li portasino de loro.Vnde in pocho tempo andarono; & porto
rono assai quátita de oro:intra liquali un porto un grano de una onza:
li nostri se marauegliarono de tal grádeza;tamen con cenni demonstra

uano trouarſene anchi de mazori:& maxime in un paeſe diſtante de li
meza zornata ſe trouaua de grã pezi de liquali per non eſſere lauoraui
& meſſi in opra non lo exiſtimauano molto.Da queſto altri portarono
mazor pezi de.x.dragme luno:& etiam affirmauano trouarſene de ma
zori; Lo admirante mando alcuni de ſuoi a quel luocho liquali ritro
uarono molto piu de ql ch glera dicto.hano li boſchi pići d ſpetie:ma ſi
le recoglono ſaluo in quãto uoglono permuttar con gli homini delle al
tre iſole uicine in piadene:& cattini de terra:& uaſi de legno facti in al
tre iſole per che loro non hãno.Trouorono del meſe de mazo uue ſal
uatiche ben mature.Queſta prouincia non obſtãte che ſia ſaxoſa: tamẽ
e piena de arbori:& tutta uerde.Dicono ch li pioue aſſai pero ſono mol
ti ſiumi & riui con la rena de oro.& credeno che quello oro deſcẽda da
quelli mõti & ſono gẽte molto occioſe de inuerno tremano da freddo:
& hãno li boſchi pieni de bãbaſo ne ne ſano fare ueſtimẽti. Cap. xv.

Ercato quanto e dicto lo admirante ſene torno alla Rocha hiſa
bella doue laſſo al gouerno alcuni:& lui ſe parti cõ tre nauili per
andare a deſcoprire certa terra ch lui haueua uiſto,penſo ſuſſe ter
ra ferma:& e migla.lxx.& non piu lontana dala dicta iſola Spagnola.'La
qual terra li paeſani chiamauan cuba:paſſato de li dabanda del mezo di
ſi meſſe andare uerſo ponente:& quanto piu lo andaua auanti tanto piu
ſe ſlongaua iliti & andauaſe in Golfando uerſo mezo di.Ita ch ogni zor
no ſe trouaua piu uerſo mezo di.tanto chel zonſe a una iſola chiamata
da paeſani iamaica:ma come lui dice dali coſmographi e dicta lanna ma
zor:quale e mazor dela cicilia:& ha un ſolo monte in mezo che incho
menza a leuarſe da tutte le parte de liſola.Ma ua aſcendendo cuſi apoco
a pocho fina nel mezo de liſola chel par che non aſcenda.Queſta iſola
cuſi a le marine come al mezo e fertiliſſima:& piena de populo che piu
acuto:& de mazor ingegno che tuti li altri iſulani:atti a mercantie:&
belicoſi.Et uolendo lo admirante mettere in terra in diuerſi lochi cor
reuano armati & non li laſciaueno eſmontare:& in molti loci combat
tereno con li noſtri;ma reſtorono perdenti:& feronſe dapoi amici.Laſ
ſata queſta iamaica nauigaron per ponente.vii.zorni pur per la coſta de
Cuba,tanto che lo admirante penſaua eſſere paſſato fino a laurea cher
ſoneſo che apreſſo el noſtro leuante:& crede hauer trouato de le.xxiiii.
hore del ſole le.xxii.anchora che in queſta nauigatiõe el patiſſe de gran
de anguſtie:tamen delibero andare tanto auanti che uolea uedere la ſi
ne de queſta Cuba ſe lera terra ferma o no:& nauigo.1300.migla per po
nente per el litto ſempre dela cuba.Et in queſta nauigatiõe meſſe nome
a.700.iſole:ma ne paſſo piu de.3000.Et trouo molte coſe degne de cõ
memoration:ſcorrendo la coſta de queſta terra Cuba;& primo pocho

dapoi che incomanzio a nauigare trouo un belliſſimo porto capace de gran numero de naue doue meſſo in terra alcūi ſuoi trouorono alcune caſe de pagla ſenza alcun dentro tamen trouorono ſpidi de legno al ſuo cho con circa a .100. libre de peſce:& doi ſerpenti de otto picdi luno,uiſto che nullo uedeano incomanciuron a manzare el peſce:& laſſorono gli ſerpenti che erano ala forma de cocodrilli,Dapoi ſe miſteno a cercare un boſcho li uicino uiddeno molti de queſti ſerpenti ligati ad arbori con corde:& eſcorſero un pezo auāti trouorono da.lxx.homini che erano fugiti in cima duna grandiſſima rupe per ueder quello uoleano fare li noſtri,Ma li nr̄i li fecero tāte careze cō ſegni mōſtrandoli ſonagli: & altre fuſſaī che un di loro ſi riſigo ſmōtare in una altra rupe piu uicina. Vn del iſola ſpagnola che da picholo era nutrito cō lo admirāte ſe a uicino a coſtui:& li plo che de linguazo erano q̄ſi cōſormi:& aſecuratelo:& lui:& li altri tutti ueneno a naue:& fecero grāde amicitia con li nr̄i.& li dechiarorono ch̄ loro erāo peſcatori uenuti a peſcare p el ſuo Re.che faceua paſto a unaltro Re:& dezo trouorōſi molti cōtēti ch̄ li nr̄i li haueano laſciati li ſoi ſerpēti q̄li ſaluāo p la pſona dl Re: p paſto delicatiſſimo Lo admirāte (hauea la informatiō ch̄ deſideraua)li laſſo andare; & lui ſe gui el ſuo uiazo uerſo ponēte:& ſcorrēdo q̄ſta pte la trouo molto fertile:& piena de gēte māſuetiſſime ch̄ ſenza alcun ſuſpecto correuāo a naue:& portauan ali nr̄i de lor pan che uſano:& zuche piene de aq̄:& linuitauano in terra amoreueliſſimamēte.Scorſi auāti deuēnero in una multitudie de iſole ſine nūero q̄ſi iſinito che tute mōſtrauāo habitate piene de arbori:& fertiliſſime dala pte dela terra ferma ſecondo loro nella coſta,Ne la coſta ch̄ ſcorreuāo trouorono un fiume nauigabile de aq̄ tāto calda ch̄ nō ſi li poſſeua tegnire le mane,Trouarono dapoi piu auāti alcuni peſcadori i certe ſue barche de uno legno cauo come zopoli ch̄ peſcauāo.In q̄ſto mō haueuāo un peſce duna forma a noi incognita ch̄ ha el corpo d aguilla:& mazor:& ſupra ala teſta ha certa pelle teneriſſima che par una borſa grāde.Et q̄ſto lo tiēono ligato cō una trezola ala ſpōda dela barcha p che el nō po patir uiſta de aere:& cōe uedeo alchun peſce grāde o biſſa ſcudelera li laſſāo la trezola:& q̄llo ſubito corre como una ſaeta al peſce o ala biſcia:butādoli adoſſo q̄lla pelle ch̄ tien ſopra la teſta cō laq̄l tiē tāto forte ch̄ ſcāpar nō poſſono:& non li laſſa ſi nol tiri for de laq̄: elq̄l ſul ito ſentiro laire laſſa la preda.& li peſcadori pſto a pigliare.Et i pātia de li nr̄i pſero.iiii.gran caladre.leq̄e donorono ali nr̄i p cibo dilicatiſſimo. Domandando li nr̄i quanto durarebe q̄ſta coſta uerſo ponēte:riſpoſero ella nō hauer fine. Partiti da qui ſcorſero piu auanti. pur per coſta trouorō gran diuerſita de gente:& apreſſo queſta terra una iſola doue non uidono perſona alcuna che tutti ſene erano fugiti

Ma solo uideno do cani de brutissimo aspecto: & non habaiauão uideno oche Anare tra questa insula : & la costa de cuba trouorono uno si stretto passo & con tante gorghi: tanta spuma molte fiate tochorono con le naue terra.xl.migla gle duro questi gorghi:& era laqua tanto biãcha:& spessa che pareua fussi gittata farina p tucto. Passati questi gorghi a.lxxx. migla trouoron un monte Altissimo.Doue mesino in terra alcuni homini per far aqua:& legne.un balestrier che intro in un bosco aspasso. Se escõtro in un homo uestito de biancho sino in terra che li su supra a capo che non se nauidde nel pricipio credette chel fusse un frate che con loro haueano in naue.Ma subito drieto custui ne apparseno do altri uestiti a quel modo.& cusi esguardando ne uedde una squadra de circa a.xxx.liquali uisti subito incomenzo a fugire:Et quelli tali li andauano dirieto facendo segno che non fugisse. Ma lui quanto piu presto potte ne uéne a naue. Et fece intendere alo admirante quãto lha uea uisto. Elqual mando in terra per diuerse uie molti homini.Ma niuno seppe trouate alcũa cosa. Veddero uiole assai attachate ad arbori:& molti altri arbori de spiciarie. Scorrendo auanti trouarno altre molte gente de diuerse lingue lequale quelli delisola spagnola che erano con ladmirante. Niente intendeuano. Et costegiando pure questa terra cuba se andauano ogni zorno piu ingolfando.hora a ostro: & hora a garbin:& scorrendo el mare pieno de insole:& molte spiagge.Adeo che piu fiade le naue tochauano terra: & laqua entraua dentro:& haueua guasto uele sarchie:& elbiscocto.un foreno cõstrecti atornarse p la uia che andarono.Et per che ne landare haueua facta bona compagnia a tucti nel ritorno foron ben uisti:& cusi peruenero alisola spagnola.

Capitulo.xvi.

d Oue trouorono che un Monsignor margarita: & altri molti caualieri se erano partiti itati contro alo admirante : & tornati in spagna.Vnde anchora lui delibero uegnire dubitando nõ rifruisseno mal de ello al Serenissimo Re & per adimandare gente; & uictuarie.Ma prima cercho de mittigare alcuni de quelli del Re.che serano et esdegnati contra de loro per insolentie:& furti:Rapine:& homicidii faceuano spagnoli auanti lisuoi ochi:& prima reconcilio : & se fe amico un Re Guarionexio: & fece matrimonio duna sua sorella in un homo de lisola che lui hauea tolto fin al primo uiazo & a releuato suo iterpetre.Dapoi ando al monte doue haueua facta laforteza chiamata,S. thomaso,laqual assidiata da un Re za.xxx. zorni lalibero & prese quel Re che assidio sua forteza:Et Deliberaua etiam andare piu oltra subiugando quelli Re. Ma inteso che per lisola semoriua de fame:& che za nerano morti una infinita:& questo per loro diffecto perche azo che chri ſtiani patiſſeno haueano cauate le radice:de lequal loro ſe ne fano pane & nutricauanſe.Pēſando per queſta cauſa chriſtiani douer habandonare liſola ma el male era ſopra di loro per che li noſtri forono ſocorſi de uictuarie dal Re Guarionexio che nel ſuo paeſe non era tanta neceſſita. Per queſta cauſa lo admirāte ſi rimoſe dal inchominciato camin.Et per che li ſuoi haueſſino piu reducti in quella iſola per ogni occurrentia fabrico tra la rocha de.S.Thomaſo:& el regno del Re Guarionexio unaltra rocha ſupra a un monte & lachiamo la conceptione. Li iſulani uedendo chriſtiani eſſer in prepoſito de mantegnire quella iſola mandarono de diuerſe parte ambaſciatori ad lo admirāte de ſuplicarlo per lamor de dio el meteſſe freno a li ſuoi liquali ſotto p̄teſto de trouare oro andauan per liſola & li faceāno milli mali offerēdoſi darli tributo de quelle coſe che ſe trouauano ne le loro prouincie:& coſi fo cōcluſo & facto acordo.li habitatori de li mōti cibani da loro ſe obligano dare ogni tre meſi che loro chiamano ogni tre lune una certa miſſura piena de oro: & mandarla fina a la cita.Li altri do doue naſcono le ſpeciarie:& gottoni ſe obligano dare de quelle una certa quantita.

Capitulo.xvii.

A queſto acordo fo rotto per la fame:per che eſſendo manchate quelle ſuoi radice haueano aſſai trauagli andar tutto el zorno per boſchi procurando da manzare pure alcuni atteſeno; & al tempo debito portauano parte de obligatione excuſandoſi del reſto: & p̄metteuano q̄ primum ſe poteſſino reſtaurare pagariano el doppio; In queſto tempo fu trouato neli monti cibani un pezo de oro de onze xx.da un certo Re che habitaua diſtante da la riua del fiume elqual fo etiam portato in Spagna a li ſereniſſimi Re che molta gente el uedette fu trouato boſchi de uerzi:& molte altre coſſe digne. Et perche alcuni ſe marauiglaueno dicendo coſſi come le carauelle andorono in Spagna carche de uerzi:per che piu preſto non andorono carche de oro eſſendone tanta quantita:a queſto reſpoie che ben che ſe troui oro aſſa reſpecto a molti altri lochi:attamen el non ſe recogleua ſenza gran fatica & che gli homini che meno ſeco erano in diſpoſition Contraria ala fatiga:ymo dediti al otio & laſciuie:non curioſi a caſtigare paeſi:ymo ſcandeloſi:& per lor mali coſtumi ſe ribellorono ad eſſo admirante. Et ultra de queſto li homini de liſola che ſapeuan de natura barbarica erano non pocho indomiti: & multo piu eſdegnati per lo mal portamento de Spagnoli.adeo che fina ala p̄ſente hora apena el guadagno ſatiſfa ala ſpeſa.Niente dimeno queſto anno.1501.hanno in doi meſi ricolto.1200. libre de oro.de.viii.onze per libra. Et altre intrate & guadagni come di ſotto a dio piacēdo diremo nō diuertendo dal noſtro p̄poſito. In quello

C

anno uiene tanta furia de uento che eradicaua li arbori: & portauan fina al cielo & fomerfe tre naue del Colũbo che ftauano in porto:& crefciette tãto laqua cħ la uenne fopra ala terra alta piu dun brazo.De laq̃l cofa linfulani penfauano che li chriftiani de cio fuffino caufa per li loro peccati che erano andati a difturbare el loro tranquillo uiuere ; perche nõ era alcun che mai haueffi ne audito ne uifto fimel cofa. Lo admiran te uegnuto al porto immediate fece fare do carauelle che haueua con fi maiftri fufficientiffimi.   Capitulo.xviii.

N quefto mezo mando Bertholomio columbo fuo fradello che za lo hauea conftituito Capitaneo de lifola con alcuni bene armati & exercitati ale minere de metalli:ali mõti doue cauano lo ro che fono.60.leghe diftãti dala forteza ifabella:per inueftigare ad ple num la natura de quelli luochi.Andato el dicto capitaneo:ouer adelantado che cofi in fuo lenguazo el chiamano trouo profondiffime caue: & antique:donde fe iudica chel Re Salamone cauaffe el fuo thefero come fe leze nel teftamento uechio.Li maiftri che el capitaneo feco mena to hauea cerchado le fuperficie dela terra de quelle caue:uittino che du raua circa a.16.migla iudicarono che fuffe tãta quãtita de oro che ogni maiftro facilmente poteffe cauare ogni zorno tre onze de oro. De laq̃l cofa el capitaneo fubito ne dette noticia al admirãte elqual intefo que fto delibero tornare in fpagna:primo conftitui fuo fradello capitaneo e gouernator de lifola:& ello fe parti al principio de marzo.1495.ala uolta de fpagna.In quefto mezo el capitaneo remafo dicto adelantado per configlo del admirãte fuo fradello edifico apreffo le prefate caue de loro una forteza:& la chiamo aurea:pche nela terra de che faceuan le mu ra trouorono immixto loro confumo tre mefi a far edificare:& fabrica re artificii da lauorare:& recogler oro:ma la fame el difturbo:& cõftren fe a laffar lopra imperfecta:& partiffe de li:& laffo ala guardia de la for teza.x.homini con quella parte chel potte de pan de lifola:& un can da prendere cunigli:& tornaffe ala rocha dela conceptione : nel mefe che Guarionexio:& manicantexio Re doueano pagar el tributo. Et ftato li tutto zugno fcoffe el tributo integro da quefti do Re:& le coffe neceffarie al uiuere per lui & per li fuoi che erano feco:che erano da.400.ho mini.   Capitulo.xix.

T a circa ali primi de luglio zõfe tre carauelle cõ formẽto oglio uin carne de porcho:& de manzo falate:lequal tutte coffe forono partite:& accadun datto la fua portion.Per quefte dicte carauelle li fereniffimi Re de fpagna mandorno p comãdamẽto ali fuoi ho mini che erano in lifola che douesse andare adhabitare dala pte del me zo di piu propinqua ale caue de loro:& che li mandaffe in fpagna tutti

li Re de lifola che hauea morti chriftiani cō foi fubditi:& mādato ad fe
cutione li mādati forono prefi. 300. infulani cō li foi Re:& deftinati ali
fereniffimi Re:& etiam dala parte in uerfo mezo di de lifola fecondo el
mandato edificorno in un colle apreffo un optimo:& bel porto una ro
cha laqual chiamaro de fan Domenico: perche de domenica zōfero al
loco de li. Nel porto corre un fiume de faluberrime aque uberiofiffimo
de diuerfe forte de pefce: per ilql li nauili nauigano fina. 12. migla apref
fo la rocha aurea. Ne la forteza de ifabella laffarono folum li amalati:&
alcuni maiftri che fabricauano do carauelle tutto el refto uenne a que-
fta rocha de fan Domenico. Dapoi fabricata quefta rocha lo capitaneo
laffato in guardia in dicta rocha. xx. homini fe parti cō el refto p andare
a prefcrutare le parte dētro lifola uerfo ponēte. Capitulo. xx.

 T meffo in camin trouo el fiume Naiba diftante. 120. migla elql
e come e dicto difopra defcéde dali mōti cibani dala pte de oftro.
paffato quello mando doi capi con alcune gente ne la puincia
de alcuni Re da la parte de oftro che haueāo molti bofchi de uerzin de
liquali ne taglaro gran quantita:& le miffeno nele cafe de quelli infula
ni a faluare fino che ritornaffino a leuar cō nauili:& cofi fcorrādo el di-
cto capitáeo da la man dextra nō molto diftāte dal fiume naiba. Trouo
un Re potēte che hauea meffo cāpo: per fubiugar qlli populi de qfti lo
chi. Ma el regno de qfto tal Re e i capo de lifola uerfo ponēte ql fe chia
ma Saragna lōtan dal fiume Naiba. 30. leghe paefe mōtuofo. & afpro:&
tutti li Re de qlle pte gle dāno obediēza. Lo capitaneo facendofi auāti
uéne a plaméto cō qfto Re in mō che lo induffe a pagare tributo di go
toni: canauo: & altre coffe cō loro hāno: pcħ oro nō fe troua in qlle pte.
Et dapoi facto lo acordo andarono d, cōpagnia a cafa de ql Re: doue fo
rono molto honorati: & li uéne icōtro tutto ql populo cō grā fefta &
iter cetera li forno qfti do fpectaculi: El prio cħ li uéne icōtro. 30. belle
zouáe dōne del Re nude tute: excepto le pte pudibūde cħ haueāo copte
cō certo pāno de gotōi fecōdo loro ufanza: & coftume alle dōzelle: ma
qlle cħ fono corrocte uāno fecōdo tutto el corpo difcopte: haueāo una
rama de oliuo cadauna in man: cō li cauelli p le fpalle: ma ligata la frōte
cō una bida. El color de laqle era oliuaftro ma formofiffime: faltādo &
dāzādo chaduna dono el ramo doliuo al capitaneo cħ portauāo i man
intrati i cafa li fu aparechiata una cena molto lauta a loro ufanza: & da
poi tutti alozati fecōdo laqualita de cadaun. El fequēte zorno forono
cōducti a una cafa laquale ufano i locho de teatro doue li fo facti mol
ti zochi: & danze tranquille: Dapoi quefto uennero due fquadre de
homini: una da una banda: & laltra da laltra banda combattando infie
me cofi ferocemente: & afpramente: pareuan fuffero capitali inimici.
                         C ii

con dardi:& frize:Ita che ne forono morti quattro.Et gran quantita feriti & questo per dare solazo al Re: & al capitanio: & piu seriano morti ma el Re facto el suo segno in mediate cessorono.

Capitulo.xxi.

T el terzo zorno se parti de li & torno alisabella doue hauea lassati amalati:Et ritrouo che erano morti da.cc.per uarie infirmita:De che se trouaua mal contento: Et molto piu che nō uedea aparire naue despagna con uictuarie.De che hauea gran necessita: Tandem deliberarno partire li amalati per li castelli alariua del mare: Da isabella a san Domenico adriecto camin da ostro attramontana e desicorno questi castelli;Primo da isabella a.xxxvi.miglia la rocha speranza. & da speranza a.xxiiii.miglia Sācta Catharina.Da.S.Catharina a.xx.miglia san Iacomo.Da san Iacomo altri.xx.la conceptione. Vnaltra tra la conceptiōe & san Domenico la chiamarono bono anno del nome dun Re li uicino:Partiti li amalati per questi Castelli,lui sene ando a san Domenico scodando li suoi tributi da quelli Re.Et cosi stando alcuni zorni.p le rapine & mali portamenti de spagnoli molti de quelli Re se rebellorno;Et fecero suo Capitanio el Re Guarionexio & erano conuegnuti a certi zorni asaltare spagnoli con.xv.milia armati a suo modo . El che presentendo el capitanio:prese el tratto auanti:& a uno a uno tutti li supero:Non pero senza gran trauagli & angustie.& qui elassaremo & tornaremo alo admirante colombo.

Capitulo.xxii.

O admirante Colombo adi.xxviii.mazo.1498.partito dal castello de barameda a presso cades con otto nauilii carghi corse al cōsueto camino dele isole fortunate:Et questo etiam per paura de alcuni corsari francesi:& ando a lisola de Iamedera:& de li mando cinq̃ nauilii aditto camino ala lisola spagnola:& seco retiene una naue: & do carauelle con lequal si misse a nauigare uerso mezo di con intentiōe de trouare la linea equinoctiale:& de li uoltarse poi uerso ponente : & per instigar la natura de piu diuersi luochi:& trouosse in quelle parte a mezo el so corso alisole de cauo uerde.Del qual partito:per garbio nauigo 480.miglia con tanta feruētia de caldo che era del mese de zugno che quasi li nauilii se abrusauano:& simelmente le botte schioppauano : in modo che aqua:e uin:e oglio andauano fora; & li homini embastiauano de caldo.viii. zorni stetero in questo affanno: & el primo zorno fu sereno:& li altri nebulati:& piouosi:unde piu fiate se pentiano essere andati a quel camino:passati li.viii. zorni se misse el uento elqual tolto Impoppe sene andarēo ala uolta de ponēte continuo trouādo meglior tēperie de aere. ita che al terzo zorno trouorono amenissimo aere : &

a lultimo di de Iuglio dala gabia de Iamazor Naue forono fcoperti tre altiſſimi monti. De laqual cofa non pocho fe relegrarono: p che ſtauano mal cōtenti: p laqua che glie comenzaua a manchare p eſſere creppate le botte dalo eſmeſurato caldo con lo aiuto de dio zonſero a terra, ma p eſſere el mare tutto pieno de ſeche nō ſe poteuano a coſtare: bē cōpre ſeno che lera terra molto habitata: p cħ dale naue ſe uedea belliſſimi or ti: & prati pici de fiori che li mādauāo ſuauiſſimi odori fina a naue. De li a uinti miglia trouorono un boniſſimo porto ma ſenza fiume: p laql cofa ſcorſero piu auāti: & tādē trouorono un porto attiſſimo di poterſe riparare: & fare aq. laql chiamauan ponta de erena. Nō trouorono uici no al porto alcuna habitatiōe. Ma molte ueſtigie de aiali che mōſtraua no le pedate. Et laltro zorno ueddeno uenire da lōtano una canea zoe una barca al modo loro: o uero un zoppolo al modo nr̄o cō. xxiiii. zo ueni armati de frize: & targhe: & erāo nudi copti ſolū le parte uergogno ſe cō un pāno de bābaſo. capelli longhi. Lo admirāte p tirar coſtoro a ſe glie ſe moſtrar ſonagli: & uaſi de rami lucidi: & altre ſimel coſe: ma quel li quāto piu erano chiamati: tāto piu dubitauāo eſſere ingānati: & ſe ſtar gauano ogni hora piu cōtinuo eſguardando li noſtri cō grande admira tione: uedēdo lo admirante nō li poter tirare cō queſte coſe: ordino che nela gabia dela naue: ſe ſonaſſe tamburlini piue: & altri inſtrumenti. Et cantare p prouare ſi cō tal loſenghe ſe poſſino deſmeſticare: Ma loro pē ſando che quelli fuſſero ſuoni che linuitaſſeno abataglia tutti imediate tolſero dardi: & frize i mano pēſando che li nr̄i li uoleſſe aſſaltare: & par titi dala naue mazore cōſidandoſe nela celerita de ſuoi remi ſe acoſtoro no a una naue minore: & tāto ſi li auicinorono che li patroni dela naue glie gitto un ſaio: & una beretta a un di loro: & p ſegni ſe cōcordorono andare i ſu li liti a parlare inſieme. Ma andato el patrō dela naue adimā dare licētia alo admirāte: & loro temēdo de qlche ingāno dettero deli remi in aq: & ſe ne andorono uia. in modo che de queſta terra non heb bero altra cognitione: & non molto lōtano de qui trouorono una corē thia de aq da leuāte in ponēte tāto celere: & impetuoſa che lo admirāte mai dapoi che nauiga (che le da la ſua pueritia) dice hauer habuto la ma zor paura andato alqto auāti p queſta corēthia trouo una certa bocha che pareua lintrata dun porto doue andaua qſta corēthia: & da qſta bo cha a lintrare iſiua unaltra corēthia terribile de aq dolce laql ſe cōzōge ua cō la ſalſa. Intrati in queſto golfo trouarono tandē aq dolciſſima: & bōa: & dicono che. xxvi. leghe cōtinuo hāno trouato aq dolce. & quāto piu andauano a ponēte tāto piu erano dolce. Trouorno dapoi un mōte altiſſimo. Doue miſſe in terra: & uiddino molti cāpi coltiuati ma nō uit tero ne hoi: ne anche caſe. & dalato del mōte uerſo ponēte cognoſſette

ro essere alcuna pianura: & p molti segni cōpredeuario che questa terra
se chiamasse paria;& essere grande;& populatissima uerso ponéte tolse-
ro de qui quatro homini in naue;& andorono seguitādo quella costa da
ponéte un zorno tirati dalamenita del luocho andarono i terra pocho
auāti el zorno doue trouareno mazor numero de hoī che in alcuno al-
tro luoco.& trouarono Re: quali chiamauano cacihi liquali mandaro
ambasiadori ad lamirante;p céni e signi de grande offerte;& inuitandoli
adesmōtare in terra.El che recusando lo admirāte:quelli nandarono ale
naue grā numero de barche;con gran multitudine de hoī ornati de ca-
thene doro;& per le oriétale ale braza;& al collo;& domādati doue re-
coglieuano quelle perle;& oro.cō cenni respondeano che le ple se troua
no in lite del mare li uicino;Demonstrauano ét che retrouano in copia
assa cōueniéte;tñ a presso loro nō ne faceuan grāde existimation dele q
le ét ne offeriuāo ali nri;uolendo loro stare alquāto deli & p che li for
ménti dele naue se guastauano;Lo admirāte delibero defferire questo co
mertio ad altro tépo.Et mādo alhora do barche de hoī in terra p inui-
stigare;& intédere la natura de quel locho.Andati adonche a terra foro
no receuti molto amoreuelméte;tutti coreuano auederli come un mira
colo;& doi de costoro piu graui de li altri se ferono in contro uno era
uechio;& laltro zouene suo fiolo.fctā fcdo loro costūe la salutatiōe :Li
menorono in una casa fatta in tondo a uāti laquale era una gran piaza.
liquali entrati.quelli feceno portare certe carieghie da sentare dū legno
negrissimo;& lauorati cō gran magisterio : & sentādo li nostri insieme
con quelli primati:Venero molti scudieri tutti carchi de diuerse gene-
ratiōe de frutti(incogniti a noi)& uini bianchi & rossi;nō de uue: p che
non hanno uigne ma satti de diuersi frutti molto suaui;& ameni. Fatto
adunque colatione in casa del uechio;Dapoi el zouene li cōdusse a casa
sua:Doue stauano molte femine separate tutte da glihomini; liquali tut
ti uanno nudi excepto lepudibunde parte che portano copte con certi
ueli de bābaso tessuto de uarii colori : & adimandati donde portassino
loro cō portauāo? rñdeuāo cōsegni che glieueniua da certi mōti che mō
strauano,a liqli p mō alcun non douesseno andare per che li se manza
no hoī: Ma li nri nō poteuano intendere si diceuano de fiere: o uero da
canibali monstrauan molestia che non intendeuano el nostro parlare;
& etiam che loro non erano intesi.
    Capitulo.xxiiii
  Stati adunque li nostri in terra fina amezo di tornarono a naue
ſ con alcune colane de perle: Et lo admirante imediate se leuo cō
  tute le naue per respetto del formento : che come habiam ditto
se imarciua & questo con animo de tornar unaltra fiada. Et procedédo

auanti continuo trouaua mancho fondo: & p molti zorni dauano grā trauaglio alenaue magiore: & p questo mādarono auanti una garauella minore cō el scādaglo che faceua la uia alaltre. Andato cusi molti zorni credendo che questa fusse insula sperando poter trouar uia & uoltarse per tramontana uerso linsola spagnola: Capitorno in un fiume de profundita de.xxx.cubiti:& de largheza inaudita: Donde che essendo in.xviii.o xx.leghe larghe poco auanti pur per ponente ma un pocho piu amezo di:che cusi se ingolfaua quel lito uettero el mar pieno de herba ben che pareua che coresse come un fiume.Et sopra del mare mandaua alcune semenze che pareuano lente:& era tanto spessa lherba che impediua el nauigare de le naue.Qui in questo loco:Dice lo admirante essere p tutto lanno gran tēperie de aere:Et el zorno tutto lanno:essere quasi equale:& non molto uaria:& uedendo in questo golfo quasi intricato: & nō trouādo exito da tramontana p andare alisola spagnola,uolto la proua doue hauea la poppe:& ritorno per el camin che lera intrato : & insito de lherbe:preso uerso tramontana el dritto suo camino: Alcuni dicono che quella sia terra ferma de lindia:tamen lo admirante non trouo altro capo ma tornato alquanto indirieto per tramontana pigliando el suo camino con laiuto de dio zonse alisola spagnola secondo el firmato preposito ad.xxviii.auosto.1498.

Capitulo.xxiiii.

Onto lo admirāte colombo alisola spagnola trouo ogni cosa in confusione:& uno Roldano che era stato suo arleuato con molti altri spagnoli sera rebellato & uolendo loadmirante mitigarlo non solum non si pacifico:ma scrisse ali serenissimi Re tanto male de lo admirante:quanto mai e possibile a dir : & etiam de suo fradello che remase Capitaneo al gouerno de lisola spagnola . Accusandolo che ello era scelerato de ogni deshonesta:Crudelissimo: & iniusto che p ogni pizola cossa faceua a pichare:& morire homini:& erano superbi: inuidiosi:& pieni de ambitione intollerabile:& per questa causa essere rebellati di loro:come da fiere:che se alegrano de spandere sangue humano:& inimici del suo imperio:Et come da quelli che non cercano altro che usurpare lo imperio de quella insola.Argumentando queste coniecture che nō lassauano andare a le caue de loro se non saluo li soi creati.Lo admirante similmente nottifico ali Serenissimi Re la natura de questi giotoni:latroni:& dechiarando etiam che non attendeuano si non a stupri: & assasinamenti:al tutto effrenati : De che temando non essere puniti si senon rebellati ; & Andauano per lisola uiolando: robando : & assasinando: de dia alsōno: alotio:& ala libidine: & che per diletto andauano

apiccando li poueri homini de quella isola. Et mentre se faceuano que
ste inuectiue lo admirante mando ad expugnare un che li hauea ri-
bellato che si chiamaua el Re de cigiani qle hauea da sey milia homini
tutti armati de archi:& freze ma nudi:& portano depincto el loro cor-
po de uari colori dal capo ali piedi ingroppati de diuerse mainere : que
sti dapoi molti trauagli forono superati:& ueneno ala obedientia.
Capitulo.xxv.
N questo mezo li serenissimi Re receuettero le lettere de lo ad
mirante & de li aduersari soi:& uedendo che per queste discen-
sione de tāta copia de oro ne trazeua pocha utilita: mandorono
un suo Gouernatore che hauesse ad inquirare chi fusse in errori:li casti-
gasse ouer mandasse in spagna che li castigarebbe & zonto questo gu-
bernatore a lisola Spagnola:per subornita:& fraudulentia de quelli sce-
lerati Spagnoli:& etiam per grande inuidia che hauea lo admirāte e suo
fradello fo suo parere prendere lo admirante e suo fradello : liquali in
ferri forono mandati ala uolta de Spagna:& zonti che forono a cades
li serenissimi Re intendendo li mando a liberare:& feceli andare a cor-
te uoluntariamente doue etiam al presente zorno se ritrouano.
Capitulo.xxvi.
Apoi che lo admirante Colombo uegnuto a tal cōtumacia mol
ti suoi peotti & nuchieri che seco continuo erano stati ale supra
dicte nauigatione:fecero intra loro deliberatione andare per lo
oceano adiscoprire nuoue isole:(& tolto dal suo caro patron licentia) ar-
morono nauili a sue spese:& sene andoron a diuersi camini con coman-
damento de nō se acostare doue era stato lo admirante a.l.leghe: & uno
pietro alonso chiamato el negro con una carauella armata a sue spese se
misse andare uerso mezo di:& capito a quella terra chiamata paria dela
quale za disopra hauemo facto mentione che lo admirante trouo tan-
ta copia de perle:& scorendo piu auāti quella costa per.l.leghe per obe-
dire a li Re deuienne in una prouincia chiamata Curtana da li habitan-
ti doue trouo un porto simile a quel di Cades doue itrato uitte un bor
go de.lxxx.case e smontato in terra trouo cinquāta homini nudi che nō
erano di quel locho ma duno altro populatissimo locho .iii. migla uici
no de li con liquali se permutation de sonagli:& altre fussare al incōtro
hebbe da loro:(quātunche in primis fecero resistenza).xv. onze de per
le che portauano al collo.dapo molte preghiere:& el sequēte zorno se
leuo cō la naue & ando al suo borgo. Doue zonto tutto el populo che
era infinito corse a marina con acti:& cegni pregauano che desmontas-
seno a terra:ma nigro alonso(uedēdo tanta moltitudine)hebbe paura a
desmontare:per che etiam loro non erano piu de.xxxiii.homini ma per

cenni gli faceua intendere che si uoleuano comprare alcuna cosa andas/
sino a naue. Vnde gran copia de loro con suoi zoppoli: portando seco q̄/
tita de perle andarno a naue: In modo che con alchune sussarette che ua
leuano pochi denari.hebbeno da.50.libre de perle. Ma poi che Alonso
negro li uedde cosi humani;& doppo stato.20.zorni,Delibero esmonta
re in terra.Doue fu receuuto amoreuclissimamente:le loro habitatione
sono caxe de legno coperte de foglie de palme. Et a loro familiar cibo
sono cappe:Da molte de lequale cauano perle:hanno cerui porci zangi
ali conii lieuori colombi tortore in grande habundantia.Le donne nu/
triscano le oche:& anare come le nostre.Ne li loro boschi sonno copia
de pauoni.Non cosi ben pennati come li nostri:che el maschio quasi nō
e differente da la femina:hanno fasiani in quantita:lequale gente sonno
perfectissimi arcieri mandano la freza precise doue uogliono. Nel qual
luocho alonso negro con la sua compagnia per quelli zorni che stette/
ro li triumpharono. Haueano un pan per quattro chiodi per uno: uno
fasiano:cosi turture oche colombi.Spendeuano etiam per denari pater/
nostri de uetro aghi.Et domandati per atti & cenni a che opauano aghi
respondeuano similiter per gesti per curarse identi:& da cauarse le spine
da ipiedi:perche uanno descalzi;Et per questo molto existimauāo aghi.
Ma supra tutto li piaceua sonagli;& andati alquanto dentro lisola:uette
ro boschi de altissimi arbori;& spessi.Doue sentiuano mugiti de anima
li che intonaua quel paese:con extranee uociferatione . Nondimeno iu/
dicauano non esser animali nociui. Et questo per che quelli andauano
securamente cosi nudi senza tema alchuna per quelli boschi: con loro
archi & freze. Haueuano a loro libito cerui cenghiali quanti uoleano.
Non hanno boi ne capre ne pecore usano pane de radice & de pannizo
Quasi come quelli de lisola spagnola:hāno cauelli negri & grossi & me
zi crespi ma longhi.Et per hauer lidenti bianchi portano in bocha con
tinuo una certa herba.Et come la buttano uia se lauano la bocca. Le
donne attendeno piu alagricultura:& ale cose de casa che li homini.ma
li homini attendeno ale caze zuochi & feste & altri solazi. Hanno pi/
gnate:cantari:zare:& altri simili uasi de terra. Comprati in altre prouin
cie:fanno traloro fiere & merchati.Doue concorre tutti lialtri uicini:&
portano de uarie merce secondo lauarieta de prouincie:& fanno baratti
& permutatione da una cossa alaltra secondo che aloro piace. Hanno
oselli & altri animali quali nutriscono & adomesticano aloro solazo: li
quali portano gorzere de oro & de perle.Ma quello oro non trouano i
quella prouincia:ma per baratti lhanno daltre prouincie:elquale e la bō
ta de loro del fiorino de reno.Li homini portano una udra in locho de

D

bragha.Et similiter portano le donne ma la mazor parte del tempo sta
no in casa:Domandato quelli per cēni: & atti si intermine de quel lito
si troua mare.Demonstrauano nō saucre:ma per la sorte de animali che
se trouano in quelle parte:loro fermamente credeno sia terra ferma: &
tanto piu ét per che hāno nauigato per quella costiera de ponēte piu de
4000.miglia:che mai hāno trouato fine:Ne anchi segno alcun de fine.
Et poi li adimandareno da che locho haueano quello oro.& da che bā
da uegnia li fece intendere chel se parteua da una puincia chiamata can
chiete:Distante da li.vi.zornati uerso ponente.   Capitulo.xxvii.

  Oue alonso negro delibero andare: & circa ali primi di de nouē
d brio.1500.ariuo li a questo canchiete.Doue sorsero con la naue
(li quali subito uisti)quelli del paese uenero a naue senza timore
alcuno:& portaro quel oro che al presente se trouano:Quátūcʒ el fusse
pocho:& d lasorte:& bōta sopradicta:trouorno molti belli papagalli de
molti colori li era suauissima tēperie senza freddo alcun: Et fu del me
se de nouēbrio:Quella gente e de bona natura:stāno senza suspetto al
cuno:Tutta la notte con le sue barche ueniuano a naue securamente co
me in casa loro:Ma sōno zelosi dele sue dōne leql faceuāo stare in drie
to.Et molto remesse hāno etiam gran quantita de bambasi che da sua
posta nasse senza cultura alcuna:del quale fāno loro braghe.Dapoi par
tendose de qua:& scorendo per questa costa:piu de.x. zornate: uette un
luocho belletissimo con casamenti:& castelli pure assai cō fiumi:& zar
dini:che mai uette piu belli luochi:nel qual uolendo desmontare : glie
uenia alincontro piu de.2000.homini:armati a usanza loro : liqli p uia
alcuna del mondo mai uolsero ne pace; ne amicitia ne patto alcuno:de
monstrauano in loro grādissima rusticita ymo quasi pareuano homini
saluatichi:non obstante che glierano belli homini: & proportionatissi
mi deloro corpi bruni de colore:& uniuersalmēte macilenti. Donde p
questo alōso negro contento de quanto hauea trouato:delibero tornar
se per la uia chera uegnuto.   Capitulo.xxviii.

  T cosi nauigando cō laiuto de dio zonsero ala prouincia dele p
e le chiamata curiana.Doue dapoi stetero zorni.xx.adarse piasere:
Et in un luocho nō molto distante dala prouincia auanti a loro
zonzere se incōtrorono in.xviii.zoppuli:ouer canoe: o barche de cani
bali.che sōno de quelli uiuō de carne humana liquali uisto la naue itre
pidamente laiaItarono: & circōdandola cō loro archi:& frize it.comen
zarono acōbatter:Ma spagnoli cō loro balestre: & bōbarde le misse in
gran paura:In modo che tutti se dettero a fugire.& elli con la barcha ar
mata li seguitorono intanto che prendettero una loro barcha ; de laqle

molti de quelli canibali buttati in aqua, natando scaparono. ma sol un ne prendetero che scapar nō pote: elqle haue tre hoi ligati cō mano: & piedi: p uolerli a suo bisogno magnarli; Dōde che li nri cōpreso questo: discolse li legati: & el canibalo ligato; & dato in man de li presoni del qle a loro uolere ne facesso que uendetta che a loro piaseua: & imediate qlli cō pugni calci; & bastoni tāte mazate glie deteno che lassareo qsi a morte recordādose che hauea magnato suoi compagni: & isequenti zorni simelmēte uolea questi altri māzare: & piu oltra adimandaro de loro costumi; Nottificaro che questi canibali andauāo p tutte quelle isole scorsezando: & tutte quelle puincie; & q primū ariuo aterra se fāno uno stechato p forza de pali; & uāno arobare, in qsta puincia dele ple sōno grādissime saline; & dicono che come el more alcuno hō da conto el metteno sopra a una certa caretha sotto laqle fāno un certo fuoco lēto: tāto che se distilla apoco apoco tutta quella carne che nō resta saluo la pelle e ossa; Dapoi el saluano p suo honore. Et adi. xiii. partirono de questa p uincia p uegnire in spagna con. 96. libre de ple a once. viii. p libra; Cōprate aprexio de pochissimi soldi in. xvi. zorni ariuaro in galitia. Le ple quale portorono sōno orientale: tñ non ben forate: & p quāto dicono molti mercadanti che zo cognoscano: nō sōno de troppo prexio.

Capitulo. xxix.

Incétianes chiamato Pinzone; & aries suo fradello che forono al primo uiazo cō el colōbo del. 1499. Armorono a sue spese. iiii. Carauelle: & adi. xviii. Nouēbrio separtiero da palos p andare adi scoprire noue isole; & tereni: imbreui tēpo forono. alisole de canaria; & poi successiue alisole de cauouerde: Dale ql partendose; & pigliādo la uia p garbino; & nauigarono p quel uēto. 300. leghe. Nel ql uiazo psono la tramōtana (laqle imediate psa) forono asaltati da una terribilissima fortuna de mare cō pioza; & uēto crudelissimo niētedimeno sequēdo el loro camino cōtinuamēte p garbino: nō senza manifesto picolo andorono auāti. 240. leghe. & adi. xx. zenaro dalōtan uitteno terra: alaqle aproximandose ogni fiada trouāo mancho fondo: gittarono lo scandaglo & trouorono. xvi. braza de aq: & tandē zonti a terra desmōtorono & li do zorni stettero che mai apparse alcun. partiti de di. & scorendo piu auāti ueddeno la notte molte luce che pareuano un cāpo de gente darme: uerso. lequal luce mandorono. xxv. homini bene armati: & comando che non facissino extrepito alcun: liquali andati & compresi essere gran multitudine de gente non uolsero per alcun modo disturbarle; Ma diliberorono aspettare la mattina & poi intendere chi fossero: fatto la mattina nel leuare del sole mandorono poi in terra. xxxx. homini armati: Liquali

D ii

Subito che forono da quelle gente uisti:quelli mandaro a lincontro de li nostri.32.homini amodo loro armati de archi & freze: homini grãdi & han la faza torua & crudele aspecto:& non cessauano de minazare a li spagnoli liquali quanto piu careze li faceuano tanto piu se demostra uano csdegnosi & mai uoliero ne pace ne acordo:ne amicitia con loro. Vnde per alhora se ne tornorono a naue con animo la mattina sequente acombatere con essi.Ma quelli quamprimum aparse lanocte se leuorno nudi & andorono uia.Quelli da le naue existimauano che quelle fossero gente che uan uagando cõe zingari o uer tartari che non hanno p pria casa:ma uanno ozi in qua doman in la cõ sue mogliere & fioli. ma limatti spagnoli andarono alquanto sequendo loro traze. Et trouarono nel sabbione loro pedate essere molto mazor de le nostre; ymo do uolte mazore.Nauigando piu auanti trouorono un fiume: ma non de tanto fondo che le carauelle ui posse sorzere:per laqual cosa mandarono a terra.4.barche de le naue,armati:lequale armate a terra se li fece in contro innumerabil numero de gente ignuda:liquali con céni & acti de monstrauano molto desiderar el comertio de linostri.Ma li spagnoli,ue dendo tanta turba non se asegurarono de acostarse.Ma almeglio che potero gli gittaro uno sonaglio & alincontro quelli gittarno ali nostri un pezo doro.Adeo che uno de li spagnoli facendose a terra per tuore qllo oro.Subito una turba de quella canaglia glie forono adosso per uolerlo prendere:ma quello defendendosi con la spada non posseua al gran numero reparare perche quelli non existimauano morire.Ita che saltorono in terra tutti li homini de le quattro barche & forono morti otto spagnoli:& li altri hebbeno gran fuga ascampare & aretrarse ale barche ne li ualse essere armati de lanze & de spade che questa gente per molti che fussero morti de loro,non curauano:ma sempre piu arditi li sequitauano fino ne lacqua per modo che alla fine presero una de le quattro barche & amazorono el patron.El resto hebbe de gratia de scampare con laltre tre.Et andarsene a naue & far uelo & partirse de li:& cosi per alhora se trouorono mal contenti.Et presero el loro camin per tramontana che cosi se ingolfa quella costa.

Capitulo.xxx.

Ndati quaranta leghe trouorono el mar de aqua dolce:& inuestigando doue questa aqua uegnia trouorono una boccha che per quindese migla sboccaua in mare con grandissimo impetu Dauanti dalaquale boccha erano molte insule habbitate de humana & piaceuole & li non trouorono casa da contractare. Tolsero.36.schiaui. Dapoi che altro non trouorono da contractare con guadagno. El no me de quefta prouincia fe chiama Marinatambal diceua quella géte de lifole che dentro a laterra ferma fe trouaua grande quantita de oro. Dapoi partiti da quefto fiume in pochi zorni fcoperfero la tramontana che era quafi a!orizonte facto che le cinquanta leghe fecondo la loro regula.Dicono che fempre fono fcorfi per la terra payra:per che dapoi uennero alla boccha chiamata del dragone:che e una boccha che e in quefta terra payra.Doue efcorfe lo admirante per alchune infule de li,che ftano auanti quefta payra in grande numero. Doue trouorono gran copia de uerzi:del quale carcarono le lor naue intra lequale infole'erano molte de quelle defnabitate per paura de li Canibali. Et uittero infinite cafe ruinate.Et molti homini che fugiuano al monte trouarono etiam molti arbori de Caffia fiftula:de laquale ne portarono i fpagna;& li medici'che la uittero diciuano che la farebe ftata optima: fi la fuffe ftata recolta al fuo debito tempo:& li etiam fono arbori grandiffimi & groffi tali che fei homini non li poterebbeno trafengere. Doue etiam uittero un nuouo animale quafi monftruofo che elcorpo & mufo de uuolpe:& la Groppa & li piedi drietto de fimia;& quelli dauanti q̃ fi chome de homo:le orechie come la notola;Et ha futto el uentre uno altro uentre di fora come'una tafcha doue afconde fuoi figlioli dapo nafciuti:ne mai li laffa infire fino atanto che da loro medemi fiano baftanti a nutrirfe;& excepto quando uogliono lactare:uno de quefti tali animali infieme con fuoi figlioli.Fo portato de fibilia a granata ali fereniffimi Re.Tamen in naue moritte ifioli;& el grande in fpagna:liquali cofi morti forono uifti da molte & diuerfe perfone.Quefto uicentines afferma hauer nauigato per cofta de payra piu de.600.leghe;& non dubitano che la fia terra ferma:ma fono quafi certi de li da payra partiti uenero alifola fpagnola a di uinti e tre zugno.1500.Et de li dicono effere andati continuo per ponente piu de quattrocéto leghe in certa prouincia:doue le quattro carauelle che haueano li falto una fortuna del mefe de luglio che doi fe fomerfero una firope & piu per effer homini perfi & efmariti che altro.La quarta ftette ferma forta:ma non fenza pocho trauaglio'che haueuano perfo za ogni fperanza de falute.Et cofi ftãdo uitte una loro naue andare a feconda:perche era con pochi homini: de liquali dubbitandofi fumerfarfi fi buttareno a terra;& li ftauanno in grandiffimo dubio & paura de effere mal tractati da quella gente.Fecero deliberatione primo intra loro amazarfe;& cofi ftauanno in uarii & mali concepti circa a zorni otto.Doppo facendo bonaza uittero la loro naue che refto forum con defdocto homini;& li montarono;& infieme con quella altra che era faluata;& fecero uela ala uolta de fpagna.

doue a di ultimo de Setēbrio arriuorno dapo coftoro molti altri hāno nauigato a quefto uiazo per mezo di:& cōtinuo andati p la cofta de la terra payra piu d̄ ciq̄ milia migla:& mai hāno trouato termie alcun cħ fia ifola:& per q̄to cadaun manifeftamēte tiene eſſere terra ferma. Da la q̄le ultimamēte e fta porta caſſia in tutta perfection oro:ple:uerzi de la forte dicta di fopra;piper & canella:faluatici:herbe piante arbori animali de ftranee & diuerfe forte che noi nō habiamo.   Finis.

Tabula.

Cap.i. Del colōbo & cōe li fereniſſimi Re de Spagna li armo.iii.nauili.
Ca.ii. Cōe ptito el colōbo:& nauigato molti zorni trouo iaudite ifole.
Cap.iii. Come el Colombo zonfe ale do grande ifole: cioe a zouanna mela & ala fpagnola.
Cap.iiii. Come el columbo domeftico la gente de lifola fpagnola:& de la condiction de dicta ifula.
Cap.v. de li coftumi de li caniball.
Cap.vi. de li coftumi de li ifulani del infula fpagnola.
Cap.vii. Come colombo delibero tornare in fpagna:& laſſare homini in lifola per inueftigare.
Cap.viii. Come el colombo ritornato in fpagna:e cō grande honore receuto da li fereniſſimi Re.& come preparo noua armada:per ritornare a fuo uiazo:& el chiamarono admirante.
Cap.ix. Come lo admiráte partito con.xvii.nauili tornādo a lifole trouo le ifole de li canibali & altre diuerfe ifole.
Cap.x. Come lo admirante zonfe al ifola Spagnola doue trouo morti li foi homini che li laſſo.
Cap.xi. Come lo admirante mando fuo fradello a perfequitare el Re che haueua morti foi homini & uarie cofe che fe incōtro.
Cap.xii. Cōe q̄lli homini cħ pſeqtauano el Re per far uēdetta trouato li fiumi da loro & altre cofe tornarono dal admiráte a darli d̄ zo noticia
Cap.xiii. Come lo admirante incomenzo a edificare una cita o uer caftello:& mando a inueftigare lifola.
Capitulo.xiiii. Come lo admirante fe mefe in camin per trouare la minera de loro:& edifico la rocha de fan Thoma.
Cap.xv. Come lo admirante fe parti con tre nauilii per defcoprire altre noue ifole:doue trouo cofe admirande.
Cap.xvi. Come lo admirante torno al ifola Spagnola:& fecefe tributarii tutti quelli Re.
Cap.xvii. Come molti Re fe rabellorono per mal portamēto d̄ Spagnoli:& duna gran tempefta che la uenne.

Cap. xviii. Come lo admirante mando suo fradello ala minera de loro: doue elo edifico una forteza chiamata aurea donde poi constrecti de fame solum resteron. iiii. homini li altri tornati a isabella.
Cap. xix. Come zonsero tre naue de spagna con uictuaglia:& con alcuni comandamenti che se douesse habitare ale caue de loro & mandare in Spagna li Re che hauean morti li christiani.
Cap. xx. Cõe el capitãeo lassa.i la forteza aurea. xx. hoi:cõ el resto ando per lisola;& fecese tributario ql gran Re quale etiã fece molti triumphi.
Cap. xxi. Come el capitaneo torno ale sue forteze p riuedere li soi homini:& come molti Re se ribellarono per mali portamenti de Spagnoli & come forono tutti li Re superati.
Cap. xxii. Come lo admirante partito de spagna per tornare a so caminando & trouo noue isole & uarieta de gente & de paesi doue foron molto ben uisti & accarezati.
Cap. xxiii. Come lo admirãte dapoi receuute molte careze & doni da quelle gente ando al isola spagnola.
Cap. xxiiii. Cõe lo admirãte trouo lisola Spagnola mal disposta;cñ molti Spagnoli hauean ribellato;& scripsero gran male de lo admirante al Rei
Cap. xxv. Come el Re de Spagna intese del disturbo de lisola mãdo un gouerna dore elquale dapoi mando lo admirante & suo fradel'o in ferri ala uolta de Spagna;& zonti a cade furono deliberati.
Cap. xxvi. Come Alonso negro compagno de lo admirante nauigãdo trouo noue isole & inauditi paesi con diuersi costumi.
Cap. xxvii. Come Alonso negro ando a Canchiete:& altri bellitissimi luochi & de costumi de diuerse nactione.
Cap. xxviii. Come Alonso negro partito dali trouati luochi con molte perle per andare in spagna;& come combattete con canibali & supero.
Cap. xxviiii. Cõe Pinzone cõpagno de lo admirãte nauigando p trouare similiter noue isole;& trouo de uarii populi;& cõe cõ alcuni cõbatetero.
Cap. xxx. Come pinzone ariuo al mar daqua dolce;& trouo uarieta de isole animali arbori & diuerse cose.
Cap. xxxi. Come pinzone ando al isola Spagnola & de li nauigo per ponente:& dapo una gran fortuna fecero ritorno in Spagna.

Finisse el libretto de tutta la nauigatiõe del Re de Spagna de le isole & terreni nouamẽte trouati. Stampado in Venesia per Albertino Vercelle se da Lisona a di. x. de aprile .M.ccccc.iiii.

CON GRATIA ET PRIVILEGIO.